조용한 용기

나는 늘
괜찮은 척했다

조용한 용기

나는 늘
괜찮은 척했다

강원자
지음

어린 날의 순수한 웃음, 39여 년의 직장생활과
두 번의 암과 마주한 순간들,
아픔 속에서도 피어난 삶의 진솔함을 담아,
오늘을 더 깊이 사랑하게 하는 이야기

책 머리에

나는 어려서부터 바쁜 살림살이에 손을 보태야 했기에, 마음껏 책을 읽고 글을 쓸 여유란 늘 아득했다. 그러나 작은 수첩 하나쯤은 늘 곁에 두고 마음을 적었고, 그 조그만 습관은 끝내 나를 지켜 주는 힘이 되어 주었다.

어린 시절 백일장에서 받았던 상장 한 장, 그 조용한 설렘은 아직도 내 기억 속에 선명하다. 하지만 사회의 일원으로, 가정의 중심으로 살아야 했던 세월 속에서 글을 쓴다는 일은 멀고도 사치스러운 꿈처럼 느껴졌다. 그저 마음 한 켠에 고이 접어두기만 했던 시간들.

그러다 어느 날, 방송에 내 사연이 소개되고 누군가가 내 이야기에 귀 기울여 준 순간, 오래 묵혀 둔 설렘이 다시 피어올랐다. 조금은 이른 퇴직이 막막하기도 했지만, 돌이켜 보면 그것은 인생이 내게 준 뜻밖의 선물이었다. 조직이라는 울타리에서 벗어나 처음으로 '나'를 위한 아침을 맞으며, 책상 앞에 앉아 글을 쓸 수 있었으니까.

용기를 내어 신춘문예에 응모했고, 뜻밖에도 '초보 수필가'라는 이름을 얻게 되었다. 그렇게 꾹꾹 눌러 쓴 글들이 하나둘 쌓였고, 마침내 그 글들을 한 권으로 엮어 내게 되었다. 누군가에게 읽히고자 쓴 글은 아니지만, 진실이라면 부끄러워할 필요 없다는 가족들의 말이 나를 여기까지 이끌어 주었다.

이 책은 내 시간들이 담긴 고백이다. 어쩌면 평범할지도 모를 내 이야기가 누군가에게는 작은 위로가 되기를, 힘겨운 삶 속에서 잠시 숨 고를 수 있는 쉼표가 되기를 바란다.

나를 지탱해 준 건 결국 사랑하는 가족들의 믿음이었고, 삶의 굽이마다 함께해 준 사람들의 따뜻한 손길이었다. 이 자리를 빌려 묵묵히 응원해 준 가족과 지인들에게 깊은 감사를 드린다. 그리고 오랫동안 꿈을 품고 있던 내 어린 날의 나에게도 고맙다고 말하고 싶다.

나는 지금도 여전히, 쓰는 사람이고 살아 내는 사람이다.

차례

책 머리에   4

1부 오늘이라는 선물 위에

삶의 끝자락에서 피어난 새로운 시작   12
달콤한 약밥, 마음까지 따뜻해지는 날   16
선택이 아닌 우연으로 만난 인연   19
날마다 810번 버스를 기다리며   23
세월의 흐름 속에서, 노후의 현실을 마주하며   27
식당에서 마주한 불편한 진실   31
예기치 못한 우리의 특별한 데이트   34
작은 친절이 준 하루의 변화   38
캔 유 스피크 잉글리쉬?   42
퇴직 후 발견한 아름다운 변화   46

2부 나의 마음이 자란 곳, 가난과 따뜻한 삶

자전거 위에서 떠오른 아버지   52
물속의 작은 보물, 다슬기   55
창포 내음 따라간 어느 여름날   59
뱀과의 인연   62
아버지, 미워할 수 없는 사랑   65
그 봄, 개구리와 나   71

벼와 함께한 어린 시절	74
시간을 넘어 전해진 작은 영향력	77
할머니와 함께한 산속의 추억	81
복숭아나무 가지로 쓸어낸 봄날의 기억	85

3부 가깝고도 먼, 그러나 늘 곁에

가련한 어머니, 그 고운 삶의 흔적	90
그늘 뒤의 웃음	94
두려움 속의 용기, 어머니를 지켜야 했던 그날	98
동생, 그 작은 기적의 이름	102
엄마, 사랑과 갈등의 이야기	107
엄마 이상의 사랑, 이모와의 특별한 인연	111

4부 그 시절, 성실로 마음을 나눈 이들

까치의 울음소리 속에서 떠오른 기억	116
애인이라 불리던 시절	120
기억 속에 머무는 그분, 선생님	123
불씨처럼 남은 노래들	127
그때, 과대표 선거와 순수한 경쟁	130
폭설이 내린 날의 기억	133

내일도 뵈었으면 139
바다의 숨결, 친구의 삶 143
언젠가는 이 시간도 그리움이 되리라 148
축제처럼 살아갈 우리 153

5부 그대는 나의 이어진 심장

아들이 입대하는 날, 그리움과 응원을 담다 158
변화하는 꿈, 그 안의 진실 163
3박 4일, 그 짧고도 긴 시간 168
수학을 사랑하는 아이의 성장 이야기 171
5만 원이 가르쳐 준 작은 선행 175
결혼, 그 복잡한 선택과 마음의 여정 179
자식의 아픔은 나의 아픔 183

6부 길 위에서 만난 나

여행이 내게 준 가장 아름다운 선물 188
바오와 함께한 삶의 온기 192
시누이와 함께한 동유럽 여행, 특별한 우정의 여정 195
봄나들이의 후유증과 교훈 200
아이들이 챙겨 준 특별한 선물, 30주년의 여행 203

울릉도와 독도를 향한 가족 여행　　　　　　　　　206
종착점이 아닌, 시작점으로 떠난 여행　　　　　　210
서울에서의 2박 3일, 일상 탈출과 소중한 추억　　214

7부　그와 나, 오래된 이야기

기억은 마음의 마지막 연애　　　　　　　　　　　218
두 가지 기념일　　　　　　　　　　　　　　　　222
여름이여, 올 테면 와라!　　　　　　　　　　　　225
"우리 둘이 오래오래"　　　　　　　　　　　　　228
퍼즐처럼 맞춰 가는 노년의 하루　　　　　　　　　232

8부　바람도 나에게 말을 건다

裸木 : 옷을 벗은 나무의 고요함　　　　　　　　　236
아카시아, 그 쓸모없음의 아름다움　　　　　　　　239
자연의 소리로 깨달은 평화와 힐링　　　　　　　　243
풀잎의 속삭임과 봄의 선물　　　　　　　　　　　247
흙과 발이 마주하는 순간　　　　　　　　　　　　250
아끼는 마음, 자연을 생각하는 마음　　　　　　　　253

9부 지금, 여기에서 나를 껴안는 시간

폭싹 속았수다, 내 인생에게   258
조용한 여름의 피난처, 나만의 작은 사치   262
내 이름 속에 담긴 이야기   265
암이라는 친구와 나, 그리고 지금의 나   269
비 오는 날의 흐림   273
오른쪽에서 날아온 신호들   277
정열적으로 살아 낸 나에게 주는 위로   280
천천히 걷는 법을 배운다는 것   284

에필로그

조용히 덮으며, 다시 삶을 마주합니다   288

1부

오늘이라는 선물 위에

삶의 끝자락에서 피어난 새로운 시작

병원에서 다시 암이라는 진단을 받았을 때, 나는 멈춰 서야겠다는 생각이 들었다. 그렇게 39년간 함께한 직장 생활을 정리하고 명예퇴직을 하게 되었다. 아쉬움도 있었지만, 이제는 나를 위한 삶을 새로 시작해야 할 때라는 것을 받아들였다.

퇴직 후 처음 찾아온 감정은 막막함과 불안이었다. "이제 무엇을 해야 하지?", "앞으로 내가 할 수 있는 일이 있을까?" 하는 질문이 머릿속을 떠나지 않았다. 하지만 이내 나는 결심했다.

'그래, 이 불안조차도 나를 성장시키는 원동력으로 삼자.'

그날 이후, 나는 마치 다시 태어난 사람처럼 하루하루를 살아갔다. 아침마다 알람 소리에 쫓기지 않아도 되고, 촉박한 업무에 허덕일 필요도 없었다. 처음엔 허전했지만, 시간이 흐르자 내 삶에 조금씩 자유가 깃들기 시작했다. 미뤄 왔던 독서와 그림, 짧은 여행을 즐기며 내가 원하던 삶의 조각들을 하나씩 되찾고 있었다.

그러나 현실은 늘 경제적인 문제와 함께 찾아온다. 연금을 당장 받을 수 없다는 소식은 내 마음에 또 다른 불안을 안겼다. 더 늦어진다는 예고에 걱정은 깊어졌지만, 결국 기다리는 수밖에 없었다.

이 불확실한 시간을 견디며 나 자신에게 말한다.

'불안에 휘둘리지 말고, 차분히 준비하자.'

그런 마음가짐 속에서 한 가지 확신이 생겼다.

'고령자들이 건강하고 활기찬 노년을 살기 위해서는 사회적 지원이 반드시 필요하다.'

조용한 명예퇴직 후의 일상은 나에게 새로운 여유를 안겨 주었다. 바쁘게 달려오느라 돌보지 못했던 내 몸과 마음을 이제야 다시 마주하게 되었다. 적게 먹고, 적게 쓰며, 삶을 단순하게 만들어 가기로 결심했다. 그리고 무엇보다 중요한 건 '건강'이라는 것을 다시 깨달았다.

바쁜 와중에 놓쳤던 가족과의 시간도 다시 소중하게 다가왔다. 남편과 함께 긴 산책을 하며, 우리는 자연 속에서 서로의 온기를 나누었다. 나누는 대화는 점점 깊어졌고, 쌓아 가지 못했던 지난 시간들이 조금씩 메워지는 것 같았다.

'가족이야말로 삶의 가장 든든한 울타리였구나.'

그러던 어느 날, 문득 오래된 꿈이 다시 떠올랐다. '내가 정말 좋아하는 일은 뭘까? 이루고 싶은 건 뭘까?'

나는 오래전부터 꿈꿔 왔던 '작가'라는 이름을 다시 마음속에 꺼내 들었다. 어떻게 시작해야 할지 막막했지만, 우연히 대학교 평생교육원에서 '수필 문예 창작' 수업을 한다는 소식을 접했다. 더 이상 망설이지 않기로 했다.

차가운 겨울바람 속, 떨리는 마음으로 교실 문을 열었다. 익숙한 듯 다정한 인사로 맞아 주는 수강생들 속에서 긴장도 잠시, 첫 수업이 시작되었다. 칠판에 적힌 제목을 보고 10분 동안 글을 쓰는 과제를 받았고, A4 용지를 가득 채워 발표도 했다. 교수님의 조언을 들으며 글쓰기가 점점 흥미롭게 다가왔다.

첫날 쓴 글이 의외로 좋은 반응을 얻었다.

"글을 담백하고 진솔하게 잘 쓰셨어요. 이 방향으로 계속 써 보세요."

교수님의 따뜻한 한마디는 나에게 커다란 용기가 되었다.

그 글의 제목은 '사람과 사람 사이에 무엇이 있는가?'였다.

39년간 치열하게 살아온 직장 생활을 돌아보며, 이제는 사람 냄새 나는 삶, 관계의 무게를 내려놓은 채 축제처럼 살고 싶다는 바람을 담았다. 사람 사이에 필요한 것은 다름 아닌 '배려와 존중'이라는 걸, 나는 이제서야 진심으로 느낄 수 있었다.

집으로 돌아와 아이들에게 그날 수업 이야기를 하자, 아이들은 환하게 웃으며 말했다.

"머지않아 작가가 되실 것 같아요!"

남편도 덧붙였다.

"시작이 반이에요. 이제는 당신만의 색깔을 담아 보세요."

가족의 응원은 내가 하루하루 글을 써 나갈 수 있는 가장 큰 힘이 되었다.

이제 매일 아침 글쓰기가 기다려진다. 주변의 작은 풍경들이 새롭게 다가오고, 글을 통해 마음을 정리하는 시간이 내게 큰 기쁨과 위로가 된다. 때로는 몰입하느라 식사도 잊지만, 가족의 따뜻한 농담이 집안에 웃음을 더해 준다.

글쓰기에 빠져들면 시간 가는 줄 모르고, 나만의 세계에 온 듯한 기분이 든다. 아무리 AI가 발전해도, 진짜 이야기는 결국 사람의 마음에서 나오는 것임을 새삼 느낀다.

건강은 여전히 내게 중요한 과제다. 매일 아침 가벼운 스트레칭과 산책으로 몸과 마음의 리듬을 되찾는다. 작은 변화가 삶을 긍정적으로 바꾸고 있음을 느낀다.

'이 순간은 다시 오지 않을 테니, 가장 나답게 살아야 한다.'

과거에 얽매이지 않고, 글을 쓰고 배우며 나만의 세계를 만들어 가는 지금의 내가 좋다. 예전보다 더 자유롭고 용감하며, 무엇보다 '진실된 나'를 살아가고 있다.

오늘도 남편과 천변을 걷는다. 쌀쌀해진 봄바람처럼 변덕스러운 마음 속에서, 한 송이 수선화가 눈에 들어온다. 어둡고 침침한 풀밭 속에서 홀로 우뚝 선 꽃이 경이롭게 느껴졌다.

'이 작은 생명도 수많은 고난을 이겨 냈구나. 나도 그래 왔지…'

그때 남편이 웃으며 묻는다.

"요즘 글 쓴다고 달라진 거 알아? 일부러 그런 척하는 거야?"

나는 웃으며 답한다.

"중요한 건 지금 내가 행복하다는 거예요. 예전엔 그냥 지나쳤던 것들이 이제는 모두 소중하게 느껴져요."

남편도 웃으며 말한다.

"당신이 좋아지니 나도 기쁘네."

그렇게 우리는 서로의 마음을 나누며 걸었다.

나는 지금, 인생의 가장 아름다운 계절을 살고 있다.

길이 어디로 향하든 두렵지 않다.

글을 쓰고 사랑하며, 나답게 살아가는 길 위에서, 오늘도 한 걸음씩 나아가고 있다.

달콤한 약밥, 마음까지 따뜻해지는 날

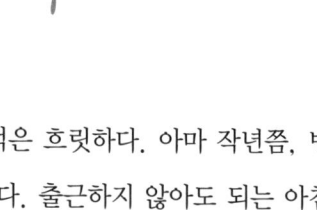

정확히 언제부터였는지, 기억은 흐릿하다. 아마 작년쯤, 병가로 직장을 쉬게 되면서부터였던 것 같다. 출근하지 않아도 되는 아침은 달콤했지만, 그만큼 게으름도 따라왔다. 새벽 5시면 눈을 뜨고 부랴부랴 아침을 준비하던 나였건만, 어느 순간 늦잠이 일상이 되어 있었다. 몸은 무거워졌고, 마음은 더 무거웠다. 남편은 여전히 출근을 해야 하는데, 차려 주는 아침상 하나 없이 보내는 날이 늘어날수록 미안함이 짙어졌다.

'이렇게 살아도 되나?' 싶었다. 그러다 문득, 예전에 친정엄마가 명절마다 성성껏 만들어 주시던 약밥이 떠올랐다. 단순한 간식이 아니라, 그 속엔 손맛과 마음이 고스란히 담겨 있었던 음식. 이왕 내가 쉬고 있다면, 그 시간으로 가족을 위한 무언가를 해 보면 좋지 않을까. 그렇게 시작한 것이 약밥 만들기였다.

처음엔 주저도 있었다. 떡집이나 마트에서도 손쉽게 살 수 있는데 굳이 만들 필요가 있을까 싶었다. 하지만 약밥은 손맛과 정성이 어우러져야 진짜 그 맛이 난다. 게다가 한번 만들어 놓으면 소분해서 냉동 보관해 두고, 바쁜 아침 데워서 먹으면 얼마나 간편한가. 무엇보다도 직접 만든 걸 남편과 아들이 맛있게 먹어 줄 생각을 하니, 마음이 더 따뜻해졌다.

약밥 만들기는 전날 저녁부터 시작된다. 찹쌀은 깨끗이 씻어 하룻밤 불려 두고, 팥은 삶아 물을 우려낸다. 대추는 씨를 빼고 얇게 저미고, 밤은 남편과 아들이 앉아 투박한 손으로 하나하나 껍질을 벗긴다. 밤이 깎이는 소리와 함께 나누는 대화는 그 자체로 우리 가족의 저녁 풍경이 된다. 견과류도 빠질 수 없다. 호두, 아몬드, 해바라기씨까지 넉넉히 준비해 놓으면 풍미가 한층 깊어진다.

다음 날 아침, 큰 그릇에 찹쌀과 쌀, 삶은 팥, 밤, 대추, 건포도, 설탕, 계피 가루를 넣고 골고루 섞는다. 마지막으로 견과류를 듬뿍 넣어 밥솥으로 향한다. 전기 압력밥솥의 백미 버튼을 누르고, 이제 기다림의 시간이다. 밥솥에서 은은하게 퍼져 나오는 향은 그야말로 마음까지 포근하게 적셔 준다.

뚜껑을 여는 순간, 그 찰진 윤기와 달콤한 향기에 절로 미소가 번진다. 참기름 한 큰술을 넣고 조심스럽게 뒤섞는다. 약밥의 고소한 향이 부엌 가득 퍼질 때면, 마치 집안이 작은 잔칫집이 된 듯한 기분이 든다.

그렇게 완성된 약밥은 네모난 락앤락 통에 담겨 먹기 좋게 잘린다. 랩으로 하나씩 싸서 냉동실에 넣어 두면, 어느 아침이든 간단하게 꺼내 데워 먹을 수 있는 건강한 한 끼가 된다. 출근 전 남편이 전자레인지 앞에서 약밥을 데우는 뒷모습을 보면, 나름대로 든든한 주부로서의 보람이 생긴다.

사실 하루 이상이 걸리는 작업이고, 서서 해야 하는 시간이 서너 시간은 족히 된다. 하지만 그렇게 만든 약밥을 이웃과 나누고, 아랫집 시누이에게 건넬 때면, 고생한 시간이 모두 보람으로 돌아온다. 정작 우리 몫으로 남은 것은 몇 개 되지 않지만, 그것마저도 더없이 소중하게 느껴진다.

남은 약밥 자투리를 조그만 접시에 담고, 따뜻한 차 한 잔과 함께 마주앉는 이 아침. 부드럽게 퍼지는 단맛과 고소함 속에는 내 손의 온기, 내 마음의 정성이 녹아 있다. 그렇게 한 조각의 약밥은 단순한 음식이 아니라, 내가 다시 하루를 살아 낼 수 있는 힘이 되었다.
  오늘도 나는 약밥을 꺼낸다. 그리고 생각한다. 누군가를 위해 무언가를 정성껏 만든다는 것, 그것만으로도 얼마나 큰 행복인가를.

선택이 아닌 우연으로 만난 인연

오늘도 나는 TV 리모컨을 손에 쥐고 어떤 프로그램을 볼지 고민하며, 이리저리 돌리고 있다. '선택'이란, 두 개 이상의 것 중에서 하나를 고르는 행위라고 사전에서 정의된다. 우리의 삶은 선택의 연속이다. 어떤 선택은 작은 결정일 수 있고, 어떤 선택은 인생의 중요한 방향을 결정짓는 중대한 결단일 수도 있다. 선택은 그만큼 자율성과 책임을 동반하는 과정이며, 그 선택에 따른 결과에 대한 책임을 지는 것도 중요한 부분이라 생각한다.

어릴 적 추억이 자주 떠오른다. 아마 나이가 들며 추억에 의지하게 되는 것 같다. "나이가 들면 추억에 산다"는 말처럼, 젊은 시절의 고생과 가난이 지금은 소중한 추억으로 남아 있지만, 당시에는 고달팠다. 우리가 태어날 때, 우리의 삶은 부모님의 선택에서 시작되었지만, 나의 선택은 아니었다. 바꿀 수 없는 환경에서 순응하며 살아야 했고, 어릴 적부터 그런 삶에 익숙해졌다. 그럼에도 하루하루 최선을 다해 살아가려 했다.

초등학교 6학년 때, 엄마가 산부인과 질환으로 수술을 받으셔서 한 달 동안 병원에 입원하셨다. 그전에도 엄마의 장사 일을 도왔지만, 이제는 선택의 여지 없이 나의 몫이 되었다. 돌아보면, 엄마가 못 하시면 아버지가 대신 하면 될 일을 왜 나에게 맡겼는지 궁금하기도 하다. 학교를 마치고 돌아오면, 아버지는 보따리 속에 채소를 담아 서너 개를 만들어 놓고,

나는 그것을 시장에 가서 팔아야 했다. 그렇지 않고 수확하지 않으면 각종 채소들이 밭에서 썩을 것이 분명하니 한 푼이라도 건질 생각으로 불평할 틈도 없이, 어두운 밤이 되기 전에 아버지의 부탁을 받아 어린 나이에 버스를 타고 시장에 나가야만 했다. 지금 생각하면 아동학대에 가까운 일이었지만, 그때는 생계를 위한 방법이었으니 나도 묵묵히 따라야 했다.

전주 중앙시장에서 아주머니들이 시골에서 농사지어 가져온 채소들을 장사하고 있는 곳에 나도 살며시 눈치를 보며 옆에 앉아 보따리를 풀어 장사를 하기 시작한다. 어리기도 했고 물가를 잘 몰랐지만, 아버지가 가르쳐 준 대로 배추 한 단에 얼마라고 정해 놓고 가격을 말했다. 어떤 손님은 어린아이가 장사를 한다고 안쓰럽게 생각하고 다 사 주기도 했지만, 어떤 손님은 깎아 달라고 하기도 했다. 그럴 때면 나는 빨리 팔고 집에 돌아가야겠다는 생각에 가격을 깎아 주기도 했다. 그때 나는 결심했다. 커서 물건 깎는 일은 절대 하지 말아야겠다고. 그러나 세월이 지나 시장에서 조금이라도 더 싸게 팔리는 물건에 눈길이 가는 것을 보며, 그 알뜰함이 여전하다는 생각이 든다.

어느 날, 장마가 오던 때, 상추를 들고 시장에 나갔다. 농작물이 물에 잠겨 대부분 썩었지만, 다행히 우리 농작물은 피해를 거의 입지 않아 좋은 물건을 가져갈 수 있었다. 나는 잘 몰라서 손해를 보더라도 손님들이 원하는 대로 팔았다. 한 손님이 100원어치씩, 다섯 번을 나누어 담아 달라고 했다. 나는 양을 잘 모르고 500원어치로 담아 팔았고, 결국 몇천 원어치의 상추를 500원에 파는 어처구니없는 일이 일어난 것이다. 그 모습을 지켜보던 옆의 상인이 손님을 나무라며 "에끼! 여보쇼! 아무리 애기가 판다고 그렇게 얌체 짓을 하면 쓰겠소! 그러면 안 되지요?"라고 말하며 나를 도와

줬다. 그 덕분에 상추를 제값에 팔고, 입원하고 있는 엄마에게 소고기를 사다 국을 끓여 주기도 했다. 엄마가 미안해하며, 그때 처음으로 아이스크림을 사 주었는데 생전 처음 먹어 본 브라보콘의 맛은 지금도 잊을 수 없다. 그때의 그 맛이 얼마나 달콤했는지, 처음의 경험은 정말 특별하다.

성인이 되어 가끔 그때의 상인이 생각났다. 그분 덕분에 내가 어려운 상황에서 어떻게 사람을 도와야 하는지 배웠다. 앞만 보고 달려온 어느 날, 나는 중앙시장을 다시 찾았다. 예전의 상인들은 다 보이지 않았지만, 한 분은 여전히 그 자리에서 장사를 하고 있었다. 반가운 마음에 그분을 꼭 껴안으며 인사를 나누었고 눈가에 눈물이 맺혔다. 한사코 마다하는 그분을 모시고 국밥 한 그릇을 사 드리고 귤 한 박스를 전해 드렸다. 그때 그분은 "이렇게 생각지도 않는 사람을 만나니 너무 좋다! 여전히 힘들어도 장사를 계속해야겠어"라며 웃으며 얘기했다. 나는 그분에게 "오래오래 이 자리를 지켜 주세요"라고 응원하며 시장을 떠났다.

이제 자녀들이 장성해 더 이상 생계를 걱정할 필요는 없지만, 그때처럼 소일거리를 찾아 나서는 모습에 이해가 간다. 자녀들이 부모님 나이가 들면 일하지 말고 쉬라고 하지만, 일이 없으면 건강을 지키기 힘든 법이다. 그분이 건강하게 살아가는 모습을 보며 나는 여전히 그분을 응원한다. 시장을 지나갈 때마다 꼭 들러 인사하고, 수박을 사서 드리거나 떡을 전하며 작은 정을 나눈다. 그분도 내게 고사리나 채소를 싸 주며 따뜻한 마음을 전해 준다.

사람과의 만남은 우리가 선택할 수 있는 일이 아니다. 어쩌면 우리는 처음 만나는 사람을, 그 사람과의 관계를 계획할 수 없고, 때로는 예상치 못한 순간에, 예기치 못한 방법으로 그 사람을 마주하게 된다. 그런 만남이 어느 순간 우리의 삶에 깊이 스며들며, 그저 지나치는 인연이 아니라 우리를 함께하는 길이 되어 간다. 우리는 그 만남 속에서 배우고, 성장하며, 때로는 서로에게 큰 위로가 되어 주기도 한다. 그렇게 만남은 어느새 선택이 아니라, 삶이 자연스럽게 이끌어 주는 흐름이 된다. 그런 작은 인연들이 정말 소중하게 느껴진다.

날마다 810번 버스를 기다리며

아침 햇살이 중화산동 골목길을 은은하게 비추면, 나는 오늘도 같은 자리에서 810번 버스를 기다린다. 나이 예순을 맞은 나는 오랜 직장 생활을 마치고, 제2의 인생이라 불리는 시간을 조용히 살아가고 있다. 몸이 불편해 운전대를 놓은 지는 꽤 되었지만, 대신 나는 또 다른 방향의 자유를 얻었다. 바로 대중교통이라는 바퀴 위의 삶. 특히, 내게 810번 버스는 단순한 교통수단 그 이상이다. 마치 오래된 친구처럼 나를 매일 반겨 주는 존재다.

처음 810번을 알게 된 건 지인의 권유로 평화동 황토산에 맨발 걷기를 시작하면서였다. 건강을 위해 시작한 그 길은, 이제 내 일상 그 자체가 되었다. 비가 오나 눈이 오나, 사계절을 810번과 함께 보냈다. 버스에 올라타면 창밖으로 펼쳐지는 전주의 풍경이 그날의 기분을 말해 준다. 봄날 연둣빛으로 가득한 나무들, 여름이면 찬란하게 쏟아지는 햇살, 가을엔 단풍 물든 고목들이 눈부시고, 겨울이면 하얗게 내려앉은 눈이 또 다른 그림이 된다. 그렇게 계절을 마주하며 "이게 바로 행복이지" 생각한다. 어릴 적엔 미처 몰랐던, 작은 여유가 주는 감동이다.

버스를 탈 땐 늘 "안녕하세요?" 하고 인사를 건넨다. 그 한마디에 내가 먼저 기분이 좋아진다. 기사님이 환하게 받아 주면 그날 하루가 더 따뜻해진다. 가끔은 아무 대답 없이 고개만 끄덕이는 분도 있지만 괜찮다. 이 도시의 바쁜 숨결 속에서, 짧은 인사 하나에도 마음이 오가는 순간들이 고맙기만 하다. 버스에서 마지막으로 내릴 땐 더욱 크게 인사한다. "좋은 하루 되세요!" 내 목소리에 웃으며 화답해 주는 기사님의 "감사합니다!" 한마디는 나에게 하루치의 햇살과도 같다.

그런 버스 위의 풍경은 매번 똑같지만, 만나는 사람들과의 인연은 날마다 조금씩 다르다. 유모차를 끌고 조심스레 올라타는 할머니가 계시면 얼른 가서 부축해 드린다. 때로는 목적지를 몰라 우왕좌왕하는 분에게는 갈아탈 곳을 알려 주고, 글을 몰라 정류장에서 버스 번호를 확인 못 하는 어르신께는 몇 분 후에 오는 번호를 대신 확인해 드리기도 한다. 누구나 언젠가는 도움이 필요한 사람이 된다. 오늘의 내가 조금 더 빠르고 조금 더 건강하니, 그저 손을 내밀 뿐이다.

기억나는 날이 있다. 버스를 기다리다 보니, 저 멀리 익숙한 차량이 오는데 이상하게도 번호가 켜지지 않아 한참을 쳐다봤다. 간신히 알아보고 올라타면서 기사님께 조심스레 말씀드렸다. "버스 번호가 안 보였어요." 그러자 기사님은 다음 신호에서 정차하더니 직접 내려 확인하고 오셨다. "알려 주셔서 감사합니다." 그 따뜻한 한마디가 그날 하루를 다 밝혀 주었다.

그뿐만이 아니다. 가끔은 도착 안내 전광판에 810번이 뜨지 않아 버스가 오는 줄도 모를 때가 있다. 그럴 때도 나는 타면서 잊지 않고 말씀드린다. "정류장에 번호가 안 떠서요." 작은 말 한마디에 "그래요? 확인해 볼게요." 하며 바쁘신 와중에도 꼼꼼히 체크해 주시는 모습에 감사의 마음이 절로 인다. 오지랖일지 몰라도, 나 아닌 누군가의 불편을 줄일 수 있다면 그 또한 의미 있는 일이라 믿는다.

며칠 전엔 아이들과 나눈 대화가 마음에 오래 남았다. 자녀들이 버스를 이용하다가 불쾌했던 경험을 얘기했다. 앞자리에 앉았더니 어떤 기사님이 "뒤로 가서 앉으세요" 하셨단다. "왜 하필 나한테만 그러지?" 하며 아이는 꽤나 속상해했다. "안전을 위한 배려였을지도 몰라. 아마 부드럽게 말했으면 기분이 덜 상했을 거야"라고 말해 주었지만, 그 말 속엔 나도 모르게 기사님의 태도를 되짚어 보게 된다. 말 한마디의 온도가 상대에게 어떤 파장을 주는지, 그날 새삼 느꼈다.

나에겐 아직 선명한 '라테'의 기억이 있다. 시골 신작로를 따라, 먼지 폴폴 날리며 다니던 그 시절 버스. 차장이 "오라이~!" 외치며 사람들을 등에 밀어넣고, 흔들리는 차 안에서 수박 하나를 낑낑 안고 집에 오던 그 시절. 몇 시간씩 무작정 기다려야 겨우 한 대 오던 버스. 지금처럼 몇 분 후 도착을 알려 주는 스마트한 시스템은 꿈도 못 꿨다. 지금 세대가 상상도 못 할 그 시절을 떠올리면 웃음도 나고, 마음 한구석이 찡해지기도 한다. 그땐 불편했지만, 그래서 사람 냄새가 더 짙었다.

지금의 나는, 그런 추억을 품고 810번 버스에 몸을 싣는다. 누군가는 무심히 지나치는 일상일지 모르지만, 내겐 소중한 삶의 일부다. 날씨가 흐린 날엔 조금 더 일찍 나서고, 눈 오는 날엔 따뜻한 손난로를 챙기며 버스를 기다린다. 그리고 버스가 정류장에 들어올 때면, 마치 오랜만에 친구를 만나는 듯 마음이 설렌다.

나는 바란다. 전주를 찾는 여행객들이 "전주 시내버스 기사님들은 정말 친절하시다"는 말을 하게 되기를. 그리고 내가 타는 이 810번 버스 안에도, 작지만 따뜻한 배려가 가득하기를. 누군가의 일상이 조금 더 포근해지기를. 오늘도 나는 그렇게 810번 버스를 타고, 한 걸음씩 인생의 길을 걸어간다.

2024년 전주시내버스 체험 수기 장려상 수상작

세월의 흐름 속에서, 노후의 현실을 마주하며

오랫동안 근무하고 퇴직을 하면서 퇴직자들끼리 또 다른 모임이 형성되는 것을 보니, 시간이 많이 흘렀다는 것을 실감하게 된다. 마음에 맞는 동료들과 모처럼 만나 함께 식사를 하며 좋은 시간을 보내고, 각자 집으로 향하던 중, 한 명이 갑자기 전화가 걸려 왔다. '아직도 할 얘기가 남았나?' 궁금한 마음에 전화를 받았더니, 밖이 추운 날씨 속에서 급하게 식당에 들어와 식사를 한 것이 급체를 한 것 같다고 하며 병원 응급실로 가고 있다는 내용이었다. 깜짝 놀란 나는 바로 병원으로 향했다.

병원에 도착했을 때, 그 사람은 식은땀을 흘리며 토하는 상태였다. 정말 급체를 한 것이 틀림없어 보였다. 일명 토사광란이 일어난 순간이었다. 긴 시간 동안 함께 진료 대기를 하던 중, 잠시 화장실을 다녀온 뒤에는 조금 나아졌다고 했다. 응급실에 들어가지 않고 조금 쉬어 보자는 말을 하며, 대기 의자에서 손가락 사이를 눌러 가며 나름의 응급처치를 했더니, 다행히도 상황이 나아졌다. 그 모습을 보며 한숨을 내쉬고, 서로 얼굴을 보며 깔깔깔 웃음이 나왔다. 다행히 별 문제없이 집으로 돌아갔다. 이제 60을 넘긴 나이가 되어 급하게 음식을 먹으면 안 된다는 교훈을 다시 한번 깨닫게 되었다. 이제는 우리의 몸도 장담할 수 없는 시점에 왔다는 것을 실감하는 뜻깊은 시간이었다.

응급실에 도착하는 것만으로도 모든 것이 나아질 것 같은 기분이 들었다. 병원에 들어서자마자, 나는 불안했던 마음이 조금씩 가라앉는 것을 느꼈다. 급체로 고통스러워하던 그 친구의 상태는 여전히 걱정스러웠지만, 응급실이라는 공간에서 뭔가 해결될 것만 같은 희망이 솟았다. 병원은 그 자체로 치료가 시작되는 공간인 것 같았다. 물론 의료진의 손길과 진료가 더해져야 하지만, 그곳에 발을 들여놓기만 해도 조금은 안도할 수 있는 기운이 있었다. 다행히도 친구는 시간이 지나며 조금씩 회복되었고, 그 경험은 나에게도 큰 교훈을 주었다. 몸이 힘들어도, 이처럼 긴급한 상황에서 마음의 안정을 찾을 수 있는 곳이 있다는 것만으로도 위로가 되었다.

어렸을 때 우리는 어른들의 60세가 되어 가면서, 그 나이가 되면 많은 일들을 하지 않고, 한없이 안정된 생활을 하는 모습이었는데, 지금 우리는 그 나이에 다가가고 있다. 그때의 생각과는 달리, 여전히 바쁘고 정신없는 몸이다. 게다가 애매한 베이비붐 세대여서 그런지, 많은 시행착오를 겪으며 살아가는 듯하다. 위로는 부모님을 모셔야 하고, 아래로는 자식들을 책임지고 돌봐야 한다는 중압감 속에서 하루하루를 살아간다. 젊었을 때는 열심히 일해서 나중에 편하게 연금을 받고 살아가면 될 것이라 생각했지만, 현실은 연금 수령 나이도 점점 늦어지고 있다는 뉴스가 들리며, 퇴직을 했지만 여전히 경제적인 도움을 받기 위해 일을 해야 하는 상황이다. 퇴직한 동료나 지인들을 보면, 40년을 열심히 일한 뒤에도 다시 일을 해야 한다는 현실이 씁쓸하게 느껴진다.

내가 근무 중 자산관리 업무를 맡았을 때, 직원 사택을 구입하기 위해 백방으로 뛰어다니며 여러 채를 구입해야 했던 상황이 떠오른다. 그 많은 일들 속에서 특히 기억에 남는 일이 있었다. 중개사를 통해 계약을 하러 나갔던 날, 80이 넘은 할머니와 그 딸로 보이는 자녀가 함께 나왔다. 계약서를 작성하고 도장을 찍을 때, 할머니는 계속해서 눈물을 훔치고 있었다. 나는 그 눈물을 그냥 지나칠 수 없어서, 조심스럽게 위로의 말을 건넸다. "할머니, 팔려니 서운하시죠? 애써 장만하셨을 텐데요…" 그 순간, 할머니는 한숨을 쉬며 눈물을 닦고는 말없이 고개를 끄덕였다. "내가 어떻게 장만했는데 이렇게 허전하게 팔게 되네…" 그녀의 목소리에서 간신히 나오는 그 말을 들으며 마음이 아팠다.

그 옆에 있던 딸은 그저 빨리 계약을 마무리하고 싶어 서두르는 듯했다. 아마도 그 집을 팔고 자녀 집에 들어가거나 다른 곳으로 이사를 한다는 얘기를 들으면서, 잠시 나의 노후에 대해서도 생각하게 되었다. 예전에는 우리 부모님들이 자식들을 위해 땅이나 소를 팔아서라도 교육을 시키고, 자식들이 잘되기를 바랐던 모습을 기억한다. 하지만 결국 자신들은 아무것도 남지 않게 되는 경우가 많았다. 나는 그 모습을 보고, 그들의 노후가 얼마나 힘들었을까, 그런 생각이 잠시 들었다. 우리는 부모님들의 노후를 걱정하기보다, 정신없이 바쁘게 살아가고 있다.

이제 우리도 그 나이가 되어서, 부모님 세대의 삶을 조금씩 이해하게 된다. 하지만 그때와 달리, 우리는 자녀들에게 물려줄 만큼의 자산이 없다. 그래서 더 걱정이 앞선다. 요즘은 노후를 준비하는 것이 더 중요해지고, 그 준비가 잘되지 않으면 노후의 삶이 힘들어질 수 있다는 현실을 실감하게 된다. 우리가 젊었을 때처럼 열심히 일하고, 다가오는 연금만 바라보며 살아가는 것이 아니라, 더 이상 미뤄서는 안 되는 문제라는 생각이 든다.

이렇듯 자식들에게 손을 벌리지 않고 노후대책을 세우는 것은 많은 사람들이 고민하는 문제다. 노후에 소득도 중요하지만, 더더욱 중요한 것은 노후에 자식들에게 경제적 도움을 요청하지 않기 위해서는 무엇보다 건강이 중요하다. 건강한 삶을 유지하려면 규칙적인 운동과 균형 잡힌 식습관을 실천하고, 예방적 건강 관리를 게을리하지 않아야 한다. 예상치 못한 의료비 지출을 줄이기 위한 준비도 필요하다.

자식에게 경제적 부담을 주지 않고 자립적인 노후를 보내려면, 늦었지만 지금부터라도 꾸준한 준비와 계획이 필요하다. 시간이 지나면 더 많은 자산을 모을 수 있지만, 그만큼 준비해야 할 것이 많다는 점을 잊지 말아야 한다는 게 조금은 씁쓸한 현실이다.

식당에서 마주한 불편한 진실

오랜만에 옛 동료와 만난 날, 우리는 맛집을 찾아가 함께 식사를 했다. 옆자리에 앉은 두 명의 젊은 대학생들이 식사를 하고 있었다. 갑자기 그들 중 한 명이 조금 불편한 목소리로 식당 주인을 부르는 소리가 들렸다. 그들이 말하는 내용을 조용히 들여다보니, 반찬에서 이물질이 나왔다는 이야기였다. 주인은 당황한 듯 급히 새로운 반찬을 준비해 주었다.

작년 이맘때쯤, 미식가인 두 딸과 함께 한 식사가 떠오른다. 우리는 한 식당에서 맛있는 음식을 즐기고 있었고, 큰딸이 찌개를 먹다가 "어머! 이게 뭐야?"라며 숟가락에 작은 벌레를 떠 올렸다. 나는 순간 깜짝 놀라 손으로 입을 막으며 "쉿! 조용히 하고, 나에게 보여 줘"라고 했다. 딸이 건네준 벌레를 보니 정말 작은 벌레였다. 그 순간, 옆 테이블에서 식사 중인 손님들이 우리를 살펴보았다. 그들은 우리가 어떻게 반응할지 궁금해하는 듯했다. 다행히 식당 주인은 그 상황을 보지 못한 채 바쁘게 움직이고 있었다. 나는 아이들에게 조용히 말하며 안심시켰다. "엄마도 요리하다 보면 머리카락이 들어가기도 하고, 다른 이물질도 들어갈 수 있어. 너무 큰 소리 내지 말고, 그냥 먹지 말자"고 했다. 그 후 우리는 다른 반찬으로 식사를 이어 갔다.

식사 후, 딸이 계산하려 한다고 해서 나는 그만 말렸다. 내가 계산대로 다가가 카드를 건넸다. 그때, 아까 우리의 상황을 지켜보던 다른 손님들의 시선이 느껴졌다. 나는 식당 주인에게 조용히 귀엣말로 말했다. "찌개에서 작은 벌레가 나왔어요. 다음에는 주의해 주세요." 주인은 얼굴이 빨개지며 진심으로 사과했다. "정말요? 그럼 말씀을 해 주셨으면 바꿔 드렸을 텐데요. 정말 죄송합니다." 그의 진지한 사과에 계산을 마치고 나는 그저 고개를 끄덕이며 그 자리를 떠났다.

그 후, 우리는 커피숍에 들러 차 한 잔을 마시며 아까 일에 대해 다시 이야기했다. 아이들은 여전히 깜짝 놀라며 말했다. "엄마, 다른 까다로운 사람들이었으면 그게 그냥 넘어가겠어요? 왜 이렇게 그냥 넘어가요?" 나는 잠시 생각하며 그들에게 다시 설명했다. "맞아, 너희가 불쾌한 건 알지. 나도 그렇지만, 타지에서 온 손님들이 우리를 어떻게 볼지 생각해 봐. 우리가 큰 소리 내면 분위기가 더 안 좋아질 거야. 그저 조용히 해결한 거야. 주인에게도 얘기했으니까 다음부터는 더 주의할 거야." 그 말을 듣고 아이들은 조금 고개를 끄덕였다.

그런데 딸 중 한 명이 덧붙였다. "맞아, 그럴 수도 있지. 근데 예전에 친구랑 밥 먹으러 갔을 때, 이상한 게 나왔는데 친구가 막 뭐라 해서 음식을 다시 받았었거든. 그런데 우리 엄마는 정말 대단하시다!" 살짝 비꼬는 듯한 말투였지만, 나는 그 말이 어쩐지 뿌듯하게 들렸다. 나는 다시 한마디 덧붙였다. "얘들아, 이런 일이 또 생긴다면 너희도 조용히 지혜롭게 해결할 수 있으면 좋겠어. 물론 이물질이 안 나오는 게 가장 좋겠지. 하지만, 그게 억지로 들어간 게 아니니까, 맛있게 만들다 보니 그런 일이 있을 수도 있어. 넓은 마음으로 이해하려고 해." 그 말을 듣고 아이들은 고개를 끄덕이며 "알겠어요"라고 대답했다.

차를 마시며 우리는 그렇게 웃고 떠들다 집으로 돌아왔다. 그날의 일을 떠올리며, 타지에서 온 사람들에게도 이렇게 조용히 문제를 해결하는 사람이 있을 수 있다는 걸 느꼈으면 좋겠다.

물론 자랑스러운 일은 아니지만, 조용히 해결한 것에 대해 스스로에게 고마운 마음을 느낀다. 누구에게도 드러내지 않고, 큰 소리 내지 않으며 문제를 처리한 그 순간이 떠오른다. 아무리 작은 일이라도, 자신만의 방식으로 해결할 수 있었다는 것에 대해 칭찬을 보내고 싶다. 그때 내가 얼마나 침착하게 대처했는지, 그 사실이 그저 대단히 자랑스러운 일은 아니지만, 마음속 깊이 스스로를 격려하는 순간이었음을 깨닫는다.

그것이 선한 영향력으로 퍼지기를 바라며, 가벼운 발걸음으로 우리는 돌아올 수 있었다.

2025년 6월 MBC 김차동 모닝쇼 방송

예기치 못한 우리의 특별한 데이트

퇴직 후, 제2의 인생을 시작하며 백수가 과로사한다는 얘기가 남의 일이 아니었다.

다람쥐 쳇바퀴처럼 앞만 보고 정신없이 달려온 40여 년의 직장 생활을 마무리했다. 아름다운 정년퇴직을 꿈꾸었지만, 너무 열심히 살았던 결과로 질병이 찾아왔다. 계속 직장 생활을 해야 할지, 아니면 내 몸을 돌보고 건강을 생각해 그만둬야 할지, 선택의 기로에서 고심 끝에 결국 퇴직을 결심했다.

몸이 아파 뒤돌아보니, 나 자신을 돌보지 않았던 것에 대한 후회가 밀려왔다. 그동안 숙제처럼 살아왔다면, 앞으로는 제2의 인생을 축제처럼 살아 보겠다고 다짐했다.

퇴직 후 갑자기 쉬게 되면 번 아웃을 겪고 우울에 빠지는 선배들을 봐 왔기에, 무언가를 해야겠다고 결심했다. 스트레스를 받지 않는 선에서 무엇을 시작할까 고민했는데, 원래 가만히 있지 않는 성격이기도 했고, 우울해진다는 것은 더 슬픈 일이었기 때문에 그것만큼은 피하고 싶었다. 그래서 요양보호사 자격증에 도전하게 되었다. 더 나이가 들어서 가족을 돌볼 때도 도움이 될 수 있을 것 같았고, 부부간에도 서로가 아플 때는 요양보호사 자격이 큰 도움이 될 것 같아, 일단 자격증을 취득하기로 결심했다.

  다행히 남편과 나는 사회복지사 자격을 이미 취득한 상태여서, 일반적인 요양보호사 교육을 다른 사람보다 반절만 이수할 수 있는 기회를 얻었다. 물론 그것도 짧은 시간이 아니었다.

  7월 더워지는 여름부터 시작된 교육은 직장 생활을 하는 남편의 시간에 맞추어 저녁 시간에 수업을 신청하게 되었다. 이때 약 3개월 동안 남편과 의외의 데이트를 매일 하게 되었다. 일주일에 세 번, 4시간씩 진행되는 수업은 어릴 적 학습과는 달리 따라잡을 수 있을지 두려운 마음도 있었다. 첫 교육이 시작되었을 때, 기존에 다니던 학생들과 우리처럼 새로 시작하는 학생들이 함께 수업을 듣게 되었다. 다들 나이 많지 않은 우리 부부를 보고 놀라기도 하고, 부럽다고 농담도 했다. 염려했던 것과 달리 분위기도 좋았고, 나이가 지긋한 분부터 젊은 새댁, 출산한 지 얼마 안 된 사람들까지 다양한 사람들이 열정적으로 수업에 임했다. 실생활에 바로 적용할 수 있는 내용이라 시간 가는 줄 모르고 즐겁게 수업을 들을 수 있었다.

  요양보호사 자격을 취득하려면 기본 교육과 실습을 포함한 240시간의 교육을 이수해야 한다. 기초 교육에서 요양보호사의 역할, 노인학, 기초 의학 지식 등을 배우면서 시어머니가 아프신 상태라 실생활에서 배운 내용들이 많은 도움이 되었다. 무엇보다 배운 지식을 바로바로 적용할 수 있어서 좋았다.

  이렇게 억지로 데이트를 하게 되면서도, 즐거운 시간이었고, 수업을 가는 길에 차 한잔 마시거나 간식을 나누며 다른 학생들과 이야기도 나누었다. 이런 소소한 일상이 시간이 어떻게 갔는지도 모르게 지나갔다. 그 과정에서 더 깊어지는 부부의 애정을 느낄 수 있는 소중한 시간들이었다. 우리는 사회복지사 자격이 있어서 실습 시간은 적었지만, 요양원에서 환자분들을 정성껏 돌보며 실습에 임했다. 나중에 나이가 들어 우리도 이렇게 서로를 돌보며 살아갈 날이 올 것이라 생각하니, 더욱 성심껏 보살폈다.

누구나 필기시험에 쉽게 합격한다고 생각하지만, 선생님 말씀에 의하면 몇몇 사람은 떨어진다고 했다. 우리는 상대적으로 젊은 편이라 떨어지면 망신이라고 생각되어, 여름휴가도 반납하고 도서관에서 3일 동안 문제를 풀며 열심히 공부했다.

시험 당일, 전라북도 사람들은 모두 전주에서 시험을 치르게 되었다. 수험생들이 길게 줄 서 있는 모습을 보며, 젊은 학생들과 남자들도 많아 깜짝 놀랐다. 나이가 많은 사람들이 요양보호사 자격증을 취득하는 이유가 그냥 시간 보내려고 하는 것이라는 오해를 많이 했던 것 같다. 엘리베이터에서 만난 한 젊은 학생은 "공부를 전혀 못했는데 떨어지면 어쩌죠?"라고 걱정하는 모습이었다. 나는 "아는 것만 차분하게 풀면 괜찮을 거예요"라며 다독였다. 수험장에 들어가 보니, 시험 방식이 완전히 바뀌어 컴퓨터로 문제를 풀고 답을 체크하는 방식이었다. 수십 년 만에 보는 필기시험 방식에 놀라며, 또 하나의 새로운 경험을 했다.

다행히 시험을 마친 후, 남편이 "만약 만점을 받으면 어쩌지? 떡이라도 해야 하나?"며 웃으며 얘기했다. 그 말을 듣고 긴장이 풀렸다. 한 달 뒤, 핸드폰으로 "합격하였습니다"라는 메시지와 함께 점수가 도착했다. 기쁨의 순간이었다. 우리가 함께 애썼다는 생각에 서로를 칭찬하며 더욱 돈독해진 부부애를 느꼈다. 발걸음이 가볍게 합격증을 찾으러 학원에 가는 날, 감사의 표시로 떡을 준비해서 원장님을 만났다. 정말 몇 명이 떨어졌다는 얘기를 들을 수 있었다.

　무슨 일이든 쉽게 얻어지는 것이 없다는 것을 깨닫게 된 것은 그해 여름이었다. 그 여름, 우리는 휴가도 반납하고, 주어진 시간 동안 최선을 다해 준비했다. 나의 모든 에너지를 쏟았기에 그때의 열정은 시간이 흐르고 나서도 여전히 생생하다. 덕분에 그해 여름은 그토록 더운 날씨도, 그 모든 고생도 잊은 채 지나갔다. 그리고 그 결과는 어느덧 내가 원하는 대로 찾아왔다. 일이 끝난 후, 뒤돌아보니 열심히 준비하고 노력한 만큼 얻은 성과가 있음을 느낄 수 있었다.

　이렇게 작은 일에도 큰 의미를 두고 함께했던 시간이었다. 앞으로도 이런 기회가 생기면 함께 공부하며 동행하는 것을 주저하지 않겠다고 다짐해 본다.

2025년 2월 샘문문학 신춘문예 당선작

작은 친절이 준 하루의 변화

며칠 전, 오랜만에 남편과 함께 점심을 먹게 되었다. 이른 봄기운이 아직 완전히 퍼지지 못한 날씨는 싸늘했고, 마음도 함께 움츠러드는 듯했다. 따뜻한 국물이 그리워 자연스레 발길은 샤브샤브 집으로 향했다. 착한 가격에 사람들로 긴 줄이 늘어서 있었다. 웅성이는 소리와 김이 피어오르는 식당 입구에서 기다리는 동안, 기다림 속에서도 마음은 가볍고 따뜻했다. 그런 순간이 쌓일 때, 어느새 하루는 더 단단해지고 온기를 머금는다.

한참을 기다린 끝에 자리를 잡고, 조용히 식사를 시작했다. 오랜만에 마주한 따뜻한 국물은 속을 데우듯 마음까지 포근하게 감싸 주었다. 식사를 하던 중, 고기가 조금 부족하다는 생각이 들어 조심스럽게 추가 주문을 하기로 했다. 예전에 자주 오던 곳이라 쿠폰도 챙겨 왔고, 오늘은 그걸 쓸 좋은 기회라고 생각했다.

손을 들어 직원을 불렀다. 이윽고 다가온 알바생은 덩치가 크고 어딘지 무뚝뚝해 보였지만, 표정만큼은 열심히 일을 하고 있다는 인상을 주었다. 나는 조심스레 웃으며 말을 건넸다.

"저기, 바쁘시겠지만… 이 쿠폰 좀 사용해도 될까요?"

그 순간, 그의 얼굴에 미소가 번졌다.

"그럼요! 당연히 쓸 수 있죠! 바로 가져다 드릴게요!"

그는 정말 약속대로 금세 고기를 가져다주었다. 빠르게 움직이느라 땀이 송골송골 맺힌 이마 위로, 그가 머쓱한 미소를 지을 때 나는 문득 그가 참 좋은 사람이라는 걸 느꼈다.

그렇게 식사를 마무리할 무렵, 다시 그 알바생이 다가왔다. 무슨 일인가 싶어 나도 고개를 들고 그의 얼굴을 살폈다. 그가 수줍은 듯 말했다.

"사모님께서 너무 상냥하게 말씀해 주셔서… 그냥, 너무 감사했어요. 진짜요. 뭔가 서비스라도 드리고 싶은데, 제가 알바라서 맘대로는 못 해서… 죄송해요."

나는 놀랐다. 그저 웃으며 말을 건넸을 뿐인데, 이렇게 감동을 받았다니. 남편과 눈이 마주쳤고, 우리는 서로의 얼굴에서 같은 감정을 읽었다.

"아유, 괜찮아요. 그렇게 말해 줘서 저도 참 기분이 좋아졌어요."

내가 그렇게 답했을 때, 그의 눈빛이 한결 밝아졌다.

식사를 끝내고 자리를 정리하는 동안도 그 알바생의 말이 머릿속에서 맴돌았다. 참 신기했다. 단지 말 한마디, 웃음 하나로 누군가의 하루가 따뜻해질 수 있다니. 세상이 각박하다고, 요즘 MZ세대는 무례하다고 말하는 이들도 있지만, 그런 편견이 얼마나 무의미한가를 그 아이는 조용히 보여 주었다.

아마 그는 수없이 많은 진상 손님들 사이에서 지쳐 있었을 것이다. 그 속에서 내가 건넨 소소한 친절이, 그에게 작은 위안이 되었을 거란 생각이 들었다. 그래서 나 역시 그냥 지나칠 수 없었다. 마치 우리 자녀들에게 "수고했어"라고 말해 주듯, 작게나마 그에게 마음을 전하고 싶었다.

우리가 식당을 나설 때, 나는 조용히 그를 불러 만 원짜리 지폐 한 장을 건넸다.

"바쁘신데도 기분 좋게 대해 줘서 고마워요. 따뜻한 차 한잔하세요."
그는 손사래를 치며 고개를 저었다.
"저 그런 뜻으로 말씀드린 게 아니에요… 정말 감사한 마음에 드린 말씀이에요."
그 진심이 담긴 말에 나도 뭉클해졌다. 하지만 나는 부드러운 목소리로 말했다.
"그 마음 알죠. 그래도 누군가에게서 따뜻함을 받았을 땐, 다시 누군가에게 그 따뜻함을 전하면 돼요. 오늘은 제가 그걸 하는 거예요."
결국 그는 부끄러운 듯 고개를 숙이며 돈을 받아들였고, 나는 가볍게 웃으며 식당을 나섰다.
집에 돌아와 아이들에게 그 이야기를 들려주며 말했다.
"어렵고 힘든 상황 속에서도 상대를 존중하고 따뜻하게 대하면, 그게 감동으로 돌아올 수 있다는 걸 느꼈단다. 웃는 얼굴에 침 못 뱉는다는 말이 정말 맞는 것 같아."
아이들은 "엄마, 진짜 멋진 하루였네." 하며 칭찬을 건넸고, 나는 그 말을 들으며 다시 한번 그날의 미소를 떠올렸다.
세상은 점점 더 빠르게 흘러가고, 사람들의 마음도 덩달아 바빠지고 있다.
하지만 그럴수록 우리는 작은 온기 하나, 따뜻한 시선 하나에 더 깊이 목말라하는지도 모른다.
행복은 거창한 순간에 있는 것이 아니라, 일상의 틈새에서 피어나는 조용한 다정함과 진심에서 오는 것 아닐까.
생각해 보면, 그날은 특별한 일이 있었던 날이 아니었다.

그저 스쳐 지나간 미소 하나, 마음을 담은 말 한마디가 누군가의 하루를 바꾸고, 메마른 땅에 내린 봄비처럼 내 마음을 조용히 적셔 주었다.

그리고 지금도 문득문득 생각한다.
오늘 나의 말 한마디, 미소 하나가 누군가에게 단비가 되었기를….

2025년 땅끝해남 행복에세이 우수상 수상작

캔 유 스피크 잉글리쉬?

    요즘 교회에서는 지역사회의 발전을 위해 참으로 좋은 일들을 많이 하고 있다. 뜻깊게 움직이며 실천하는 교회들에 박수를 보내고 싶다. 천변에 운동하러 나가면 가끔 새로운 현수막들이 많이 걸려 있는 것을 보게 된다. 앞만 보고 걷느라 그냥 지나쳤던 문구들이 어느 날 확연히 눈에 들어올 때가 있다.

    "영어 회화 무료교실"이라는 문구가 걸린 현수막을 보고 발걸음을 멈추게 되었다. 전 세계 청년들과 함께하는 영어, 문화 교류 프로그램이라고 해서 관심을 끌었다. 그동안 영어에 대한 관심은 있었지만 늘 부족하다고 느꼈고, 더 열심히 해야 한다는 갈망이 마음속에 있었기에 전화를 걸어 보았다.

    다행히 수업이 이미 시작된 지 몇 주 됐지만 언제든지 참여할 수 있다고 했다. 마감이 되어 더 이상 접수가 안 된다고 하면 포기할 생각으로 전화를 했었는데, 반갑게 전화를 받으시며 언제든지 환영한다고 하셨다. 중간에 들어가도 괜찮냐고 물었더니, 중고등학교 수업이 아니라 기본 회화를 위주로 하는 수업이라 마음 편히 오라고 힘을 주셨다.

    결국, 일단 가 보자고 마음을 먹었다. 내가 잘 맞지 않으면 안 가면 되는 거니까! 수업에 들어가기 전 조금은 떨리기도 했지만, 상황을 파악하기 위해 뒤에 앉아 보았다. 이미 다른 분들은 꾸준히 수업을 들어온 터라 자연스럽게 영어로 대화를 나누고 있었다. 그 모습이 신기하고, 나도 나이가 적지 않지만, 연세가 70이 훨씬 넘은 어르신들이 열심히 따라 하는 모습도 인상 깊었다. 그들은 인터넷이나 책으로 접했던 영어 공부를 실제로 현지인과 하게 되는 것이 처음이라 더욱 열심히 임하는 것 같았다. 인도에서 우리나라 SKY에 해당하는 학교를 졸업하고, 실력 있는 학생들이라고 소개된 선생님도 흥미로웠다.

 수업에 참여한 다른 학생들 중에는 자녀가 캐나다에 살거나 아일랜드 사람과 결혼한 분들도 있었다. 영어가 꼭 필요한 분들이 많았다. 그들 중에서 나는 영어를 잘하는 편이 아니어서 두려운 마음이 있었지만, 한편으로는 기대도 컸다. 수업을 시작하기 훨씬 전에 미리 도착해 준비를 했다. 인도 선생님은 영국식 발음을 쓰셔서 처음엔 알아듣기가 어려웠다. 그래도 서로 천천히 질문하고 답을 찾으며, 얼굴을 맞대고 웃어 가며 소통하는 시간이 재미있었다.

 일주일에 화, 수, 목 세 번이라는 숫자가 적지 않는 일수지만 만반의 준비로 수업을 진행한다.

 우리가 생소한 자연재해, 행성들, 그림 보고 영어로 이야기하기, 영어 게임 등을 통해서 웃고 즐기면서 수업에 임하는데 다른 동적인 취미하고 또 다른 맛을 느끼게 한다. 집에 와서 오늘 배운 것을 한번 들추어 보고 외우기도 해 본다. 가끔 예고도 없이 종이를 나눠주며 테스트를 하는데, 우리가 흔히 아는 단어이지만 완전하게 쓰지 못해도 수업 시간이 지루할 틈이 없다.

 수업 중, 우리는 자기소개를 하라는 말에 다소 어색하지만 모두 열심히 영어로 자기소개를 했다. 일단 시작했으니, 어떻게든 해 보자는 마음으로 참여했다. 선생님은 우리에게 〈I Have a Dream〉 같은 올드 팝송을 가르쳐 주며 수업 분위기를 다르게 만들어 주었다. 때로는 돌아가며 노래를 부르기도 했고, 쑥스럽지만 다들 열심히 따라 부르며 수업에 참여했다.

수업이 끝나고 집에 돌아오면 콧노래가 절로 나오며 기분이 좋아졌다. 그렇게 하루하루가 즐거워지며, 새로운 도전에 대한 두려움이 사라졌다. 나이에 상관없이 새로운 것을 배우는 것이 얼마나 중요한지 깨달았다. 제2외국어 공부가 치매 예방에 좋다는 말이 실감이 가며, 매일매일 건강해지는 느낌을 받았다. 수업이 끝나면 늘 아쉬움이 남았지만, 그만큼 많은 것을 배우고 성장한 시간이었다.

그렇게 시간이 지나면서, 마지막 수업이 다가왔다. 3개월간 우연히 만난 사람들과의 이별이 다가왔고, 그것이 또 하나의 끝임을 깨달았다. 선생님이 좋아하는 칼국수를 대접했다. 선생님은 인도에서 가져온 묵직한 볼펜을 선물해 주셨고, 우리는 서로의 연락처를 주고받으며 이별을 아쉬워했다. "I wish you all the best! I want to see you again!"라고 말하며 뜨겁게 포옹하고 헤어졌다.

그 후, 몇 년 만에 찾아온 감기 몸살로 힘들기도 했지만, 영어 공부를 다시 시작하려는 마음은 여전히 강했다. 다음 학기를 기다리며, 비록 몸이 아프더라도 가방을 메고 나서면 발걸음이 가벼워진다. 얼마 후, 가족과 함께 영국 여행을 가게 되었다. 예전에는 영어가 서툴러 외국인 앞에서 숨고 피하곤 했지만, 이제는 영어로 몇 마디를 자신 있게 할 수 있게 되었다. 딸은 "엄마가 많이 달라졌네!"라고 하며 칭찬해 주었다. 이제는 영어로 외국인 앞에서도 겁을 내지 않고, 용기 있게 대화할 수 있는 자신감을 얻었다.

아는 것이 힘이라는 것을 더욱 체험하게 되는 순간이었다. 런던에서 뮤지컬을 보게 되었는데 우리가 수업 중에 배웠던 노래가 나오는 것이 아닌가? 순간 선생님이 생각나면서 울컥한다. 지금도 카톡 친구가 되어 열심히 서투르게 대화를 나누지만 안부를 전하며 이어 가고 있다. 영국에 다녀왔다고 자랑을 했더니 부러워한다. 자기도 꼭 가고 싶다 한다. 내가 한 가지 진실을 말해 줄 게 있다면서 얘기를 꺼냈다. 영국에 멋진 신사가 많을 줄 알았더니 그다지 신사가 보이지 않는다고 얘기를 꺼내며 서로 박장대소로 함박웃음을 지었다.

이 정도의 열정을 가지고 있다면, 다음에는 더 많은 지식을 쌓고, 스스로의 힘으로 여행을 떠날 수 있을 것이라고 믿는다. 내가 스스로 공부하고, 세상과 마주하는 기회를 만들기 위한 결심은 이미 내 마음속 깊숙이 자리 잡았다. 이 여정이 단순히 새로운 장소를 여행하는 것이 아니라, 내 안의 무언가를 발견하고 성장하는 시간이 될 것임을 확신한다. 아무리 힘든 길이라도, 나는 끝까지 이끌어 갈 수 있을 것이다. 이제는 그 꿈을 실현하기 위해, 하루하루 더 열심히 공부하며 다가갈 것이다.

퇴직 후 발견한 아름다운 변화

정상만을 향해 급히 올라가며 바쁘게 살던 시절, 나는 주위의 아름다움을 제대로 느낄 여유가 없었다. 그러나 마음에 여유가 생기고 나서야 비로소 그동안 보지 못했던 꽃을 발견할 수 있었다. 고은 시인의 시가 생각난다. "내려갈 때 보았네, 올라갈 때 못 본 그 꽃!" 십수 년간 아파트라는 테두리 안에서 출퇴근만 하며 바쁘게 살아가던 나에게, 퇴직 후에야 일상 속의 작은 아름다움들이 눈에 들어오기 시작했다.

일을 하지 않게 된 후, 나는 오랜 시간 동안 지나쳤던 것들에 대해 다시 생각하게 되었다. 아파트 입구나 바닥이 이렇게 지저분하게 관리되고 있다는 사실에 속상함을 느꼈다. 어느 날, 우연히 몇몇 주민들을 만나 대화를 나누게 되었는데, 모두들 불만이 가득했지만 그저 말로만 하고 지나쳤을 뿐, 실제로 환경을 정리하거나 관심을 기울이는 사람은 없었다. 관리사무소에서도 그다지 신경을 쓰지 않는 듯 보였다. 특히 우리 동은 누군가가 나서서 문제를 제기하거나 관심을 두는 일이 거의 없었다. 그저 "좋은 게 좋은 거"라며 모두가 묵묵히 넘기고 있었다. 나도 그러려고 했지만, 집을 찾아오는 사람들이 입구가 왜 이렇게 더럽고 치우지 않느냐고 불평을 하자 더 이상 가만히 있을 수 없었다.

특히 우리 동 입구의 바닥은 다른 동에 비해 유난히 심하게 패여 있었다. 내 어머니가 우리 집을 방문했을 때, 그 바닥에 발이 걸려 넘어지기까지 했다. 다행히 큰 부상은 없었지만, 관리사무소에 그런 상황을 이야기했을 때, 경비가 부족하여 수리 작업을 할 수 없다는 답변만 돌아왔다. "조금 기다려 달라"는 말을 듣고 돌아왔지만, 이대로 두면 더 큰 사고가 날 것 같아 마음이 급해졌다. 그래서 나는 나서기로 결심했다.

직장에서의 자산 관리 업무를 통해 건물 관리와 공동주택 관리법에 대해 알게 되었던 지식을 바탕으로, 우리 주민들의 권리를 찾기 위해 관리사무소에 강력하게 요구했다. "이대로 방치해 두면 우리 얼굴에 먹칠을 하는 셈이 된다"며 시정할 사항들을 적어 관리사무소에 전달했다.

아파트 내 다른 동의 관리 책임자와 상의하여, 두 페이지로 요약된 내용에 주민들의 서명을 받기 시작했다. 서명을 받는 일은 결코 쉬운 일이 아니었다. 하루에도 몇 번씩 밤낮으로 주민들을 만나야 했고, 몇몇 집은 일주일에 일곱 번을 가야만 만날 수 있었다. 그런데, 그동안 잠잠하던 주민들이 내게 불만을 쏟아내는 것을 보며 내 머리는 지끈거렸다. "대표도 아니고, 그저 개선할 수 있는 사항을 적은 것뿐이다"라고 말했더니, 오히려 동대표로 나가라고 추천하는 사람들이 있었다. 그럴 리는 없었다. 나는 그저 문제를 해결하고 싶었을 뿐이다.

결국, 문제의 사진과 내용을 첨부하여 관리소장과 진지한 상담을 가졌다. 그 결과, 입주자 대표회의에 상정하여 바로 시정할 수 있는 사항은 조치를 취하겠다는 다짐을 받았다. 며칠 후, 동 대표들이 우리 동을 찾아서 개선 작업을 시작했다. 그들의 진지한 태도와 목소리에 나는 안도의 한숨을 쉬었다. 비로소, 그동안 무관심했던 문제들이 해결의 길을 찾게 된 것이다.

그 후, 우리 라인의 환경은 확실히 개선되었고, 주민들은 큰 만족을 표했다. 감사의 인사를 들을 때마다 나는 내 행동이 결코 헛되지 않았음을 느꼈다. 아파트 입구는 이제 깨끗해졌고, 그동안의 불만이 사라졌다. 이 작은 변화가 나에게는 큰 의미가 있었다. 그리고 내가 나서지 않았다면, 아무런 발전도, 개선도 없었을 것이다.

일찌감치 직접 나오셔서 작업을 하는 분들을 위해 내가 할 수 있는 것은 그저 감사의 인사를 전하고, 집에 있는 과일과 달걀을 찌고 음료수로 대접하는 일이었다. 그 작은 정성이지만, 그들에게 고마운 마음을 담아 준비한 음료와 간단한 간식이 조금이라도 힘이 되었기를 바란다. 일을 하면서 피곤할 때, 내가 준비한 작은 보탬이 그들에게 위로가 되었기를, 그리고 그들과 함께하는 시간 속에서 나 또한 따뜻한 마음을 나눴음을 느낀다.

작업하시는 분들도 나의 작은 정성에 감사의 인사를 아끼지 않으셨다. 그들의 고마운 마음을 보며, 나는 오히려 더 큰 감사함을 느꼈다. 서로의 노고와 배려가 이렇게 작은 일 속에서도 따뜻하게 교류될 수 있다는 것이 정말 소중하게 느껴졌다. 내가 준비한 음료와 간식에 대한 감사의 말이, 단순한 대접을 넘어 서로를 이해하고 존중하는 마음에서 나온 것임을 깨달았다. 그들의 진심 어린 감사가 내 마음을 더 훈훈하게 만들었다.

퇴직 후, 나는 이런 보이지 않는 변화들을 만들어 가며 하루하루를 보낸다. 매일처럼 바쁘지만, 남을 위해 무엇인가를 해내는 기쁨을 느끼고 있다. 월요일부터 금요일까지 나름대로 꽉 찬 일정을 소화하며, 나만의 시간을 가지려고 노력하고 있다. 그 작은 변화들이 나를 더 행복하게 만들어 주고 있다. 내가 이렇게 나서서 변화시킨 작은 환경이 다른 사람들의 삶에 긍정적인 영향을 미친다는 사실에 뿌듯함을 느낀다.

이렇게 서로가 배려하고 감사하는 마음을 나누며 함께 살아가는 것이 진정한 의미의 공동체가 아닐까 싶다. 각자의 작은 노력이 모여 큰 변화를 이루어 내고, 그 과정 속에서 따뜻함과 연대감을 느끼게 된다. 내가 작은 힘을 보탰다고 생각했지만, 오히려 나보다 더 큰 감동을 받은 건 나 자신이었다. 서로의 존재와 노고를 인정하며 살아가는 것이, 진정한 삶의 아름다움이 아닐까 하는 생각이 들었다.

누군가는 나에게 "왜 이렇게 나서느냐"고 묻지만, 나는 이 작은 노력들이 결국 더 큰 변화를 만든다고 믿는다. 그 과정에서 나는 때때로 힘들기도 하지만, 결국 그 모든 순간이 나를 더 성숙하게 만든다. 중간만 따라가려는 삶이 아닌, 내가 원하는 대로 살겠다는 다짐을 새롭게 한다. 오늘도 나는 그 마음을 가지고, 주어진 일상을 성실히 살아간다.

2부

나의 마음이 자란 곳,
가난과 따뜻한 삶

자전거 위에서 떠오른 아버지

며칠 전, 정확히 일주일 전, 나는 자전거를 배우게 되었다. 어릴 적, 시골에서 자라면서 자전거를 배우고 싶었지만 시도조차 하지 못했다. 신작로 길에 울퉁불퉁한 도로에서 자전거를 타려다 논두렁으로 굴러떨어지고, 몸에 상처를 입다 보니 그만 포기하고 말았다.

그렇게 세월은 흘러, 나는 이제 50대 중반을 넘어서 두 해가 지났다. 가끔 아줌마들이 자전거를 타고 머리를 휘날리며 달리는 모습을 보며 부러워하기도 했다. 그러던 중, 마음속에 "늙기 전에 자전거를 타야지"라는 생각이 자주 떠올랐다. 그러면서 자전거를 배우는 것을 버킷리스트에 올려 두었고, 그 기회를 계속 엿보고 있었다. 그런데 지난주, 봄 날씨가 완연히 기운을 주며 내게 자전거를 타고 싶은 마음을 불러일으켰다.

결국 남편에게 졸라서, 늦둥이 아들의 자전거를 끌고 함께 학교 운동장으로 나갔다. 휴일이라 운동장이 한가하고 넓어서 안정감은 있었지만, 넓은 공간을 보니 마음속에서 두려움이 밀려왔다. 그래도 이제 결심했으니, 어쨌든 해야겠다고 생각하며 무릎 보호대, 손목 보호대, 팔꿈치 보호대를 착용했다. 누가 보면 자전거 선수 같았을 거다. 그리고는 뒤에서 밀어 주며, 자전거에 올라타 페달을 굴려 보기로 했다.

남편은 처음부터 잘 타며 쭉쭉 나갔다. 그 모습을 보며 나도 저렇게 탈 수 있을까 하는 마음이 들었다. 부러움 반, 걱정 반으로 자전거에 올라 탔지만, 처음엔 제대로 움직이지 않았다. 운동신경이 뛰어나면 금방 배울 줄 알았는데, 이리저리 비틀거리며 몸과 자전거가 따로 움직였다. '그래서 사람들이 차 운전보다 자전거 타는 게 더 어렵다고 했나?' 하는 생각이 들 정도였다. 몇 번 뒤에서 밀어 주고, 남편의 시범을 몇 번 보고 나니 어느 순간 자전거가 스르륵 앞으로 나가는 것이었다. 비틀비틀했지만, 페달을 굴리며 나아가니 옆에서 계속 응원해 주는 남편 덕분에 더욱 힘이 나서 계속 도전하게 되었다. '칭찬은 고래도 춤추게 한다'고 했던가, 만약 '못 한다'고 꾸짖었다면 중간에 포기했을지도 모른다.

그렇게 운동장을 몇 바퀴 돌며 자전거를 타는 내 모습은 정말로 세상을 다 가진 기분이었다. 처음 배운 사람이라면 그 기분을 이해할 것이다. 비록 산이나 들이 아닌 운동장이었지만, 봄바람이 내 얼굴을 스쳐 가며 기분 좋게 내 **뺨**을 간지럽히는 느낌은 상상도 못 했다.

남편은 집에 가자고 재촉했지만, 나는 그 행복감에 젖어 1시간이 넘게 자전거를 타며, 어두워지는데도 계속 페달을 돌렸다. 그 순간, 페달 위에서 내려오면 이 흐름을 잊을까 봐 멈추지 못했다. 결국 남편의 채근에 못 이겨 멈추고 집으로 돌아갔지만, 그 날아갈 듯한 기분은 밤에도, 다음 날에도 계속 내 몸을 가볍게 했다.

다음 날도 그 기분을 잊을까 봐 자전거를 다시 끌고 운동장으로 갔다. 집에서 운동장까지 가는 길이 왜 이렇게 멀게 느껴졌는지 모르겠지만, 결국 한걸음에 도착했다. 그러나 그날은 처음처럼 마음대로 자전거가 움직이지 않아 당황스러웠다. 하지만 금세 적응이 되어, 큰 원을 그리며 바람을 가르며 페달을 힘차게 돌렸다.

그 순간, 울컥하며 올라오는 감정이 있었다. 내가 자전거를 배우는 이 순간, 떠오른 것은 바로 아버지였다. 아버지가 돌아가신 지 벌써 30년이 되어 가는데, 중학교 2학년 때 수학여행을 가게 되었을 때의 기억이 문득 떠오른 것이다. 시골에 살던 나는 새벽에 버스가 오지 않아 아버지가 자전거로 도시락을 들고 30km가 넘는 거리를 나를 태워 주던 기억이 떠올랐다. 그때 아버지는 비포장도로를 땀을 흘리며 끙끙거리며 달리셨고, 나는 그 모습이 지금처럼 선명하게 떠오른다. 그때 나는 아버지에게 고마움을 제대로 표현하지 못한 채 서둘러 버스를 향해 달려갔다. 아버지는 힘들다는 내색 한번 없이, 자식을 위해 달려주셨다. 그때 그 모습이 다시 떠오르면서, 자식에게 아무 조건 없이 모든 것을 내줄 수 있는 부모의 마음을 새삼 깨닫게 되었다.

그렇게 운동장을 몇 바퀴 돌다 보니, 목도 마르고 아이들 생각이 나면서 맛있는 음식을 해 줘야겠다는 마음이 생겨 집으로 향했다.

2017년 봄 여성시대 사연 채택

물속의 작은 보물, 다슬기

　시장에 가는 일은 내게 작은 즐거움이다. 흔히 마트에서 예산에 맞춰 물건을 고르는 일에 지쳐 있을 때면, 나는 가끔 시장에 들러 상인들의 웃음소리와 넋두리에 귀 기울이며 사람들의 온기를 한껏 느낀다. 그런 날, 나는 우연히 지나가던 한 골목에서 작은 바구니에 가득 담긴 다슬기를 발견했다. 바구니 속 다슬기는 마치 자연에서 갓 잡아 온 것처럼 신선해 보였고, 그 모습을 본 상인이 다가와 말했다. "이것 직접 손으로 잡아 온 거예요. 가서 끓여 드셔 보세요." 그의 말에 나는 어릴 적 기억이 불쑥 떠오른다. 어머니와 함께 다슬기를 잡으러 갔던 그 시절의 추억이 가슴속에서 따뜻하게 솟구쳤다. 그때의 향기와 맛이 여전히 내 마음속 깊이 새겨져 있는 것처럼, 다슬기의 모습을 보며 나는 잠시 어린 시절로 돌아간 듯한 기분을 느꼈다.

　어릴 적, 다슬기는 나에게 단순한 물고기가 아니었다. 그 존재는 내 삶의 일부였고, 추억 속에서 여전히 빛나는 한 장면이다. 다슬기는 일반적으로 우리가 아는 내용은 연체동물로, 물살이 센 강의 바위틈에 살며, 여러 이름으로 불린다. 소래고둥, 민물고둥, 고딩이, 골뱅이 등 다양한 이름을 가지고 있지만, 나는 그 이름들을 떠올릴 때마다 고향의 냇가가 생각난다.

　지금은 아미노산이 풍부하네, 간 기능 회복 및 숙취 해소에 효과적이

다라고 해서 약으로 사용되고 있지만 나에게는 떼려야 뗄 수 없는 값어치로 자리 잡고 있다.

그때의 나는 초등학교 저학년이었다. 집안 형편이 어려워 경제적으로 도움이 되고자 했던 어머니는 다슬기를 잡아 시장에 내다 파는 일을 하셨다. 그 어린 나이에도 나는 어머니를 따라 바구니를 들고 냇가로 가는 일이 자주 있었다.

어느 초봄, 날씨가 추운 3월의 어느 날이었다. 그날도 어머니와 함께 초포 다리 밑 냇가로 내려갔던 기억이 생생하다. 얼음이 살짝 얼어 있던 냇가에서 다슬기를 찾으려면 바위 밑을 조심스럽게 들춰야 했다. 그때의 차가운 물속에서 다슬기를 잡는 일은 쉽지 않았다. 작은 돌멩이를 들어 올리면 그 안에 겨울잠을 자고 있는 다슬기를 발견하고 바구니에 담았다. 아직 날씨가 차가워 발을 냇물에 담그는 것이 두려웠지만, 장화도 제대로 없었던 시절이었기에 나는 차가운 물을 참아 가며 다슬기를 하나하나 주워 담았다.

어느 순간, 큰 바위를 발견했다. 그 바위 밑에 다슬기가 많이 있을 거라 생각하니 손에 힘이 불끈 들어갔다. 나는 고사리 같은 손으로 그 큰 바위를 들어 올리며 바위 아래 숨겨진 보물을 기대했다. 그러나, 바위 아래에서 예상치 못한 것이 기다리고 있었다. 바로 물뱀이 겨울잠을 자고 있었던 것이다. 자기도 추웠던지 백지장처럼 납작 엎드리어 죽은 듯이 잠들어 있었다. 순간, 나는 그 뱀이 깨어나지 않기를 바랐다. 바로 그 옆에서 다슬기를 주워 담는 일도 조심스러웠지만, 마음 한편으로는 뱀이 깨어날까 봐 두려웠다. 다행히 뱀은 추운 날씨 탓이었을까 잠에서 깨어나지 않았고, 나는 그 바위 밑에서 숨죽이며 살금살금 다슬기를 한가득 주워 바구니를 채울 수 있었다. 아주 조심스럽게 바위를 그대로 원상 복귀시킨 후 나는 앞으로 전진하며 계속 바위를 들어 올린 후 다슬기를 주워 담았다. 혹시 그 뱀이 깨어나 나를 물까 두려워 계속 뒤를 쳐다보았던 기억이 지금도 생생하다.

집에 돌아온 어머니는 그날 잡은 다슬기를 시장에 내다 팔았고, 저녁으로 동태 두 마리를 사와 맛있게 끓여 먹었다. 그 맛을 떠올리면 아직도 그 시절의 행복한 기억이 떠오른다. 그 당시 다슬기를 잡는 일은 단순히 일거리가 아니라, 내게는 가족과 함께한 소중한 시간이었다.

그 후 몇 년 동안 봄, 여름, 가을, 겨울, 사계절 내내 다슬기를 잡으러 다녔다. 비가 오기 직전, 구름이 끼고 날씨가 꾸물꾸물할 때면 다슬기가 바위 밖으로 기어 나오곤 했다. 그럴 때면 우리는 초저녁이나 한밤중에도 집을 나서서 보이지 않는 바위 위를 손으로 더듬으며 다슬기를 잡았다. 한여름에는 물속에서 더위와 씨름하며 다슬기를 잡는 일도 많았다. 등짝에 달아오른 햇볕 속에서 다슬기를 잡고 나면, 밤새도록 빨갛게 그을은 등은 아프고 뻐근했다. 그러나 그때마다 어머니는 된장에 다슬기를 넣어 끓여 주셨고, 울타리로 둘러싸여 있는 탱자나무 가시를 꺾어 까서 먹는 재미도 있었다. 가난한 시절, 그 작은 다슬기 하나에도 행복을 느끼며 배를 채웠던 시간이 지금도 선명히 기억난다.

중학교에 들어가면서, 우리 동네는 경지 정리가 시작되었고, 공장이 들어서면서 더 이상 깨끗한 물을 찾기 어려워졌다. 더 이상 다슬기를 잡을 수 없는 상황이 되어 아쉬움을 느끼던 어느 날, 나는 꿈속에서 어린 시절 다슬기를 잡던 기억을 되새기곤 했다. 그 꿈에서는 바위를 들어 올리면 다슬기가 한가득 나온다. 비록 꿈속이었지만 바구니에 가득 채운

다슬기를 볼 때면 풍족한 마음이 들었다. 그런 꿈을 꾸면서, 나는 어릴 적 그 다슬기를 잡던 날들이 다시 떠올랐다.

결혼 후, 큰딸과 작은딸을 임신했을 때도 다슬기 잡는 꿈을 자주 꾸었다. 어릴 적 그 경험 덕분에 그런 꿈이 자주 찾아왔던 것 같다. 그 꿈속에서 다슬기를 주워 담는 기분은 참 기분 좋았다. 최근, 가끔 시장에 가면 다슬기가 수북이 쌓여 있는 걸 보곤 한다. 예전에는 손으로 하나하나 잡아야 했지만, 이제는 기계로 잡아낸다고 한다. 그리고 다슬기를 사 와 어릴 적처럼 다시 끓여 먹지만, 그 맛은 예전의 맛과는 다르다. 아마도 내 입맛이 변했거나, 그때의 가난한 시절이 주었던 맛이 더 특별하게 느껴졌던 것일지도 모르겠다.

아이들에게 그때의 이야기를 해 주면, 그들은 "증거가 없다"고 믿지 못한다는 표정으로 웃으며 넘기곤 한다. 하지만 나는 그때의 추억이 너무 소중하다는 사실을 잘 안다. 그 시절의 맛과 기억은 '라테 얘기'로 치부하기엔 너무나 소중했다. 비록 시간이 흘러 다슬기와의 인연이 끝난 것 같지만, 그때의 추억은 내 마음속에 여전히 살아 있다.

창포 내음 따라간 어느 여름날

　어릴 적 어린이날을 떠올리면 나도 모르게 웃음이 나면서도, 마음 한 켠이 찌르듯 아려 온다. 내 나이 예순. 시골에서 자라난 우리네 아이들의 마음은 다들 비슷했을 것이다. 유난히 가난했던 우리 집. 무엇을 기대하며 살던 시절은 아니었기에 어린이날이라고 해서 특별한 바람이 있었던 것도 아니었다.
　그런데도 그 하루만큼은 조금 달랐다. 어머니는 여전히 밭에서 호미질을 하셨고, 아버지는 우리 남매를 데리고 무료 개방된 공원으로 향했다. 어린이날과 단오가 함께 어우러졌던 그 시절, 공원 물가에는 창포가 사람들 손 타지 않고 자연스럽게 자라고 있었다. 누가 돌보지 않아도 계절이 되면 어김없이 돋아났고, 그 잎 사이로 불어오는 바람은 유난히도 향기로웠다. 아이들의 웃음소리와 뒤섞인 창포 향은 오래도록 내 기억 속 여름의 냄새가 되었다. 그렇게 해마다 그 자리에 어김없이 모습을 드러내며, 단오의 계절을 알리곤 했다.
　아버지는 우리를 창포물가로 데려가 머리를 감으라고 하셨다. 해마다 같은 자리에 수많은 가족들이 모여, 더위를 이기고 머리카락이 윤기 있게 자라기를 바라며 얕은 연못 속에 머리를 담갔다. 그 모습은 마치 한 편의 풍경화 같았다.

우리는 들뜬 마음으로 가벼운 도시락을 준비하고 새벽같이 집을 나섰다. 조금이라도 일찍 가야 덜 붐비는 자리를 차지할 수 있었기에 부지런을 떨지 않으면 안 되었다. 행사장에는 이미 많은 사람들이 도착해 있었고, 줄에 매달린 풍선들은 그날 하루만큼은 나에게 가장 화려한 세상을 선물해 주는 듯했다.

무명의 가수들이 부르는 노래를 들으며 오전이 훌쩍 지나갔다. 우리는 창포 잎이 살랑이는 그늘진 물가에 자리를 잡았다. 졸졸 흐르는 물소리와 풀잎 사이로 스며드는 바람이 마치 우리를 반기기라도 하듯 평화로웠다. 비누도 없이 그저 맹물에 머리를 살랑살랑 흔들며 씻었다.

그 순간, 마음속으로 간절히 빌었다. "제발 내 머리도 윤기 있게 자라게 해 주세요." 그렇게 순수한 마음으로 머리를 담그고 돌아서던 찰나, 무심코 방치된 깨진 유리 조각에 발이 스쳤다. 살짝 긁힌 줄 알았는데, 여린 발바닥에서는 피가 철철 흘러내렸다. 아버지는 근처에 있던 비닐 조각으로 상처를 싸매 주셨다. 지금 생각하면 너무도 간단한 처치였지만, 그게 전부였다.

아픈 기억이지만, 전날 밤 설레며 잠 못 이루던 마음과 들뜬 아침 공원의 풍경은 내 기억 속에 여전히 선명하다. 지금도 그 공원은 사라지지 않았다. 복개공사로 예전의 모습은 흔적도 없이 변했지만, 나는 가끔 그곳을 찾는다. 멀찍이서 바라보면 마치 그 자리에 머리를 감고 있던 우리 가족의 모습이 보일 것만 같다. 다시 돌아갈 수 없는 시간이기에, 그리움은 더 짙어지고, 그 시절의 따뜻한 기억은 여전히 마음 한 켠에 남아 있다.

그로부터 수년 후, 내 아이가 유치원에 다니던 어느 날. 아이 머리에 이를 옮아와 나와 함께 자고 난 뒤, 우리 둘 다 아침부터 머리를 긁적였다. 자세히 보니 새까만 것이 꿈틀꿈틀 다니고 있었다. 그날 우리 집은 비상사태였다. 부랴부랴 시장으로 달려가 참빗을 사고, 머리를 정성껏 빗어 댔다. 참빗 사이로 까만 이들이 우수수 떨어졌다. 그렇게 며칠을 고생한 끝에 다행히 깨끗이 없앨 수 있었다.

또 중학생이 되어 처음 도시 친구 집에 놀러 갔을 때의 일도 잊을 수 없다. 친구네 화장실은 식사를 해도 될 정도로 깨끗했고, 나는 그곳에서 처음 샴푸라는 것을 보았다. 투명한 주황빛 병 안에 담긴 그것은 나에게는 신기하고도 충격적인 물건이었다. 친구가 그걸로 머리를 감아 보라고 해서 조심스레 아주 조금만 손바닥에 덜어 써 보았다. 거품은 풍성했고, 향기는 은은하고 달콤했다. 나는 마치 전혀 다른 세상에 발을 디딘 듯한 기분이었다. 그날 밤, 머리카락에서 풍기던 향기는 자면서도 사라지지 않았고, 내 마음도 어딘가 정화되는 듯했다.

그날의 첫 경험은 지금도 가슴에 선명하게 남아 있다. 무려 45년이 지난 지금까지도 말이다. 그래서 나는 생각한다. 가난이 결코 부끄러운 것이 아니라고. 누군가 말했듯, 그저 조금 불편했을 뿐이었다고. 그 투명한 주황빛 병에 담긴 샴푸의 형상이, 아직도 내 마음속에 아련히 남아 있다.

그 시절의 그 친구는 진학을 달리하며 멀어졌지만, 가끔씩 생각난다. 어디에서 무엇을 하며 지낼까. 한 번쯤은 다시 만나 볼 수 있을까.

가난했지만 참으로 순수하고 따뜻했던 그 시절. 자연 속에서 가족과 함께했던 소박한 일상은 지금도 내 삶을 견디게 하는 힘이 된다. 마음 깊이 간직한 그 온기와 추억이 오늘을 살아가는 밑거름이 되어 준다.

문득 떠오른 그 시절의 장면 하나가, 오늘 나를 잠시 멈춰 서게 만든다.

뱀과의 인연

올해는 뱀의 해라고 한다. TV에서 자주 뱀이 등장하는 모습을 보며 어릴 적 기억이 떠오른다. 많은 사람들이 뱀을 징그럽다고 생각하지만, 나와 뱀은 사실 꽤 인연이 많았다. 물론, 나도 뱀이 싫고, 보이면 도망가곤 한다. 하지만 여름마다 천변을 걷다 보면 종종 뱀을 만날 때가 있다. 작은 새끼 뱀을 만났을 때, 우리는 그 앞을 가로질러 가지만, 뱀은 우리를 보고도 꿈쩍하지 않는다. 그럴 때면 나는 "야! 빨리 지나가! 그래야 우리가 가지?"라며 발로 땅을 쳐 주면, 뱀은 후다닥 지나가곤 한다.

어느 날, 자전거를 타고 천변을 신나게 달리고 있던 중, 풀 속에서 뱀이 튀어나왔다. 나는 자전거를 열심히 타고 있었기 때문에 멈출 수 없었고, 그대로 뱀을 밟고 지나쳤다. 놀라고 긴장했지만, 다행히 내 몸무게가 가벼워서 그런지 자전거가 지나간 뒤를 돌아보니 뱀은 순식간에 사라졌다. 그 모습을 보며 속으로 '다치지 않고 잘 지나갔겠지'라고 믿었다. 가끔 도로를 가다가 로드킬로 죽어 있는 뱀을 볼 때면, 도대체 왜 도로까지 나왔을까 하는 생각이 들지만, 따뜻한 햇볕을 쬐려다가 불행히 죽음을 맞이한 뱀을 보며 안타까운 마음이 든다.

초등학교 시절, 시골에서는 뱀을 자주 볼 수 있었다. 학교에서 집으로 돌아오는 길에 사립문을 열고 들어가려던 순간, 마당에 자리를 잡고 있는 뱀을 보고 깜짝 놀라 뒤로 넘어질 뻔했다. 그래도 우리는 뱀을 죽이지 않고 풀밭으로 쫓아냈다. 그 당시에는 소독도 거의 하지 않고, 자연 그대로 농사를 짓는 경우가 많았기에 뱀이나 여러 곤충들이 많았던 기억이 있다.

어렸을 때, 부모님과 일꾼들이 밭에서 일을 하실 때, 나는 새참을 들고 논두렁을 지나가곤 했다. 어느 날, 한참을 가던 중, 갑자기 길을 막고 있는 긴 뱀이 내 앞을 쑥 지나갔다. 나는 놀라거나 고함을 지르면 상황이 더 혼란스러울 것 같아, 새참을 머리에 이고 조용히 기다렸다. 다행히 뱀은 아무 일 없다는 듯이 다리 사이로 지나갔고, 무사히 새참을 제시간에 갖다주었다.

그 후에는 수박밭을 매게 되었다. 한여름에 더위를 무릅쓰고 호미로 풀을 뜯고 있을 때, 갑자기 흙 속에서 무언가 튀어나왔다. 나는 깜짝 놀라 "엄마야!"라고 외쳤고, 이미 손가락은 뱀에게 물린 상태였다. 다행히 독사가 아니어서 큰일을 면했다. 엄마는 흙을 침에 개어 물린 자국에 붙여 주었고, 덕분에 빨리 나을 수 있었다. 아마도 전통적인 민간요법 중에서는 뱀에 물린 자리에 흙이나 진흙을 바르는 방법이 그 당시의 유일한 치료 방법이었던 것이다.

뱀은 아마도 자기의 영역을 침범한 것에 놀라, 순간적으로 방어하기 위해 물었던 것 같다. 그 조용하고 긴 몸이 갑자기 움츠러들며 반격을 가하는 모습을 떠올리면, 자연의 본능이 그만큼 강력하게 작용했음을 알 수 있다. 뱀에게 있어서 그 공간은 생존을 위한 중요한 영역이었을 테고, 그 영역을 위협받자 본능적으로 방어적인 행동을 취한 것이다. 그 짧은 순간, 뱀의 반응은 그 자체로 자연의 질서와 생명력에 대한 작은 경고처럼 느껴졌다.

또한 초등학교 시절, 어느 날 고양이가 저절로 집에 들어와 함께 살게 되었다. 가족 모두가 고양이를 예뻐하며, 밥도 잘 챙겨 주었다. 하지만 가끔 시간이 없어 식사를 주지 않거나, 그런 상황에 대해 불만을 표할 때가 있었다. 그때마다 고양이는 집 마당 한가운데에 뱀을 물어다 놓곤 했다. 그 모습을 우리가 직접 목격하기도 했다. 그 후, 우리는 고양이가 사람들에게 '요물'이라 불리는 이유를 조금 이해할 수 있었다.

그 작은 고양이는 단순히 밥을 먹는 존재가 아니라, 어떤 방식으로든 자신만의 방식을 보여 주었고, 사람들의 마음을 사로잡았다. 요물이라는 말속에는 그만큼 신비롭고, 때로는 불가사의한 존재로 다가오는 동물의 특성이 담겨 있는지도 모른다.

이렇듯 뱀은 우리의 삶과 가까운 존재였다. 우리는 뱀을 그저 징그럽고 위험한 동물로만 여길 수 있지만, 사실 뱀과의 만남은 자연의 일부로 받아들이게 되었다. 뱀이 우리를 공격하지 않듯, 우리가 먼저 건드리지 않는 한 뱀도 우리에게 해를 끼치지 않는다. 우리는 살아가면서 종종 누군가를 괴롭히기도 하지만, 그로 인해 언젠가 다시 되갚아지는 것을 경험하게 된다. 뱀을 보고 나니, 그것이 바로 자연의 법칙임을 다시 한번 깨닫게 된다.

아버지, 미워할 수 없는 사랑

 삼형제의 둘째로 태어나, 가난과 싸우며 할아버지와 같은 동네에서 살며 신접살림을 시작했다고 어린 시절 아버지에게 들은 기억이 있다. 5남매를 둔 우리 집은 땅도 없고, 변변치 않은 살림에 늘 남의 일을 돌보며 하루하루를 버텼다. 소재지는 전주였지만 외곽에 있는 그야말로 시골 깡촌 모습 그대로였다. 그 시절, 겨울이 오면 볏짚을 방 안으로 다 끌어들여 새끼줄을 꼬던 기억이 난다. 나는 옆에서 열심히 도와주었고, 비록 어린 손가락으로 제대로 잡히지 않았지만 꼬는 일에 몰두하며 뱀이 꽈리를 틀듯 수북이 쌓여 가는 모습에 뿌듯함을 느꼈다.
 우리 가족은 성실하게 살아가며 땅을 조금씩 늘려 갔다. 무엇이든 악착같이 따라 하려던 나는 논밭일에 늘 앞장서서 나섰다. 아니? 나를 앞장세워 일을 하게 한 것이 맞는 표현일 게다. 초등학교 저학년 시절, 모를 심는 날에는 새벽 4시부터 일어나 그야말로 새벽별을 보며 일을 시작해 하루 종일 어른 못지않게 힘껏 일했다. 그런 모습을 지켜본 동네 어른들이 당신네 일을 할 때 일꾼으로 오지 않겠냐 진지하게 제안을 해 오기도 했다. 웃으며 넘겼지만 지금 생각해 보면 웃지 못할 해프닝임에 틀림없다. 그렇게 시작이 된 것이었을까? 배추를 심거나 다른 작물을 심을 때면 학교에 보내지 않고 나를 데리고 들로, 밭으로 나가곤 했다.

다른 친구들은 학교에서 공부하거나 동네 어귀 넓은 곳에서 고무질놀이, 딱지치기 등 맘껏 놀고 있는데, 나는 우리 집이 왜 이렇게 가난할까 고민하며 늘 집안일을 도와야 했다. 오죽하면 학교에서 선생님이 수업 중에 나를 데리러 오지 않았던가? 물론 큰딸로서 당연히 해야 할 일이라 생각했지만, 동생들은 전혀 하지 않아서 유독 나만 끌고 다니며 일을 시켜 가끔 입이 댓 발이나 나오곤 했다. 그래도 일을 마친 후 저녁이 되면 아버지는 그림일기를 그리며 어떻게 써야 하는지 가르쳐 주셨고, 그 때마다 아버지의 자상함과 감수성이 느껴졌다.

아버지는 집안일도 열심히 하셨지만 밖에서도 항상 앞장서셨다. 기억에 남는 일 중 하나는 우리 집의 전 재산인 소 한 마리로 우리의 농사일과 남의 집 품앗이를 하며 동네 어른들의 일을 도우셨던 것이다. 어느 날, 우리 집 논 한가운데에 쟁기와 소가 덩그러니 서 있는 모습을 보고 깜짝 놀랐다. 그날 마침 동네 어르신 한 분이 돌아가셨고, 아버지는 쟁기 일을 하던 중 급히 상례를 놉기 위해 논을 떠났던 것이다. 그 당시 아버지는 필체가 좋은 분으로 소문이 나서 서사라고 부의금 접수 등 야무지게 총무 역할을 하니 항상 장례식장에 불려 가시곤 했다. 보통 삼 일 정도는 그 집에 있어야 하는데, 아버지가 돌아오시면 밤새도록 어머니와 싸움이 일어나곤 했다. 거의 일방적으로 어머니에게 혼나는 모습을, 우리들은 거의 뜬눈으로 지새며 그 싸움을 맥없이 지켜보고 있어야만 했다.

하지만 아버지의 예술적인 감각과 흥은 잔칫집에서 늘 빛을 발했다. 그는 노래도 잘 부르시고, 언제나 사람들이 불러 주면 그 또한 기꺼이 참여했다. 어느 날, 시내에 나가셨다가 밤늦게까지 집에 돌아오지 않으시자 온 가족이 걱정하며 찾으러 나섰다. 결국, 멀리서 보이는 불빛을 따라가 보니 그 집에서 열리는 회갑잔치에 참석하여 마이크를 잡고 흥에 겨워 시간 가는 줄 모르고 노래를 부르고 계신 게 아닌가? 간혹 아버지는 초대받지 않는 집을 지나가다 들러서 당신의 특기인 노래로 잔칫집을 빛내며 모두의 마음을 사로잡고 있어 놔 주질 않았던 것이다. 그날 밤, 어머니에게 또 혼날 게 뻔해 불안했지만 한편으로 농사일에 스트레스를 이렇게 푸는구나 생각하며 멋지게 사는 아버지를 조용히 응원했다.

초등학교 3, 4학년 때의 일이다.

우리 집은 땅이 없어서 엄마와 나는 냉이, 다슬기 등 자본이 들지 않는 자원을 구해 시장에 팔며 조금씩 땅을 늘려 갔다. 내가 초등학교 5학년이었을 때, 손이 빠른 덕에 보탬이 되니 꼭 나를 데리고 나가 다슬기를 바구니에 채우며 산을 넘고, 물을 건너 냉이를 캐러 다녔다. 밤늦게 돌아올 때면 '왜 우리 집은 이렇게 가난할까?' 하는 원망도 했지만, 내가 해야만 도움이 된다는 생각에 잠깐 이런 마음도 접어두고 더욱 열심히 일했다.

학교를 마치고 집에 돌아오면 어김없이 아버지는 농사를 지은 배추, 시금치, 무 등 채소를 싼 흙 묻은 비닐보따리가 나를 기다리고 있었다. 나는 장사하는 엄마에게 물건을 전달하는 역할을 맡았다. 유독 작은 어깨의 아이가 버스에 갖고 올라타기 힘드니 아버지가 지나가는 버스에 손을 들어 세워 짐을 실어 주곤 했다. 지금은 보자기도 형형색색으로 이쁘게 나오고 쏟아져 서랍에 쌓여 있지만 그때만 해도 변변한 보자기가 없었다.

부끄러움과 더불어 버스 안이 더럽혀질까 전전긍긍하는 마음으로 겨우 버스를 탄 마음씨 좋은 기사 아저씨를 만날 때는 "학생, 넘어지지 않게 한쪽으로 짐도 놓고 꽉 잡고 가요!" 자상하게 말씀해 주시는 분이 있는가 하면 "학생! 그 흙 묻은 것을 갖고 타면 어떻게 해? 차 안이 지저분해지게!!" 큰 소리로 나무라는 기사님을 만날 때도 있었다.

　버스 안에 사람이 많지 않으면 개의치 않고 조금만 버티다 보면 곧 내리게 되니 혼자 최면을 걸어 '괜찮아! 괜찮아! 가난이 부끄러운 게 아니지' 되뇌며 조금은 뻔뻔스럽게 도착지에 내리기를 기다리지만, 버스 안에 타고 있는 사람이 많을 때는 정말 쥐구멍이라도 있으면 들어가고 싶은 아찔한 마음이 있을 때도 있었다. 지금도 어쩌다 버스를 타게 되면 그 트라우마에 기사 아저씨 얼굴을 먼저 살핀다. 더욱 부끄러울 때는 학교 동급생이나 선생님을 간혹 만날 때가 있다. 물론 상대방도 억지로 고개를 돌려 모른 척하지만 나는 그것을 눈치채고는 얼굴이 화끈거려진다.

　속으로 다시 한번 원망스런 목소리가 나온다. '쳇! 아버지가 갖다주면 될 것을 왜 꼭 나를 시킨담!!!' 메아리 없는 불평을 쏟아 내고 있을 즈음 그렇게 전주 중앙시장에 도착을 한다. 가끔 어머니 옆에 앉아 장사를 도와드리면서, 어쩌다 한번 짜장 한 그릇을 사 주시면 세상에 이런 꿀맛이 있을까? 감탄을 하고선, 이런 맛으로 시장을 나오는 거야. 피식 웃으며 게눈 감추듯이 후다닥 먹어 치웠던 기억이 난다. 지금은 그 맛을 찾아볼 수가 없다. 언젠가 그 옛 맛이 생각이 나 그 근방 짜장면집을 찾아 나섰지만 없어지고 새로운 집이 생겼는데 그 맛이 나지 않아 내심 서운했었다.

　학창 시절 친구들이 집에 놀러 오면 변함없이 흙 묻은 비닐로 농사지은 갖가지 채소를 싸서 빈손으로 돌려보내지 않고 꼭 챙겨 주시는 정 많은 아버지셨다. 그러면 친구 어머니들은 참 좋아하셨다. 항상 아버지는 처음 수확한 채소들을 정성껏 준비해 전주시내에 사는 친척들에게 밤새 돌아다니며 나누어 주셨다. 그때부터 아버지에 나눔의 기쁨을 하나씩 하나씩 배운 것 같다.

그렇게 가난 속에서도 힘겹게 살아가던 우리 가족은 내가 실업계 고등학교를 졸업하고 원하던 직장에 취업하게 되자, 아버지가 얼마나 기뻐하셨는지 지금도 기억에 선하게 남는다. 동네에 딸 자랑을 하시며 막걸리로 턱을 냈다고 들었다. 월급날이면 삼겹살을 사 와 조촐한 파티를 하였고, 가끔 아버지를 시내로 불러 그가 좋아하는 막걸리와 고기를 함께 나누며 행복한 시간을 보냈다. 하지만 그 행복도 잠시, 아버지는 일에 지쳐 간경화로 고통을 겪게 되었고, 나는 직장 생활을 하면서 간호를 맡아 밤을 지새워 가며 아버지를 돌봤다.

동료들과 지인들이 병문안을 올 때마다 아버지는 그들의 방문과 사 온 과일들을 꼼꼼히 일기장에 기록했다. 가족 모두가 쾌유를 위해 물심양면으로 노력했지만 강인하다고 생각한 아버지가 결국 병을 이기지 못하고 돌아가신 후 유품을 정리하던 중, 나는 그 일기장을 꺼내 들고 서럽게 꺼이꺼이 울었다. 바쁜 농사일을 하면서 그날그날 간단하게 정리한 일기장이 수십 권이 상자 안에 정리되어 있는 것이 아닌가? 이제 살 만한데 좀 더 사시다 가시지 안타까움이 일었다. 그래서 어른들 말씀이 하나도 틀린 게 없다고 하는가 보다. 살 만하면 병을 얻어 가게 된다고….

아버지가 돌아가시기 전, 추후 가망이 없다는 얘기를 듣고 어머니는 아버지를 모시고 가을걷이도 못 한 채 기도원에 들어가셨다. 초겨울이었던 그 당시 김장철이었고, 나는 동생과 함께 밭에 덩그러니 놓여 있는 500포기가 넘는 배추를 수확하여 직장에 사나흘 휴가를 내고, 그동안 어깨너머로 배운 액젓 끓이기, 각종 재료들을 밤새 씻고 썰어서 어설프게 김장을 끝냈다. 그 후, 아버지는 의식이 없는 상태로 집에 돌아왔고, 우리가 지켜보던 중에 하룻밤 만에 세상을 떠나셨다. 아버지가 돌아가신 그날, 하늘이 슬퍼한 듯 함박눈이 소리 없이 내렸다. 나는 아버지에게 마지막 선물로 3일 내내 김치찌개를 끓여 조문 오신 손님들에게 대접하며 상을 치렀다.

아버지 53세, 내 나이 22세 때 돌아가셨으니 어릴 적 추억밖에 남지 않아 아쉽지만, 가끔 꿈에 나타나 웃으시는 모습을 뵐 때면 어김없이 그 다음 날에는 좋은 일들이 생겼다. 잠깐이었지만 미워할 수 없는 사랑을 듬뿍 주시고 간 것이 틀림없다. 오늘 저녁에 꿈에 또 나타나기를 소망하며 그리움을 접는다.

2025년 2월 샘문문학 신춘문예 당선작

그 봄, 개구리와 나

며칠 전, 친구 딸아이의 결혼식장에서 고등학교 동창을 십수 년 만에 만났다. 오랜만의 만남임에도 불구하고 우리는 마치 어제도 함께 수다를 떨었던 사람들처럼 자연스럽게 웃고 떠들었다. 예식이 끝난 뒤, 몇몇 친구들과 함께 근처 커피숍으로 자리를 옮겼다. 따뜻한 커피를 앞에 두고 나누는 대화는 어느새 40여 년 전 고등학교 시절로 우리를 이끌었다.

그중에서도 가장 또렷이 떠오른 기억은 생물 시간에 있었던 '개구리 해부 실험'이었다. 지금 생각하면 잔인하기 그지없는 일이지만, 당시엔 교육의 일환이자 성장의 일부였다. 실험 준비를 위해 개구리를 알아서 구해 오라는 선생님의 지시는 지금 기준으론 믿기 힘들 정도로 무책임했지만, 그 시절엔 당연한 일이었다. 모두가 당황하고 갈피를 못 잡고 있을 때, 시골 출신이라는 이유 하나로 개구리 수급은 자연스레 내 몫이 되었다.

할 수 없이 반장과 나는 아버지께 부탁을 드렸다. 농사일로 한창 바쁘셨던 아버지는 딸의 부탁을 선뜻 들어주시고는 하루 시간을 내어 함께 개구리를 잡으러 나섰다. 집 앞엔 긴 도랑이 흐르고 있었고, 그곳이 우리의 사냥터였다. 장화조차 없이 맨발로 도랑에 들어가, 손에 든 망과 바가지를 들고 개구리를 쫓았다. 아버지는 앞장서서 풀숲을 발로 툭툭 쳤고, 그럴 때마다 깜짝 놀란 개구리들이 튀어나왔다. 우리는 그 뒤를 쫓아 허겁지겁 개구리를 잡았다.

개구리를 잡는 일은 생각보다 훨씬 어려웠다. 순식간에 튀어 오르는 놈들을 놓치지 않으려면 반사신경과 인내심이 필요했다. 아버지는 이마에 땀을 뻘뻘 흘리며, 딸의 실험 준비를 위해 마치 전쟁을 치르듯 열심히 뛰어다니셨다. 우리는 그렇게 하루 종일 땀과 흙탕물을 뒤집어쓴 끝에 가까스로 실험에 필요한 열 마리 남짓의 개구리를 잡아냈다.

그다음 날, 마취를 시킨 개구리를 해부실 책상 위에 눕히고, 네 다리를 핀으로 고정시키는 순간은 평생 잊을 수 없는 기억으로 남았다. 배를 가르고, 간이며 위, 심장 등 내장을 관찰하며 수업은 이어졌다. 마취 상태였지만 작고 연한 심장은 여전히 미약하게 펄떡이고 있었다. 숨을 몰아쉬는 그 미물 앞에서 우리 마음도 덩달아 조마조마해졌다. 생명을 앞에 둔 생물 시간은 생각보다 무겁고 낯선 경험이었다.

그때, 우리 조 옆의 다른 조에서 비명이 터졌다. 고개를 돌려보니, 마취가 덜 되었는지 개구리가 책상 위를 뛰어다니며 발악하고 있었다. 선생님이 달려와 제압했지만, 그 모습은 아직도 눈에 선하다. 작은 생명이 최후의 힘을 다해 몸부림치는 모습은 우리 모두의 가슴에 깊은 인상을 남겼다. 그 이후 실험실 안은 일순 조용해졌고, 모두들 개구리가 다시 움직일까 조심조심하며 실험을 마무리했다.

그 시절엔 그렇게 직접 생물을 다루며 배웠다. 지금의 아이들에게 그런 이야기를 해 주면 눈이 휘둥그레진다. 엄마는 왜 그렇게 잔인했냐며, 요즘은 그런 실험은 의사나 과학자가 될 사람들만 한다고 한다. 시대가 바뀌었음을 실감한다.

돌이켜 보면 그 시절은 불편하고 가난했지만, 오히려 다양한 경험이 우리 삶을 풍요롭게 만들었다. 흙을 밟고, 자연을 몸으로 느끼며, 땀 흘려 겪은 일들은 세월이 흘러도 생생한 추억이 되어 우리 곁에 남아 있다. 반면, 요즘 아이들은 지나치게 통제된 시간표 속에서, 스마트폰과 컴퓨터 속 가상 세계에서 하루 대부분을 보낸다. 물론 그들만의 추억이 있겠지만, 과연 지금의 아이들이 우리처럼 '살아 낸' 추억을 가질 수 있을까 하는 생각이 들곤 한다.

그때 우리가 해부했던 개구리들을 떠올리면 마음 한편이 짠해진다. 어린 시절 배움을 위해 희생된 그 생명들에게 이제라도 감사와 미안함을 전하고 싶다.

그 시절, 작은 생명을 해부하며 우리는 삶을 배웠다. 아이러니하게도, 죽음을 통해 생명의 소중함을 깨달은 그 순간은 지금껏 내 안에 살아 있다. 그들에게 늦은 명복을 빈다.

'미안했고, 고마웠다.'

벼와 함께한 어린 시절

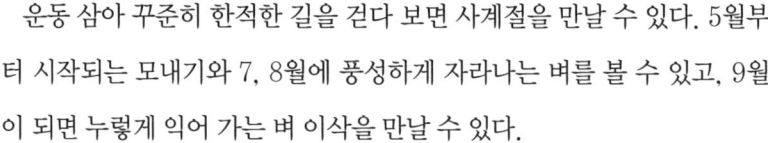

운동 삼아 꾸준히 한적한 길을 걷다 보면 사계절을 만날 수 있다. 5월부터 시작되는 모내기와 7, 8월에 풍성하게 자라나는 벼를 볼 수 있고, 9월이 되면 누렇게 익어 가는 벼 이삭을 만날 수 있다.

벼는 씨앗에서부터 성숙한 곡물로 자라며, 인간의 중요한 식량원이 된다. 벼가 이렇게 쉽게 얻어지는 것처럼 보이지만, 우리 입에 들어오기까지는 여러 가지 과정이 필요하다.

벼의 성장 과정은 씨앗을 땅에 심는 것에서 시작된다. 벼는 주로 물이 있는 논에 심는다. 씨앗은 물속에서 발아하며 뿌리가 자라기 시작하고, 약 2~3일이 지나면 싹을 틔운다. 그 후, 뿌리와 줄기가 자라면서 묘목이 된다. 묘목은 매우 섬세하고 물이 많이 필요한 시기다. 일정한 크기로 자라면 이를 논에 옮겨 심는다. 이식 후 벼는 본격적으로 성장하기 시작하며, 뿌리가 넓게 퍼지면서 영양분을 흡수한다.

이후, 벼는 빠르게 자라며 줄기가 높이 자라고 잎이 펼쳐진다. 이 과정에서 물과 영양이 충분히 공급되어야 한다. 벼가 성장한 후, 일정 시간이 지나면 꽃이 피기 시작한다. 벼의 꽃은 짧은 시간 동안만 피며, 수정을 통해 결실을 맺을 준비를 한다. 꽃이 수정되면 이삭에 알갱이가 형성되고, 벼는 본격적으로 알갱이가 자라며 성숙한다. 결국, 벼는 결실 후 몇 주가 지나면 알갱이가 황금색으로 변하며, 수확 시기가 다가온다. 보통 9월에서 10월 사이가 수확 시기이다.

하지만, 이론적으로만 알고 있던 벼의 성장 과정은 내가 직접 경험한 어린 시절의 기억 속에서 더욱 선명하게 떠오른다. 간혹 길을 걷다가 벼가 자라나는 모습을 우두커니 서서 보고 있으면, 옆에 있는 남편은 "무얼 그렇게 쳐다보나"며 이해하지 못한 표정으로 묻곤 한다. 하지만 그럴 때마다 나는 벼와 함께 자란 나의 어린 시절을 떠올린다.

어려운 가정 형편 속에서, 나는 무엇이든 도와야만 했다. 그 당시에는 지금처럼 기계가 있지 않아서 모든 일을 손으로 해야 했다. 초등학교 시절, 학교를 결석하고 새벽에 나가 못자리에 있는 모를 쪄야만 했다. 아침부터 모를 심는 대작업이 시작되면, 하루 종일 몸을 움직이며 일을 해야 했다. 그 덕에 공부할 틈이 없었고, 피곤해 쓰러질 정도로 몸이 지쳤다. 모를 심고 난 후, 떠내려간 모를 다시 심고, 풀을 뽑아야 했다. 그때의 풀은 '피'라고 불렸다. 끊임없이 피를 뽑아야만 벼가 잘 자랐다.

그 당시에는 화장실에서 퍼온 거름을 주던 시절이었다. 양쪽 다리에 구더기가 달라붙어 아프기도 했다. 부리나케 한 고랑씩 빨리 끝내야만 구더기에 덜 쏘일 것 같아 바쁘게 움직였다. 그때마다 거머리도 많이 보였는데, 고랑마다 한 마리씩, 아니면 서너 마리가 나에게서 헌혈을 요구하고 있었다. 거머리를 떼어낸 자리는 피가 계속 흘러서, 그 자국이 쉽게 멈추지 않았다. 집에 돌아와서도 그곳이 간지럽고 아파서 계속 긁어 댔다. 그것이 나의 어린 시절이었다.

그리고 가을이 오면, 수확한 볏단을 보며 나는 자부심을 느꼈다. 나름대로 내가 심고 가꾸고 거둔 벼들이 나의 성과로 여겨졌다. 낫으로 한 줄

한 줄 벼를 베며, 수확을 마친 후에는 어머니가 고구마와 신 김치를 머리에 한 광주리 이고 오셨다. 그때, 나는 반갑게 마중 나가 받아 오고, 새참으로 고구마와 김치를 먹으며 지쳤던 몸을 풀었다. 그 맛은 지금도 그리운 기억이다.

지금도 쌀을 씻거나 밥을 먹고 남기면 이해가 가지 않는다. 아이들에게도 잔소리를 하며, "그게 어떻게 해서 우리 입에 들어오는지 너희들은 잘 모르지만, 수많은 손길을 거쳐 온 것이니 남기지 말고 잘 먹어야 한다"고 말한다. 비록 지금은 쌀이 귀한 시절은 아니지만, 여전히 나에게 쌀은 소중하고 귀한 존재로 남아 있다.

나는 지금도 9월이나 10월, 고개를 숙인 벼의 알갱이를 좋아한다. 그 벼는 수많은 고통을 겪으며 영글었고, 그 모습에서 우리는 더 겸손해져야 한다는 교훈을 얻을 수 있다. 아이들이 종종 나를 놀리며 "엄마는 어린 시절 일을 많이 해서 이야기보따리가 많다"고 말한다. 그들은 모르겠지만, 나는 남들이 겪지 않은 경험을 통해 이렇게 많은 이야기를 할 수 있게 되었다. 그 기억들이 머리에서 잊혀지기 전에 기록으로 남기고 싶어, 서툴지만 이렇게 한 글자씩 적어 본다.

어릴 때는 그저 힘들고 지칠 뿐이었지만, 지금은 그 시절의 모든 것이 소중하고, 그때의 고통이 어느 순간 나의 마음을 더 깊고 강하게 만들어 준 것임을 깨닫게 된다. 그래서, 그 당시엔 몰랐던 것들이 이제는 내 삶의 소중한 일부가 되어, 그 속에서 얻은 많은 것들이 지금의 나를 만들었다는 사실을 알게 된다. 어떤 어려움도 그만큼 값진 경험으로 여겨지게 된 것이다. 그때의 기억은 마치 오래된 필름처럼, 흐리지만 분명하게 내 마음속을 환히 비추고 있다.

시간을 넘어 전해진 작은 영향력

　한참 동안 병치레를 하셨던 이모부께서 돌아가셨다는 소식을 듣고, 나는 급히 달려가 인사를 드리고 여러 친척들을 만나게 되었다. 애경사가 있을 때야 비로소 얼굴을 마주할 수 있다는 사실이 참 안타깝지만, 이런 일이 아니면 영원히 볼 수 없을지도 모른다는 생각에 씁쓸하면서도 반가운 얼굴들이었다.

　친척들과 옛이야기를 나누며 시간을 보내고 있을 때, 갑자기 한 여인이 조용히 사촌과 함께 내 손을 잡아 이끌며 반갑게 인사를 건넸다. "혹시 저 기억 못 하시죠?"라고 묻는 그녀의 말에 나는 당황할 수밖에 없었다. "누구신가요? 저를 아세요?" 물어보자, 그녀는 내가 너무나 잘 알고 있다고, 그리고 가슴속 깊이 좋은 기억으로 남아 있어 언젠가는 꼭 보고 싶었다고 이야기했다. 그렇게 손을 잡고는 놓지 않으면서, 웃으며 계속 말을 이어 갔다.

　그녀의 말은 나를 먼 기억 속으로 이끌었다. 48년 전, 내가 60을 바라보는 나이에, 10살도 채 되지 않았던 그 시절, 나는 임실 청웅면 두복리에서 이모네 집을 놀러 갔던 기억이 떠올랐다. 그 당시, 버스는 하루에 한두 번 다닐까 말까 하는 시골이었고, 한번 들어가면 한 달은 넘게 방학을 보내야 했다. 버스에서 내려 2~3시간을 걸어 골짜기를 넘고 산을 넘던 그 길,

어린 마음에 힘겨워하며 걸었던 기억이 생생하다. 지금 이모네를 다시 찾으면, 세상이 이렇게 좋아졌다고 입을 벌려 놀라게 된다. 아스팔트로 도로가 고속도로처럼 나고, 그 산속이 이렇게 변하다니 놀라울 따름이었다.

그 시절, 겨울이면 구들방에서 고구마를 잔뜩 쪄서 생으로 깎아 먹기도 하고, 때로는 끼니가 부족할 때 쪄먹으며 지냈던 기억도 난다. 그때 우리 집도 가난과 싸우던 시절이라, 아마도 나를 이모네로 보내면서 집안에서 한 가지 부담을 덜려고 했던 것 같기도 하다.

그 당시 이모네 옆집에 살았던 또래의 여자애가 있었다. 내가 전주 외곽에서 자랐지만, 임실 그 산골보다는 도시에서 왔다는 이유로 그 집에서 구경하러 온 기억이 난다. 그녀는 나를 보자마자 "혹시 〈모모는 철부지〉 그 노래 알려 준 것 기억하세요?" 하고 물었다. "네? 제가요?"라고 대답했더니, 내가 공책에 가사를 적어 주며 여러 번 따라 부르게 해서 그 노래를 알게 되었고, 그 노래가 첫 번째 유행가였다고 했다. 그녀는 손을 놓지 않고 미소를 지으며 이야기했다. 내가 그 노래를 가르쳤다는 사실에 나는 저절로 미소가 지어졌다. 그렇게 이야기하며, 나는 그 시절을 돌아보며 행복한 느낌을 받았다.

그 노래는 지금도 잊혀지지 않고, 누군가 시키면 언제든지 부르고 있다고 자랑을 했다. 오늘 그녀가 이렇게 나를 다시 찾아와 반가운 마음을 전해 준 것에 기쁘고 감사함을 느꼈다. 돌아오는 길에 그 노래를 기억하고 있다는 것만으로도 놀라웠고, 그 어린 시절 내가 어떻게 그 노래를 외워서 알려 주었는지 되돌아보며 신기하고 감사한 마음이 들었다.

또 한 가지 생각이 떠올랐다. 몇 년 전 동생의 친구가 나를 찾아와, 그때 내가 농짝에 글씨를 써서 한글을 가르쳐 주고, 나중엔 영어도 알려 주었던 일이었다. 그 덕분에 영어에 빠져들었고, 결국 영문과에 진학해 박사학위까지 받았다는 얘기를 들었을 때, 나도 모르게 자부심을 느꼈다. 그런 영향력이 나에게도 있었다는 것이 자랑스럽고, 나름 보람을 느꼈다.

오늘, 상갓집에서 그 여인을 만나 좋은 기억으로 나를 떠올리며 반갑게 인사를 해 주는 모습을 보며, 나는 정말 다행이라고 생각했다. 나쁜 영향을 끼친 것보다 좋은 영향을 끼친 게 얼마나 감사한 일인지, 다시 한번 느낄 수 있었다. 그런 일을 통해, 내가 잘 살았다고 느끼는 하루였다.

그때 남편이 옆에서 이렇게 말했다. "당신은 집안 여건이 뒷받침됐으면 정말 훌륭하고 똑똑하게 살았을 텐데, 조금 아쉬워!" 그 말을 듣고, 나는 그런 점에 대해 더 이상 아쉬움이 없다 생각했다. 여상을 졸업하고, 종합병원 행정직에서 40년을 근무하며, 환자와 보호자들 중에서 양딸처럼 지내는 사람들이 있다는 사실이 행복한 일이라 여겨졌다. 내가 못 이룬 꿈을 대신해 열심히 준비하고 있는 작은딸의 모습도 자랑스럽다. 그녀가 나중에 선생님이 되어, 어려운 이들을 돕는 모습이 상상되며, 그런 꿈을 이루는 날이 올 거라는 믿음이 든다.

가끔은 내가 꿈꾸었던 교사가 되지 못한 것에 아쉬움이 들 때도 있지만, 지금 내가 가진 것들에 감사하며 살아가고 있다. 비록 교단에 서 있진 않지만, 내가 나눌 수 있는 배움과 마음이 여전히 있음을 느낀다. 하루의 고단함 속에서도 배움의 끈을 놓지 않고 결혼 후 자녀 셋을 잘 키운 것도 감사하고 축복된 일이다. 비록 교사가 되지 못했지만, 내 꿈을 대신해 학문을 이어 가는 작은딸이 자랑스럽다.

오늘 하루를 기쁘게 마무리하며, 자녀들에게 이 얘기를 해 줘야겠다고 생각했다. 우리가 했던 작은 행동들이 시간이 지나면서 결국 부메랑이 되어 돌아온다는 진리를 깨닫고, 그 깨달음 속에서 나는 조금 더 나은 사람이 되려고 노력한다. 물론 좋은 영향을 주거나, 때로는 나쁜 결과를 초래할 수도 있지만, 그 순간순간 최선을 다해 살았다는 것을 아이들에게 전하고 싶다. 내가 힘들 때도 남의 행복을 위해 조금이라도 도움이 될 수 있다면, 그걸 기꺼이 하자고 다짐하는 마음으로 살고 싶다. 시간이 지나면 그 모든 작은 선한 일이 돌아오게 마련이니까, 오늘 하루도 그런 마음으로 최선을 다하려 한다. 분명히 아이들이 이런 대답을 할 것이다. "엄마! 요즘 MZ세대는 간섭받는 걸 싫어하고 관심받는 것도 싫어해!" 하는 자녀들의 말을 떠올리며, 나는 오늘도 그렇게 작은 기쁨을 누린다.

2023년 10월 여성시대 사연 채택

할머니와 함께한 산속의 추억

 어릴 적 추억은 참 많다. 까도 까도 끝이 없는 이야기보따리가 하나씩 풀리는 것 같다. 가끔 아이들에게 이야기를 꺼내면, 보기와 달리 참 많은 일들이 있었다고 한다. 그래서 더 늦기 전에 나만의 이야기를 풀어 놓고 기록으로 남겨야겠다고 생각했다.
 어린 시절, 할머니는 우리 집의 살림을 책임지며 큰딸인 나를 데리고 고사리를 캐러 산으로 향하곤 했다. 지금 생각해 보면 가난해서 농사일과 집안일을 도맡아 하면서, 부모님이 아닌 할머니까지 나를 데리고 간 건 어쩌면 너무나도 자연스러운 일이었겠지만, 지금 같은 시대라면 아동 착취로 고발당할 수도 있을 것 같다는 생각이 든다. 그 시절, 모두가 가난했던 때라 '하늘이 내린 큰자식'이란 말이 그저 힘든 일만 가득한 의미였지만, 그것이 오히려 모든 일을 주도하는 이유였을지도 모르겠다.
 지금은 고사리도 재배가 많이 이루어져 시중에서 쉽게 찾을 수 있지만, 그때만 해도 산과 들로 나가 직접 고사리를 캐는 일이 일상이었다. 할머니는 긴 채비를 하고 나를 데리고 나갔고, 우리는 하루 종일 산을 오르내리며 고사리를 캐는 일을 했다. 그때는 물품을 넣을 만한 가방도, 제대로 된 도시락도 없이, 그냥 주먹밥을 비닐에 싸서 허리춤에 헌 보자기로 돌돌 말아 가지고 갔던 기억이 난다. 집에서 멀리 떨어져 산속에 들어가야만 약초나 산나물을 찾을 수 있었다. 나는 길을 잘 몰라서 할머니의 뒤를 따라가며 놓치지 않으려고 열심히 따라갔다.

한참을 들어가니 비스듬한 언덕이 나왔다. 고사리는 햇빛이 잘 드는 곳에서 많이 자란다. 나는 손가락보다 조금 더 길게 자란 고사리들을 신기하게 바라보며 열심히 뜯었다. 뜯어도 뜯어도 끝이 없을 정도로 고사리가 많아서, 시간이 가는 줄 모르고 줄기를 톡톡 끊어가며 포대에 담았다. 어느 순간 햇볕이 따갑게 느껴졌을 때, 갑자기 뭔가가 쉬익 하고 지나갔다. 햇볕을 쬐기 위해 잠깐 나왔던 우리들의 발소리에 뱀이 놀라 도망가는 소리였다. 깜짝 놀라서 '엄마야!' 하고 외쳤지만, 할머니는 항상 있는 일이라 본체만체하시며 아무 일 없다는 듯이 일하셨다.

고사리가 포대에 가득 차면 할머니는 나를 데리고 계곡으로 향했다. 아침에 싸갔던 주먹밥을 꺼내어 졸졸 흐르는 계곡물에 손을 담그고, 그 물로 목을 축이며 밥을 먹었다. 그게 점심이었다. 지금이라면 계곡물이 병균 때문에 위험하다고 하지만, 그때는 그런 계곡물이 약수처럼 맛있게 느껴졌고, 그런 기억도 하나의 소중한 추억으로 남아 있다. 따뜻하게 이런 말씀을 해 주셨던 것도 기억이 난다.

"야야, 물을 많이 먹어 두어라. 이따가 산에 올라가면 물도 없고, 목이 마르면 얼마나 힘든지 알지? 그러니 미리미리 준비해 두는 게 좋단다. 물 한 모금이 그렇게 중요한 걸, 그때가 되어 알면 늦어. 산길을 오르다 보면 입이 마르고, 목은 타고, 숨도 차고 그런다. 그런 순간에 물이 없다면 얼마나 답답하고 고통스러운지 경험해 본 사람만이 알지. 그러니 네가 산을 오르기 전에 물을 충분히 마셔 두는 것이야말로 그 길을 편하게 갈 수 있는 비결이란다."

할머니는 항상 이렇게 나에게 작은 것들을 잊지 말라고 하셨다. 그저 산에 오르기 전에 물을 마시라는 당부의 말이지만, 그 속에 담긴 깊은 의미는 나에게 큰 가르침이 되었다. 삶도 이와 같지 않나 싶다. 어려운 순간에 미리 준비해 두지 않으면, 그때가 되어 후회하는 일이 많다. 물처럼, 힘든 순간에 필요한 것은 언제든 미리 준비해 두어야 한다는 생각이 든다.

얼마 전, 시골 친구의 집에 놀러 갔을 때 고사리밭을 재배하는 모습을 보고는 세상이 참 좋아졌다고 느꼈다. 어린 시절 고사리를 뜯었던 경험으로, 나는 정신없이 고사리를 손에 쥐며 열심히 뜯어갔다. 그렇게 고사리를 뜯었던 촉감을 나는 잊을 수 없다. 그 촉감은 마치 자연의 숨결처럼 내 손끝에 스며들었고, 아직도 그때의 기억이 선명하게 떠오른다. 부드럽지만 손에 쥘 때 조금씩 끈적거리는 그 느낌은, 어린 시절의 순수한 기쁨과 설렘을 고스란히 담고 있었다. 어쩌면 그 촉감은 나에게 단순한 기억 이상의 의미를 지닌다. 그것은 시간이 지나도 여전히 나를 진정하게 만져 주는, 내 마음의 한 자락을 차지하는 감각이기 때문이다.

그렇게 뜯어 온 고사리는 끓는 물에 삶아 장에 팔기도 했고, 많으면 말려서 추석에 나물로 제사상에 올리기도 하였다. 내가 뜯은 고사리라 그런지 더욱 맛있게 느껴졌던 것 같다. 그리고 할머니는 참 부지런하셨다. 가난한 농부로 변변한 자신의 땅이 없으니, 우리는 남의 농사가 마무리되기를 기다렸다. 다른 집의 감자나 고구마를 캐고 나면, 할머니는 또 그 다음 날 우리를 데리고 가서 논밭에서 이삭을 주었다. 운이 좋으면 손이 닿지 않은 곳에서 많은 이삭을 주워 와 기쁘게 집에 돌아와 쪄 먹었던 기억이 난다.

또 생강을 캐고 난 밭에 가서 호미로 땅을 파며 조금이라도 남아 있을 생강을 주웠던 기억도 있다. 나는 그때의 생강 내음이 참 좋았다. 그 싱그러운 생강잎과 향기로운 뿌리도 잊을 수 없다. 그래서 지금도 생강차를 즐겨 마시며 그 향기를 좋아한다. 또한 그 시절엔 손으로 벼를 베던 날이 많았기에, 이삭을 줍는 일도 그리 특별하고 소중하게 느껴졌다. 고단하고 힘든 삶이었지만, 그 이삭을 가득 주울 때마다 느끼던 기쁨은 아직도 잊을 수 없다.

　지금은 풍요로운 시대에 살고 있고, 모든 것이 풍족하고 넘치는 세상이지만, 그 속에서 여전히 또 다른 가난을 엿보게 되어 씁쓸한 마음이 든다. 어린 시절, 가난했지만 이웃과 정을 나누며 행복했던 시간들이 이제는 전혀 보이지 않는다. 그 시절, 아무리 가난해도 온 가족이 양푼에 밥을 비벼 먹으면서 느꼈던 행복감은 분명 있었다. 그 가난 속에서 작은 행복을 찾으며 살았던 시간들이, 부족했지만 행복했던 시절로 기억된다.

　80세가 훨씬 넘으신 할머니는 어느 날, 밭을 매고 우물 앞에서 세수와 발을 씻다가 그 자리에서 쓰러지셨다. 그 후로는 영영 다시 돌아오지 않으셨다. 할머니의 손길이 닿던 그 여름날이, 여전히 제 마음 한 켠에 살아 있다.

복숭아나무 가지로 쓸어낸 봄날의 기억

어릴 적 시골집 옆에는 커다란 복숭아밭이 있었다. 우리 집은 여유롭지 못해 그 과수원 있는 집을 부러워만 하며 바라보는 게 고작이었다. 복숭아가 익을 무렵이면 어머니는 가끔 그 집 일손을 도우러 가셨고, 돌아오실 땐 상처 난 복숭아 몇 알을 가져오셨다.

"상처 난 게 더 맛있는 거야."

어머니는 꼭 그런 말씀을 덧붙이셨다. 우리는 그 말을 믿으며, 온전하지 않은 복숭아를 신나게 베어 물었다. 정말이지, 그 맛은 지금도 잊을 수가 없다. 입맛이 변해서인지, 아니면 그때의 가난이 복숭아를 더 달게 만들었는지는 알 수 없지만, 그 달콤함은 어느 고급 과일도 흉내 낼 수 없는 진한 기억으로 남아 있다.

벌레 먹은 복숭아가 더 맛있다며, 불을 끄고 방 안에서 몰래 먹었다는 이야기에 웃음꽃이 피던 날들. 부모님은 그런 상처 난 복숭아를 주며 미안했는지, 어설픈 설명을 덧붙이셨고 우리는 그 마음까지 오롯이 맛보았다.

복사꽃 아래를 뛰어다니던 그 시절, 꽃잎이 머리카락에 내려앉던 순간이 아직도 생생하다. 햇살은 따사롭고, 들녘엔 갓 피어난 냉이와 쑥 냄새가 가득했다. 그 풍경 속에서 나는 봄이 되면 꼭 나만의 세상이 펼쳐질 것만 같았다. 결혼해 시골을 떠난 지금도 이른 봄이면 그 복사꽃이 눈앞에 아른거린다. 처음엔 벚꽃과 헷갈리기도 했지만, 복사꽃은 더 단단하고 더 따뜻했다. 활짝 핀 그 꽃들을 바라보고 있노라면, 세상의 근심이 잠시 멈추던 순수한 순간들이 떠오른다.

초등학교 시절, 남동생이 뭔가를 잘못 먹었는지 온몸에 두드러기가 심하게 돋은 적이 있었다. 약도 마땅치 않던 시절, 엄마는 길가에 아무렇게나 뻗어 있던 복숭아 나뭇가지를 한 움큼 꺾어 와 동생의 몸을 빗자루처럼 쓸어내렸다. 그렇게 한참을 쓸고 또 쓸더니, 신기하게도 동생의 증상이 조금씩 가라앉았다. 어릴 적엔 그저 신기하게만 여겼지만, 지금 돌아보면 그것은 어머니가 해 줄 수 있는 가장 절실한 간절함이었다. 약 하나 없이도 아이의 열을 내려야 했던 그 시절, 복숭아 가지는 믿음이자 기도였다. 지금 와서 생각해 보니, 그것은 길가에 야생으로 자라고 있던 개복숭아나무였다.

아마도 엄마의 정성 덕분이겠지만, 예로부터 복숭아나무가 액운을 물리친다는 민간신앙 때문이기도 했으리라. 어릴 적 옆집에서 굿판이 벌어지면 으레 복숭아 가지를 손에 든 무당이 훌쩍훌쩍 뛰며 사람의 몸을 쓸어내리던 모습이 떠오른다. 그렇게 복숭아나무는 우리 마음속에서도 귀신을 쫓는 상징이자, 보호자였다.

시간이 흘러 봄의 향기를 따라 다시 시골을 찾았다. 그 많던 복숭아밭은 하나둘 자취를 감췄고, 잡초와 엉겅퀴가 뒤덮인 밭은 스산한 침묵만을 품고 있었다. 농촌 인구가 줄고 있다는 말이 피부로 와닿는 순간이었다.

그럼에도 불구하고 몇몇 복숭아밭은 여전히 꿋꿋하게 자리를 지키고 있었다. 흐드러지게 핀 복사꽃을 바라보며 나는 그 꽃그늘 아래 오래도록 머물렀다. 어린 시절의 내가 그 꽃길을 걷고 있는 듯, 눈물이 핑 돌았다.

아이와 함께 간 그 자리에서, 나는 옛이야기를 들려주었다. "봄꽃은 잎보다 꽃이 먼저 피는 거란다." 머잖아 사라질지도 모를 그 모습이 아쉬워, 자꾸만 뒤를 돌아보았다.

여름이 되면 또 복숭아철이 찾아온다. 남편은 단단한 복숭아를 좋아하고, 아이들은 물컹한 것을 좋아하니 우리는 매번 실랑이를 벌인다. 결국엔 두 종류의 복숭아를 두 박스씩 사 오고 만다. 복숭아 고르기에 진심인 남편은 꼭 한 박스를 열어 향을 맡아본다. 아이들은 시식용을 입에 물고 "껍질째 먹어도 맛있다"며 입을 쩍 벌려 웃는다. 시장의 여름 냄새가 온통 복숭아로 가득하다.

같은 나무에서 땄다는데도 맛은 천차만별이다. 겉보기엔 탐스럽고 예쁜 복숭아도 막상 껍질을 벗기면 맹맹하기 짝이 없기도 하다. 반면, 멀끔하지 않은 복숭아가 뜻밖에 단맛을 품고 있을 때도 있다. 사람도 그렇다. 겉은 번지르르하지만 속은 텅 빈 경우가 있는가 하면, 투박해 보이지만 따뜻한 속을 지닌 사람도 있다.

아직 복숭아 철은 아니지만, 그 생각만으로도 입안 가득 군침이 도는 걸 보니 올여름도 머지않았다. 돌아가신 시어머니는 복숭아를 손바닥 위에 올려놓고 천천히 향을 맡으시곤 했다. 돌아가신 네 아버지도 복숭아를 참 좋아하셨는데, 하시며 웃으시던 모습이 지금도 눈에 선하다. 과육이 입안에서 퍼질 때면, 어린아이처럼 입꼬리에 살짝 번지던 미소와 그 표정이 그립다.

여름이면 꼭 사다 드리곤 했는데, 이제는 그럴 수 없다는 사실이 문득 가슴을 저민다. 그래서 더더욱, 우리끼리라도 맛 좋은 복숭아를 실컷 먹어야겠다. 그 안에 어머니의 사랑도, 우리 집의 따뜻한 봄날도 함께 담겨 있을 테니 말이다.

3부

가깝고도 먼, 그러나 늘 곁에

가련한 어머니, 그 고운 삶의 흔적

어머니는 참으로 인자한 분이셨다. 32년의 결혼 생활 동안, 한 번도 싫은 소리를 하지 않으시고, 늘 "애쓴다"는 말로 위로와 격려를 아끼지 않으셨다. 그렇게 속정이 깊은 분이셨다.

전주에서 젊은 시절 부유했던 이야기를 들었지만, 그것은 우리와는 아주 먼 얘기였다. 콩고물이 떨어지지 않을까 기대하며 기다렸지만, 그것은 큰 오산이었다. 나 또한 결혼할 때 반지 하나 받지 못할 만큼 이미 몰락해 있었던 어머니는 그렇게 힘든 시간을 보내셨다. 어머니가 돌아가신 후, 짐을 정리하다 보니, 예전 부유했던 시절에 구입한 고급 옷들과 물건들이 나왔다. 그 물건들을 보며, 어머니가 얼마나 힘들었을까 하는 생각이 절로 들었다. 부자였던 시절의 씀씀이를 벗어나 살아간다는 것이 얼마나 고달팠을지, 그때의 어려움을 다시금 되새기게 되었다.

아버님은 동생들 의대와 대학을 모두 가르치고, 남편 형들의 사업 자금과 뒷바라지에 모든 것을 쏟으셨다. 그런 아버지의 모습 덕분에, 결혼할 때는 집도 얻을 형편이 안 되어 시댁에 들어가 살게 되었다. 갈수록 집안 형편이 어려워졌고, 형들과는 달리 막내인 남편과 바로 위 누이만 혜택을 받지 못한 것 같았다. 하지만 나중에는 그것이 우리 것이 아닌 것을 깨닫게 되었다. 그럼에도 불구하고, 남편과 시누이는 성실하게 학업에 임하고 취업을 하였다. 조용한 어머니의 성품은 언제나 우리를 안쓰럽게 생각하시며, 결혼 후에는 임신을 하게 된 나를 위해 많은 배려를 아끼지 않으셨다. 흰 설탕이 몸에 좋지 않다고 노랑 설탕으로 바꾸시고, 인스턴트식품보다는 된장국과 집밥을 만들어 주시며 큰아이를 건강하게 출산할 수 있도록 도와주셨다. 음으로 양으로 많은 사랑을 주셨다.

비록 시누이의 아이를 돌보고 있는 상황이라 여건이 맞지 않아, 결국 따로 살 수밖에 없었지만 같이 산 그 1년 여의 시간 동안 많은 것을 배우고, 나간다고 아버님이 서운해하시던 모습이 지금도 마음에 남아 있다. 그때 우리가 함께 살면서 만들었던 탕수육도 기억이 난다. 아버님이 좋아하시니 여러 생소한 음식들을 열심히 만들어 드렸고, 나중에는 어머니께서 슬며시 소고기를 사다 놓으셨다. 돼지고기 대신 소고기로 만들어 먹으라는 뜻이었다.

또한, 분가 후에도 자주 우리 집에 음식을 가져다주셨다. 새벽에 나서서 내가 일어날 시간까지 문 앞에 서 계시며, 헛기침 소리가 나면 비로소 초인종을 누르셨다. 그렇게 세심하게 배려하시던 어머니는 내 생일이 오면 언제나 갈비를 준비해 오셔서 푸짐하게 먹을 수 있게 해 주셨다. 그 모든 작은 것들이 얼마나 큰 위로였는지, 지금도 기억에 선하다.

친정엄마는 주위에서 여러 조건이 좋은 접근해 온 사람들을 마다하고 풍족하지 않은 집 막내한테 시집을 간다고 염려하셨지만, 큰아들이 아니니 부담이 없을 것이라고 위로해 주셨다. 하지만 형들이 멀리 살아서 모든 대소사를 도맡아 책임져야 했던 것은 사실이었다. 그렇게 고된 일을 하면서도, 우리는 늘 성실히 해야 한다는 마음으로 임했다. 순전히 알뜰하게 아끼며 자수성가로 열심히 살아 집도 마련하고 가까이서 부모님도 돌보

앉다. 아버님은 큰아들이었기에, 보이지 않게 해야 할 일들이 많았다. 제사를 지내고 선산을 관리하는 일도 있었고, 주말이면 가족을 대동하여 풀 뽑기와 자갈 줍기 등을 하며, 직장인들의 주말 쉬는 특권을 잊어야 했다.

어머니와 아버지 연세가 들면서 병원에 자주 가시고, 입원도 잦아졌다. 병원에서는 모두가 효자, 효부라며 칭찬해 주었지만, 가족 그 누구도 알아주지 않는 부분에서 힘든 순간들이 많았다. 그러나 작은 시누이가 항상 고맙다는 말을 잊지 않았고, 그 덕분에 많이 위로가 되었다. 특히 내가 몸이 아플 때 아버님이 뇌출혈로 쓰러져 3년간 입원과 퇴원을 반복하며 간호하는 일이 버겁게 느껴졌지만, 그것도 기꺼이 해야 할 일이었다.

어머니는 90이 가까워지셨고, 젊은 시절 자식들을 무조건적인 사랑으로 키워 내셨지만, 이제는 혼자서 생활하시며 적적하셨을 것이다. 우리도 그런 마음을 가지며, 어머니를 모시고 함께 살면 좋겠다고 생각했지만, 나 자신이 아프다는 이유로 급급히 지내던 시간들이 안타깝다. 다만, 형들만 혜택을 보고, 궂은일들은 우리가 도맡아 해야 한다는 마음에 상대적 박탈감도 들었지만, 옆에 계시니 자주 찾아뵙고, 어떻게든 잘해 드려야 한다는 생각으로 여행도 자주 모시고 다녔다. 어머니가 여행을 좋아하셨기에, 우리는 항상 함께 다녔고, 태국 여행에서는 어머니 손을 잡고 다니는 내가 딸인 줄 알고 성심성의껏 모시는 모습에 가이드에게 박수를 받으며 즐거운 시간을 보냈다. 알고 보니 며느리였다고 더 큰 박수를 받았던 것으로 기억난다. 젊지 않은 연세였지만 어머니는 가이드를 따라다니시며 제일 앞장서셨다.

그렇게 어머니를 모시며 많은 시간들을 보냈지만, 마지막 병실에서 일어난 일은 나를 깊이 아프게 했다. 큰아들에게 귀금속을 챙기라는 말씀은 내 마음을 크게 상하게 했다. 그동안 애써온 내 마음이 무너지는 순간이었다. 그럼에도 불구하고, 어머니는 그토록 자식들을 위해 몸을 바쳐 살아오셨고, 중환자실에서 내가 마지막 인사를 할 때 "어머니, 그동안 사시느라 얼마나 애쓰셨어요? 이제 편안히 하늘나라 가세요. 어머니 사랑해요!"라고 말하며 눈물을 흘렸다. 어머니는 우리를 위해 진심으로 살아오셨다.

그렇게 마지막 순간까지, 나는 내 할 도리를 다하며 어머니에게 마지막 인사를 건넸다.

그늘 뒤의 웃음

"곁에서 보기엔 유난히 쾌활하고 밝은 사람 뒤엔 검은 커튼이 드리워져 있다."

어느 책에서 읽은 이 문장이 오래도록 마음에 남았다. 많은 사람들이 나를 두고 밝고 긍정적인 사람이라고 말한다. 실제로도 나는 긍정적인 성격을 타고났지만, 어쩌면 슬픔을 감추기 위해 더 크게 웃고 더 환하게 행동했는지도 모른다.

글을 쓰기 시작하면서 잊고 지냈던 어린 시절의 기억들이 물밀듯이 밀려왔다. 기억력 좋은 사람은 아니었건만, 문장 하나하나를 적다 보면 잊고 싶었던 기억까지 내 머릿속을 때리듯 되살아난다. 하지만 수필이란 기억을 담는 그릇이라 했던가. 이 고통스러운 기억들 또한 언젠가 누군가에게 닿을 자양분이 될 거라 믿고 싶다.

오늘은 우리 가족의 막내, 나의 여동생 이야기를 꺼내 보고자 한다.

우리 집은 2남 3녀, 겉으로 보기에 다복하고 평범한 가정이었다. 하지만 가난한 형편에 남자보다는 여자들이 집안일과 생계를 책임져야 했고, 누구 하나 불평하지 않고 주어진 현실을 묵묵히 감당하며 살아왔다.

막내 여동생도 마찬가지였다. 나와 성격이 비슷해 성실하고 조용한 아이였다. 내가 결혼을 하고 친정집을 떠난 뒤, 어린 막냇동생은 말없이 많은 일들을 도맡아 집안을 보살피고 있었다.

　나 대신 그 모든 짐을 꿋꿋이 감당해 주었으니, 생각할수록 고맙고 안쓰러운 마음뿐이다.

　그런 동생이 사고를 당하기 전까지는 그랬다.

　나는 결혼 후 1년 만에 첫아이를 가졌다. 빠듯한 살림에 맞벌이를 하며 살아가던 우리는, 아이를 어디에 맡길지 고민에 빠졌다. 시부모님은 이미 딸의 아이를 돌보시는 중이었고, 어린이집에 맡기기도 부담스러웠다. 그때 야간 대학을 다니며 아르바이트를 하던 막냇동생이 낮시간에 아이를 봐주겠다고 나섰고, 우리는 함께 살기 시작했다.

　주말이면 함께 김밥을 싸서 나들이도 가고, 살림은 빠듯했지만 정이 넘치는 행복한 시간이 이어졌다. 등록금도 내주며 서로에게 감사한 마음으로 2년을 함께 살던 어느 날, 예상치 못한 일이 벌어졌다.

　그날은 토요일이었다. 평소처럼 근무 중이던 내게 경찰에게서 전화가 걸려왔다. "동생이 교통사고로 대학병원에 실려 갔습니다. 급히 와 주세요."

　청천벽력 같은 말이었다. 병원에 도착하자마자 수술 동의서에 서명하고, 경찰에게 상황을 전해 들었다. 오토바이에 치였고, 머리를 심하게 다쳤다는 말에 정신이 아득해졌다. 수술을 마친 의사는 오늘 밤을 넘기기 힘들지도 모른다는 말을 남겼고, 엄마는 수술실 앞에서 고래고래 울부짖었다.

　그때부터 우리는 또 다른 전쟁을 시작했다.

　가해자는 보험이 없는 대학생이었고, 동생은 자동차 보험도 해당되지 않아 보상받을 길이 막막했다. 나는 회사에 휴가를 내고 경찰서와 병원을 오가며 지원금과 보상 절차를 알아봤다. 어렵사리 치료비 일부를 해

결했지만, 그 학생이 합의를 하지 않으면 교도소에 갈 상황이라 결국 적은 금액으로 합의해야 했다.

온 가족은 간절히 기도했다.

"제발, 걷기만이라도 하게 해 주세요."

하지만 동생은 식물인간 판정을 받았고, 우리는 희망이라는 이름 아래 모든 병원을 찾아다녔다. 입원 기간이 끝난 후에는 집으로 데려와 어머니가 밤낮없이 간호했다. 숨 쉬기 위해 목을 뚫고, 음식은 코 줄로 미음을 흘려보내며, 가래를 빼내기 위해 하루에도 수차례 석션을 했다.

주말마다 나는 친정집으로 가 간호를 도왔고, 엄마는 지쳐 나에게 화를 내기도 했다. 다시 열이 나면 병원으로, 치료가 끝나면 또 집으로, 끝없는 반복이었다. 병원에 있을 때가 오히려 마음이 편했다. 비록 간병비가 부담되었지만, 엄마의 고생을 덜 수 있었기 때문이다.

그래도 사람들의 온정은 참 따뜻했다. 동료들이 일손을 돕고, 마음을 보태 주며 내가 혼자가 아니라는 걸 느낄 수 있었다. 그렇게 1년 여의 시간이 지났지만 기적은 일어나지 않았다. 건강을 위해 몸매 관리까지 하던 동생은 말라 버린 뼈만 남긴 채 점점 구축이 심해졌고, 결국 또다시 중환자실에 입원하게 되었다.

담담하게 상황을 전하던 의사. "이제는 준비하셔야겠습니다."

그 말을 들은 다음 날, 동생은 조용히 하늘로 떠났다.

장례를 마치고, 동생의 유해는 아버지 묘 옆에 뿌려 주었다. 아버지 옆에서 심부름이라도 하며 잘 지내길 바라는 마음으로….

그렇게 예쁘고 다정한 스무 살 초반의 동생의 삶은 허무하게 끝나 버렸다.

나는 우리 아이에게 동생의 죽음을 말할 수 없었다. 너무 어렸기에, "이모는 미국에 공부하러 갔다"고 둘러댔다. 그 어린 마음에 남을 상처가 두려웠다.

하지만 지금은 어엿한 성인이 된 아이가, 초등학교 시절 나와 나눈 짧은 대화 하나가 아직도 가슴을 아리게 한다.

우연히 꺼내든 사진 앨범을 보던 아이가 문득 말했다.

"엄마, 사실은 알고 있었어. 이모가 하늘나라에 간 거… 그냥 엄마가 속상해할까 봐 묻지 않았을 뿐이야."

그 한마디에 마음이 무너졌고, 나는 아이를 꼭 끌어안고 한참을 소리 없이 울었다.

그로부터 몇 해가 지나, 가족들과 함께 떠난 해외여행 중이었다. 버스 안에서 창밖을 바라보는데, 문득 동생이 너무 그리워 눈물이 났다. 이렇게 살아 있는 나는 여행을 하고, 웃고 있는데, 정작 힘든 삶만 살다 떠난 동생은 이런 풍경 한번 못 보고 갔다는 생각에 가슴이 저려 왔다. 아무도 모르게 조용히 눈물을 훔쳤다.

'그래… 고통 없는 하늘나라에서 잘 지내고 있지?
다음 생에는 아프지 말고, 더 오래, 더 행복하게 살자.'

두려움 속의 용기, 어머니를 지켜야 했던 그날

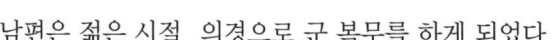

　남편은 젊은 시절, 의경으로 군 복무를 하게 되었다.
　사랑에 빠져 열심히 연애하던 시절, 나에게 엄마는 경찰과 사귄다고 무척이나 반대하셨다. 경찰이 아니고 잠깐 군대 생활을 한다고 설명을 해도, 엄마는 여전히 이해하지 못하셨다. 경찰은 힘든 직업이라며, 불안해하시던 모습이 아직도 선하다. 그때만 해도 민주화 운동이 한창이었고, 거리마다 시위가 넘쳐났었다. 남편은 거의 매일 시위대 앞에 나가 더 이상 진전을 이루지 못하도록 앞막이를 들고 진을 치며 막는 일이 일상처럼 되었다.
　어느 날, 직장에서 근무를 하고 있는데 유난히 큰 전화 소리가 내 사무실을 가득 채웠다.
　"감사합니다. 원무과 ***입니다."
　평소처럼 전화를 받았는데, 건너편에서 다급한 목소리가 들려왔다. 귀에 익숙한 목소리, 다름 아닌 남편이었다. 지금 이 시간에 여유롭게 전화할 상황이 아니란 걸 알기에, 나는 놀라서 물었다. 급히 공중전화기를 찾아 나에게 전화를 걸었던 것이다.
　"어머! 무슨 일이야? 내가 보고 싶어서 낮에 전화한 거야?"
　웃으며 물었지만, 남편은 다시 한번 다급하게 말했다.
　"자기 엄마가 제일 앞에서 데모를 하는데, 위험해서 다치게 되니 뒤로

가시라고 해야겠어. 아니면 나오시지 않게 하든가!"

그의 목소리가 긴박하게 들려왔다. 나는 순간 이해가 가지 않아 다시 물었다.

"무슨 뚱딴지같은 소리야?"

급하게 그날의 상황을 들려주었다. 엄마는 원래 시장에서 채소를 팔던 분이었다. 가판도 없이, 자리를 마련할 수도 없어 길가에서 물건을 대충 쌓아 놓고 장사를 하셨다. 경찰이 나타나면, 엄마는 물건을 얼른 싸서 도망쳐야 했다. 경찰은 그분들의 임무를 다하기 위해 물건들을 발로 차고, 장사를 못 하게 했다. 엄마는 그런 상황을 잘 알았기에, 시장에서 사람들이 억울하게 쫓겨나는 것을 보고 분개했다.

그러는 사이 결국, 깨끗한 시장을 만들고 환경을 정화한다는 명목하에, 가게도 없이 장사하는 분들을 모두 쫓아내는 상황이 되었다. 그럼에도 불구하고 시장에서 하루하루 근근이 채소를 팔아 생계를 이어 가던 상인들은 아무런 대책도 없이 내몰리고 있었다. 그들의 억울함은 커져만 갔고, 결국 몇백 명이 시청으로 몰려가 데모를 벌였다. 그저 먹고살기 위해 애쓰는 사람들에게 너무도 냉혹한 현실이 아니냐는 절박한 마음으로, 그들은 목소리를 높일 수밖에 없었다.

"우리는 어디 가서 장사하라는 거냐? 대책을 강구하고 먹고살게 해 달라!"

그렇게 시위대의 목소리는 점점 더 커져만 갔다. 그 소리 속에서 엄마는 항상 앞장서서 목소리를 높이셨다. 어릴 적부터 그런 모습을 보고 자란 나는, 엄마가 시장에서 물건을 팔 때마다 늘 앞장서서 일하셨다는 걸 잘 알고 있었다. 그날도 엄마는 예외 없이 가장 앞에 서서, 힘차게 주먹을 쥐고 고함을 지르고 있었다. 그녀의 목소리는 다른 이들보다 더욱 우렁차고, 그 용기 있는 모습은 지금도 내 마음속에 선명하게 남아 있다.

그에 맞서 의경들은 시위대가 시청에 들어가지 못하게 막고 있었고, 엄마는 그 혼잡한 상황 속에서 제일 앞에 서 있었던 것이다. 그 상황이 얼마나 위험했을지, 그리고 엄마의 안전을 걱정하는 남편의 목소리가 얼마나 급박했을지 그때의 상황이 떠올랐다.

그 당시에는 휴대폰도 없었고, 난 직장에서 끝나고 집으로 급히 향했다. 마음이 조급해져, 혹시 엄마가 길거리에서 다쳐서 쓰러져 있는 건 아닐까, 아니면 병원으로 실려 갔을지도 모른다는 걱정이 밀려왔다. 저녁을 준비하며 초조하게 기다리고 있던 중, 아무 일 없었다는 듯이 먼지를 툭툭 털고 대문을 열고 들어오시는 엄마를 보았다. 그때서야 나는 안도의 한숨을 내쉬었다.

"엄마, 도대체 어디 다녀오는 거야!"

나는 그동안의 불안과 걱정이 쌓여, 엄마에게 화를 냈다. 엄마는 다소 힘없이 한마디 했다.

"그 한 푼 한 푼 벌겠다고 시장 바닥에 앉아서 장사하는 게 죄냐? 우리 같은 사람은 먹고살게 해 달라는 말이 그렇게 잘못된 거냐?" 엄마는 혼잣말처럼 푸념을 하셨다.

나는 이어서 말했다.

"그럼 엄마는 몸도 약하고 기운도 없는 사람이 제일 앞장서서 데모를 하는 거야? 왜 그렇게 무리해서 앞장서서 위험한 곳에 서세요?"

그때, 엄마는 놀란 듯 내게 물었다.

"어떻게 알았냐?"

나는 그냥 마음이 불안해서 속으로 걱정했던 걸 털어놓았다.

"다 아는 수가 있어! 암튼, 다치기라도 하면 어떡해? 제발 몸 생각하면서 하세요." 그렇게 말하며 걱정을 끊임없이 했지만, 엄마는 여전히 내 말을 들으려 하지 않으셨다.

그 노력의 결과로 잠시의 유예 기간이 주어졌고, 시장 사람들은 다시 활기를 되찾아 장사를 이어 갈 수 있게 되었다.

시간이 흘러, 엄마는 이제 더 이상 그렇게 시장에서 장사하지 않으셨다. 나이가 들면서, 농사를 지어 도매집에 싼 값에 물건을 넘기기 시작하셨다. 그때의 힘찬 모습은 이제 추억 속에 묻혔지만, 그 당시 엄마의 모습이 그리워진다. 제일 앞장서서, 목이 터져라 외쳤던 엄마의 목소리는 이제 어디에도 들을 수 없다. 그 당시만큼은 힘이 넘쳤던 엄마의 모습이 내 마음속에 영원히 남아 있다.

이제는 노쇠하시고, 많은 시간이 지났지만, 그때의 엄마의 용기와 불굴의 의지를 나는 잊을 수 없다. 가난한 살림에 보태기 위해 굴하지 않고 살아왔던 엄마의 젊은 시절, 그 모습에 나는 진심으로 박수를 보낸다.

동생, 그 작은 기적의 이름

버스조차 자주 오가지 않는 시골의 외진 마을. 동생은 그곳에서 태어났다.

그 시절엔 모두가 바쁘게 하루를 살아 냈고, 우리 가족 역시 가난과 싸우며 농사일에 매달려야 했다. 어머니는 바쁜 일상 중에 동생을 임신했고, 어느 날 갑작스럽게 산통을 느끼며 논 한가운데서 진통을 겪었다. 병원에 데려갈 시간조차 없었고, 아버지는 낫으로 탯줄을 잘라내며 동생을 이 세상에 맞이하게 했다.

그 순간 동생의 생명은 위태로웠다. 가까스로 병원으로 옮겨졌고, 기적처럼 살아났다.

병원에서는 '천명'이라는 이름을 붙여 주었다. 하늘이 내린 목숨, 하늘의 뜻이라는 의미였다. 우리는 그 이름 그대로 부르며 살아왔고, 동생의 존재는 매 순간 우리에게 기적이었다. 그 이름을 부를 때마다, 동생이 살아 있다는 사실이 뭉클하게 다가왔고, 그가 얼마나 소중한 사람인지 다시금 되새기게 되었다.

그러나 생명을 건진 기쁨은 오래가지 않았다. 동생은 고열로 인해 뇌에 손상을 입었고, 그 후로 정신적인 장애를 안고 살아가야 했다. 나이는 쉰을 넘겼지만, 마음은 일곱 살 즈음에서 멈춰 버렸다. 세상과 소통하는 일이 쉽지 않았고, 남들의 말은 자주 이해하지 못했다. 혼자서는 버스를 탈 수 없었고, 씻는 일이나 밥 먹는 일 같은 기본적인 일상조차 때를 놓치기 일쑤였다.

그런 동생을 돌보는 일은, 결코 가벼운 일이 아니었다.

하지만 그 속에서도 그는 조금씩 나아졌고, 우리는 그 한 걸음이 얼마나 값진지 알기에 기도하며 살아왔다.

어린 시절, 동생에게 심부름을 시키면 한참을 기다려야 했다.

그러다 "누나!" 하고 손에 물건을 들고 달려오던 그 순간, 온 가족이 환히 웃으며 "잘했다, 장하다!" 칭찬을 아끼지 않았다. 그 작고 더딘 성취 하나에 모두가 마음을 다해 기뻐했다. 동생은 겨우 초등학교를 졸업했고, 이후에는 어머니를 따라 논밭을 오가며 일손을 거들었다.

그 후, 동생이 처음으로 혼자 버스를 타고 나선 적이 있었다. 하지만 목적지를 지나 종점까지 가 버렸고, 다행히 기사님이 눈여겨본 덕에 경찰서를 통해 연락을 받을 수 있었다. 그때는 아버지가 살아 계셔서 동생을 데려오는 일이 가능했지만, 아버지가 세상을 떠난 뒤로는 동생과 떨어져 지낼 수 없게 되었다. 엄마와 나는 동생과 더 깊이 연결되어야 했고, 삶은 자연스레 그의 곁을 중심으로 돌아가기 시작했다.

결혼식 날, 동생은 엄마 손을 잡고 예식장에 왔다.

그리고 하객들 앞에서 꺼이꺼이 울었다. 사람들은 이상하게 바라봤지만, 나는 알 수 있었다. 그 눈물은 내가 그의 곁을 떠난다는 걸 느끼고 흘린 슬픔이었다. 긴 시간 함께한 누나가 새로운 삶을 시작한다는 것이, 동생에게는 큰 상실처럼 다가왔던 것이다. 남편은 그런 동생의 손을 조용히 잡아 주었고, 말없이 옆에 있어 주었다. 그 배려가 얼마나 고마웠는지 모른다.

물론, 동생을 돌보는 일이 언제나 따뜻하고 아름답기만 했던 것은 아니다.

내 몸이 아플 때면, 동생을 돌보는 일조차 힘에 부쳤고, '언제까지 내가 이 일을 감당할 수 있을까' 하는 불안이 엄습해 오곤 했다. 내 건강조차 챙기기 어려운 날이면, 미래에 대한 막막함이 마음을 짓눌렀다. 하지만 동생이 조금씩이라도 나아지는 모습을 볼 때마다, 나는 다시 힘을 내야겠다고 다짐했다. 내가 살아 있는 한, 동생을 위해 최선을 다하리라는 책임감이 다시금 나를 일으켰다.

동생과 함께 살아가는 삶은 내게 자유로운 시간 대신 책임감을 안겨주었지만, 그 시간들이 나를 더 깊게 성장하게 만들었다. 세상과 조금 다르게 살아가는 한 사람을 이해하고, 사랑하고, 지켜 내는 그 모든 과정은 결국 나를 더 나은 사람으로 만들어주었다. 돌봄은 사랑의 또 다른 얼굴이었다. 그 시간들을 통해 우리는 더 단단해졌고, 서로에 대한 애정은 더욱 깊어졌다.

이제 팔순이 넘은 어머니는 예전 같지 않다.

점점 기력이 약해져 가고, 동생을 돌보는 일은 자연스레 내 몫이 되었다. 그런 상황 속에서도 동생은 여전히 자기 일을 해내고 있고, 크게 아프지 않고 살아가고 있다. 그 모습만으로도 나는 위로를 얻는다. 동생은 신선한 채소를 챙겨 집으로 오고, 초인종을 누르며 해맑게 외친다.

"누나! 배추랑 시금치 가져왔어요!"

그 목소리에는 땀방울만큼이나 자긍심이 묻어난다. 나는 문을 열며

"그래, 잘 왔다. 애썼다"라고 말하고, 식사를 함께 나누며 말해 준다.

"앞으로도 혼자 다니는 연습 계속하자. 혼자서 해내는 것도 조금씩 해 보자. 넌 할 수 있어."

그는 이미 해내고 있다.

조금씩 자신의 일상을 스스로 해내며, 세상과 소통하려 애쓰고 있다.

그 모든 걸음이 우리 가족에겐 기적이고, 희망이다.

예전엔 장애가 있는 가족과 함께 다닌다는 것 자체가 부담이었다. 시선이 차가웠고, 사회는 그들을 불편해했다. 제도도, 인식도 부족한 시절이었기에 돌보는 가족들까지 함께 지쳐 갔다. 장애가 있다는 이유만으로 많은 것이 막혀 있었고, 숨고 싶을 만큼 외면을 받아야 했다.

지금은 많이 달라졌다.

제도도 생겼고, 인식도 조금씩 나아졌지만, 여전히 장애인의 삶은 가족의 헌신 없이는 불가능하다. 누군가의 수고와 희생 위에서만 가능한 현실은 여전히 그대로다.

나들이를 나가면, 장애 자녀를 돌보며 씨름하는 부모의 모습이 보인다. 아이가 울고 소리를 지르면, 당황한 부모가 눈치를 본다. 그 모습을 보면 가슴이 저려 온다.

그들의 고통이 나의 이야기처럼 다가오기 때문이다.

그 순간마다 나도 묻게 된다. "이 숙제는 언제 끝날까?"

장애인과 그 가족이 고립되지 않고, 함께 살아갈 수 있는 사회.

그런 세상은 어느 날 갑자기 오지 않는다. 우리는 더 많이 이해하고, 더 깊이 연결되어야 한다. 제도도 보완되어야 하고, 무엇보다도 사람들의 마음이 열려야 한다.

장애인도 한 사람의 삶을 온전히 누릴 수 있어야 한다.

그들의 삶은 동정의 대상이 아니라, 존중과 배려의 대상이어야 한다.

오늘도 동생은 혼자서 길을 찾아왔고, 땀 흘리며 농사지은 채소를 내민다.

그 모습이 나에겐 한 편의 동화 같고, 아름다운 이야기다.

그는 여전히 세상 속에서 자신만의 길을 걷고 있다.

그리고 나는, 그 길 끝까지 함께 걸을 것이다.

조금 느려도 괜찮다.

서툴러도 괜찮다.

함께 걸어가는 그 길이, 우리에겐 가장 따뜻하고 소중한 길이다.

2025년 6월 한국지체장애인 수기 우수상 수상작

엄마, 사랑과 갈등의 이야기

얼마 전, 또다시 경찰서에서 전화가 왔다. 몇 번째인지 모를 그 전화에 가슴이 답답해졌다. 무슨 일인가 싶어 조심스레 받았더니, 역시나 엄마와 관련된 일이었다. 이번에도 낯선 이와 다툼이 있었다며, 경찰은 상황을 설명했다. 마음 아픈 엄마다. 그 상황을 잘 마무리해 달라고 부탁하며 전화를 끊었다.

엄마는 가난한 집에 시집와 억척스럽게 살아왔다. 자본이 들지 않는 다슬기 잡기, 남의 밭에서 냉이 캐기, 밤새 민물에서 새우를 건져 시장에 팔기… 나는 어린 나이였지만 그런 엄마를 도우며 자랐다. 단 한 평도 없는 땅에서 조금씩 농사할 땅을 사들이며, 기쁨도 함께 쌓아 갔다.

그러나 엄마는 늘 마음속 불안을 안고 사셨다. 무언가 잃어버리면 의심부터 앞섰고, 억울하게 회초리를 맞기도 했다. 억척스러움 속에는 지켜야 할 삶이 있었지만, 그 모습은 때로 우리 가족을 힘들게 했다. 아버지보다 생활력 강한 엄마는, 때때로 가족에게 상처를 주기도 했고, 나는 어린 마음에 '절대 엄마처럼 살지 않겠다'고 다짐하곤 했다. 너무 참다 보니 결국 병이 찾아왔고, 그로 인해 삶이 한층 더 버거워졌다.

기억에 남는 한 장면이 있다. 초등학생 시절, 아버지와 나는 수박을 수레에 싣고 시내로 팔러 갔다. 수박 속을 보여 주면 분홍빛이라며 손님들이 돌아서고, 우리는 밥도 굶은 채 남은 수박을 다시 집으로 가져와야 했다. 고생을 안 엄마는 왜 다 팔지 못했냐며 아버지를 나무랐고, 참다 못한 아버지는 수박을 도로에 던졌다. 길가에 퍼진 붉은 수박 조각들, 그 앞을 지나던 사람들의 시선은 지금도 뚜렷이 남아 있다. 나는 그 싸움 속에서 상처를 받았고, 엄마가 원망스러웠다.

세월이 흘러, 엄마는 마흔일곱의 나이에 아버지를 떠나보냈다. 장례를 치르며 혼자 다섯 남매를 책임져야 했고, 그날의 고단함을 나는 지금도 기억한다. 장을 봐야 할 사람이 없어 나는 직원 차를 얻어 타고 시장을 다녀왔다. 장례 중에도 오빠가 교통사고로 응급실에 실려 갔다는 소식에, 보증을 서기 위해 야밤에 병원을 찾기도 했다. 참 많은 일들을, 엄마와 나는 묵묵히 감당해 왔다.

내가 결혼을 앞두고 있던 어느 날, 마당 뒤뜰에서 엄마는 조용히 주저앉아 울고 계셨다. 신발로 땅을 치며 "왜 서른도 안 돼서 시집을 가냐"며 오열하셨다. 다른 딸들이 결혼하는 평범한 상황이 엄마에게는 뭔가를 잃는 고통처럼 느껴졌던 것이다. 엄마가 그동안 짊어졌던 삶의 무게를 내가 모르지 않기에, 마음이 복잡했다. 하지만 당시 나는 그 울타리에서 벗어나고 싶었고, 엄마의 슬픔을 충분히 품어 줄 여유가 없었다.

조금씩 삶이 안정되려는 시기, 여동생의 결혼을 앞두고 또다시 일이 생겼다. 제부가 엄마에게 어렵게 마련한 땅을 건네 달라고 했고, 엄마는 큰 상처를 받았다. 결국 그 일로 엄마는 내 직장까지 찾아와 감정을 토로하셨고, 나는 직장 사람들 앞에서 당황스럽고도 민망한 순간을 매번 겪어야 했다. 하지만 그 모습을 본 이들은 오히려 내게 따뜻한 말을 건넸다. 그 어려운 상황에서도 묵묵히 제 자리를 지키는 나를 격려해 주었다.

결국, 나는 가족들을 모아 이렇게 말했다.

"엄마가 십 원, 이십 원 아껴 가며 평생 일해 마련한 땅이에요. 그 땅의 가치를 우리가 먼저 존중해야 해요."

감정은 쉽게 가라앉지 않았고, 그 일은 경찰서까지 이어졌다. 하지만 그 일을 겪으며 나는 분명히 깨달았다.

엄마의 삶은 우리 가족의 뿌리였고, 그녀가 흘린 땀은 가볍게 다룰 수 없는 것임을.

그렇게 어렵게 땀 흘려 일구고, 이제야 조금 살 만해졌다고 여길 무렵 또 다른 걱정거리가 찾아왔으니, 옛말이 틀린 게 하나 없다는 생각이 든다. '천석꾼은 천 가지 걱정, 만석꾼은 만 가지 걱정을 안고 산다'는 말. 어쩌면 많은 부자들뿐 아니라, 우리 엄마 같은 사람들을 두고 하는 말인지도 모르겠다.

그러던 중, 내게 병이 찾아왔고 결국 직장을 그만두었다. 지친 몸과 마음으로 버티던 어느 날, 나는 끝내 집으로 찾아온 엄마에게 속마음을 터뜨렸다.

"어릴 적부터 고생만 했고, 엄마가 저한테 호강 한번 시켜 준 적도 없잖아요. 이제 그만 저도 제 삶을 살고 싶어요."

엄마는 그 말을 조용히 듣고 아무 말 없이 집으로 돌아가셨다.

잠시 잠잠해지던 상황은 또 반복되었고, 나는 여전히 조심스럽게 하루하루를 살아가고 있다. 초인종이 울릴 때면 심장이 철렁 내려앉는다. '혹시 엄마가…?' 조심스레 문을 열어 보면 다행히 그날은 아니었다. 요즘은 예전보다 엄마의 방문이 뜸해져 조금은 숨을 돌릴 수 있다.

땅 문제는 여전히 해결되지 않았고, 다툼도 이어지지만, 엄마의 불안한 눈빛을 보면 마음이 아려 온다. 엄마는 그 땅을 잃을까 늘 걱정하신다. 평생을 고단하게 살아오며 막냇동생을 사고로 먼저 떠나보낸 아픔까지… 그 마음을 어찌 다 헤아릴 수 있을까.

엄마의 삶은 정말 산전수전의 연속이었고, 그 삶은 내게도 고스란히 영향을 주었다. 때때로 그 무게에 지쳐 엄마를 원망했지만, 나는 알고 있다.

누구보다 엄마를 사랑하고 있다는 걸.

엄마와 나.

서로를 너무 잘 알기에 상처도 깊지만, 그만큼 애틋하고 진한 사랑이 있다.

어쩌면 우리 모녀의 관계는 '애증'이라는 단어로 가장 잘 설명될지 모른다.

그런 엄마가 이제는 조금이라도 편안해지시길.

그저 마음이 덜 무거운 날들이 이어지길.

나는 오늘도, 조용히 기도한다.

엄마 이상의 사랑, 이모와의 특별한 인연

부모 자식 간의 인연은 무엇으로 맺어지는 걸까? 이 질문에 대한 답은 아마도 사람마다 다를 것이다. 하지만 나는 그 인연을 혈연만으로 설명할 수 없다는 생각이 든다. 부모와 자식은 단순히 혈연으로 이어진 존재가 아니라, 사랑과 이해, 책임과 희생이 얽혀 있는 깊고도 특별한 관계이기 때문이다. 그럼에도 불구하고 나는 최근, 이모들과의 관계에서 부모 자식 간의 인연에 대해 많은 생각을 하게 되었다.

얼마 전, 병원에 입원한 이모에게 전화를 했다. 무릎 수술을 받은 후 병원에 계신다는 소식에 마음이 아팠다. 나는 지방에 살고 있어서 자주 찾아뵙지 못하는 게 아쉬웠다. 그래도 통장에 돈을 넣어드리며 마음을 전했지만, 그것만으로는 위로가 부족하다는 생각이 들었다. 어려서부터 나는 유독 이모들과 친하게 지냈다. 우리 집의 밥그릇을 덜고자 했는지 자주 이모네 집으로 보내셨다. 이모들은 한 번도 얼굴 찡그리며 나를 대하지 않았고, 늘 나를 예쁘게 대해 주셨다. 가끔씩 빈손으로 보내지 않고, 우리 집에 없는 농산물을 잔뜩 싸 주셨다. 그렇게 이모들과 함께 보낸 시간은 내게 너무나 소중한 추억이다.

내게 이모들은 참으로 큰 축복이다. 외갓집은 아주 시골, 임실군 청웅면에 있었다. 어릴 적 외갓집은 무척이나 먼 곳이었지만, 이모들이 서울로 상경하고 공장에 취직한 후, 하나둘씩 서울로 올라가 자리를 잡았다. 그 많은 자매 중 엄마만 전주에 남게 되었다. 이모들이 서울로 외할머니까지 다 모셔가고 나서야, 내게는 정말 큰 의미가 되었던 서울과의 연결고리였다. 그래서 나는 이모들이 서울에서 내려올 때마다 꼭 연락을 하고, 맛있는 음식을 찾아 함께 식사하며 시간을 보냈다. 그렇게 만난 이모들 사이에서, 나는 늘 따뜻한 사랑을 느꼈다. 하지만 엄마도 이모들과 함께 식사를 나누었으면 얼마나 좋았을까, 그런 아쉬운 마음이 밀려왔다.

그런데 이상하게도, 나는 부모님과의 관계에서는 그런 감정을 느끼지 못했다. 특히 엄마와의 관계는 더 복잡하다. 어릴 적부터 큰딸로서 농사일과 집안일을 도우며 자랐지만, 항상 엄마는 나에게 불만과 폭언을 퍼부었다. 고등학교부터 알바를 하며 독립적인 삶을 살고 싶었고, 원하는 직장에 취업한 후에는 집안에도 여러 가지 보탬이 되었지만, 엄마는 늘 불만을 표했다. 언젠가 아이들이 내게 이렇게 물었다. "왜 엄마는 외할머니한테 꼼짝 못 하고 사는 거야? 엄마가 뭐 잘못한 게 있어? 좀 간격을 두고 엄마 삶을 살면 어때요?" 그 말에 나는 아무 대답도 할 수 없었다. 나도 왜 그런지 알 수 없었다. 그런 관계 속에서 나는 점점 더 힘들어졌고, 결국 암 투병을 하게 되었다.

그때, 나는 엄마에게 아프다는 얘기를 꺼내지 못했다. 어차피 와서 나를 힘들게 할 것 같다는 생각에 속내를 털어놓을 수가 없었다. 내가 속상하고 힘들 때, 속마음을 털어놓을 수 있는 사람은 이모들이었다. 이모들은 언제나 내 곁에서 나를 위로하고, 힘을 북돋아 주었다. 이모들 덕분에 나는 살아갈 용기를 얻었다. 그럼에도 불구하고, 나는 종종 나 자신을 탓하며 죄책감을 느꼈다. 내가 부모님과의 관계를 좀 더 잘 다뤘다면 어땠을까? 그런 생각도 들었다. 부모와 자식 간의 인연은 분명히 중요한 것이지만, 때로는 그 인연이 너무 무겁고 버겁게 느껴질 때도 있다.

 이처럼 이모들은 어릴 적부터 나에게 엄마 같은 존재였다. 엄마가 하지 못한 부분을 이모들이 대신해 주셨고, 그 사랑과 배려는 나에게 큰 힘이 되었다. 그래서 나는 이모들을 단순히 가족의 일원이 아닌, 엄마 이상으로 여긴다. 그들의 따뜻한 마음은 내게 엄마 이상의 소중한 의미로 남아 있다. 그들의 존재는 내 삶에서 중요한 기둥처럼 느껴졌고, 오늘날까지 그 특별한 관계는 내 마음속에 깊이 새겨져 있다.

 그렇지만 부모 자식 간의 인연은 시간이 지나도 쉽게 끊어지지 않는다는 것을 나는 여전히 믿는다. 그 인연은 혈연적으로 이어지는 것뿐만 아니라, 그 속에 사랑과 책임, 희생과 존경, 그리고 이해가 얽혀 있기 때문이다. 나는 오늘도 그렇게 기도한다. 부모와 자식 간의 관계가 언젠가는 사랑과 이해로 채워지기를. 그동안의 아픔과 갈등이 조금씩 풀리고, 서로가 서로를 이해하고 아끼는 관계로 변화하기를 바란다.

 나는 불효자가 아닌가 싶은 마음에 가슴이 아프다. 결혼 초에는 시부모님과 엄마가 함께 국내여행을 다니곤 했다. 그러나 시간이 흐르면서 자연스레 거리가 생겼고, 그 사실이 아쉬움으로 남는다. 하지만 이제는 내 삶도 소중히 여겨야 한다는 생각이 든다. 나는 내가 살아야 한다. 그래서 부모와의 관계도 조금 더 떨어져서 바라보게 된다. 그렇다고 부모에게 모든 마음을 끊어버린 것은 아니다. 명절이 오면 문 앞에 과일 박스와 돈 봉투를 놓고 나오며 내 마음을 표현한다. 엄마도 살아 계시니 후회하지 않도록 지금은 내 방식대로 소통하려 한다. 어릴 때, 왜 엄마는 그렇게 사람을 힘들게 했을까 생각하며 다짐했던 것처럼, 나는 그렇게 살지 않으려 한다. 부모와 자식 간의 관계가 사랑과 희생으로 빛날 수 있기를 바라며, 그 인연이 조금 더 따뜻하고 깊어지기를 소망한다.

  이렇게 아직 해결되지 않은 숙제가 남아 있지만, 나는 그보다 더 중요한 바람이 있다. 엄마가 건강하게 지내고, 이 땅에서 행복하게 살아가기를 진심으로 바란다. 비록 마음 한구석에 여전히 풀리지 않은 고민들이 있지만, 무엇보다 엄마가 편안하고 평화로운 일상을 보내는 것이 가장 큰 소망이다.

4부

그 시절, 성실로 마음을 나눈 이들

까치의 울음소리 속에서 떠오른 기억

우리 아파트는 여느 아파트와 달리 산속에 자리 잡고 있다. 아침이면 늦잠을 잘 여유도 주지 않고, 새소리가 귀를 따갑게 울린다. 봄이 되면 창문을 열고 바라보는 개나리와 이름 모를 꽃들이 피어 있는 풍경에 넋을 놓고 한참을 보게 된다. 그런 아름다움에 푹 젖어 여름을 맞이한다. 그런데 여름에는 매미 소리가 너무 시끄러워 문을 열어 놓기조차 힘들다. 가을이 오면 울긋불긋 물든 단풍에 감탄하며 그 아름다움에 빠져들고, 그 사이사이 떨어지는 낙엽 소리도 살며시 들려온다.

겨울이 되면, 베란다 앞 정원에 하얗게 쌓인 눈을 바라보며 나무 위에 살포시 앉아 있는 눈을 보고 있자면 마음까지 정결해지는 기분이 든다. 나도 저렇게 순수하고 맑은 마음을 가질 수 있다면 얼마나 좋을까 생각하며 혼자 그 장관을 오랫동안 바라보곤 한다.

이렇듯, 이 아파트는 값이 나가지 않는 평범한 곳이다. 하지만 나는 이곳이 참 좋다. 산속에 자리 잡고 있어 아침이면 새소리로 하루를 시작할 수 있고, 바쁜 도시의 소음에서 벗어나 조용한 환경 속에서 하루하루를 보낼 수 있다는 것이 얼마나 소중한지 모른다. 이런 평화로운 일상이 나에게는 큰 행복이다. 그래서 이사를 가고 싶다는 생각이 들지 않는다. 더 넓은 집이나 더 비싼 아파트로 옮기고 싶은 마음은 없어진다. 이곳에서의 삶은 그 자체로 만족스럽고, 내가 원하는 모든 것을 갖춘 곳 같다. 때로는 값비싼 집이나 화려한 환경을 꿈꾸기도 하지만, 결국 이곳이 나에게 가장 잘 맞는 곳이라는 것을 깨닫는다. 산새들의 노랫소리와 조용한 바람, 그리고 그 속에서 느낄 수 있는 평온함이 바로 나의 삶의 기준이 된 것 같다.

오늘은 운동을 나가려고 아파트를 벗어나려는데, 유독 까치가 나를 반기듯 더 시끄럽게 울어댄다. 그때, 문득 고등학교 시절이 떠오른다. 나는 시골에서 자라 부모님의 농사일을 거들며 바쁜 나날을 보내고 있었다. 그런 단조롭고 무료한 일상 속에서 옆 동네에 사는 친구가 펜팔을 한번 해 보자고 제안해 왔다. 조금은 떨리는 마음으로 그렇게 새로운 도전을 해 보기로 결정했다.

그 당시, 월간 도서의 한 귀퉁이에서 펜팔 신청하는 것이 유행처럼 번졌던 시절이었다. 우리는 신나게 우리의 주소를 적어 보내고, 얼마 후, 내 집 주변에 줄지어 있는 포플러와 함께 까치들이 우르르 짖어댄다. 그때 엄마가 한마디 하신다. "오늘 무슨 좋은 소식이 오려나? 까치가 이렇게 울어대니?" 엄마의 말이 끝나자마자, 정말로 우체부 아저씨가 빨간 가방을 들고 집으로 다가왔다. 그는 내 이름을 부르며 편지가 왔다고 말했다.

나는 깜짝 놀라며 "어머 무슨 편지가 왔어요?" 하고 물었고, 그 순간 내가 잊고 있었던 펜팔 편지가 도착한 것이다. 편지는 펜팔 협회에서 연결해 준 다른 지역의 고등학생 남자아이의 것이었다. 그 당시, 남자 친구를 사귄다거나 이성 친구를 만난다는 것은 상상할 수 없었던 시절이었다. 동네 초등학교 동창생을 길에서 우연히 만나는 것이 전부였으니, 펜팔을 통해 편지를 받는 일이 정말 신기하고 특별한 경험이었다. 편지를 열었을 때, 깔끔한 글씨체로 채워진 편지지에서 상대방의 성격이 어느 정도 느껴졌고, 그때의 설렘은 지금도 잊을 수 없다. 우리는 특별한 내용 없이 일상적인 이야기를 주고받으며, 그것이 나의 무료한 생활에 활력소가 되었다.

그렇게 편지를 주고받는 동안, 까치 소리가 들리면 편지가 도착했다고 생각하며 귀 기울이곤 했다. 어느 날, 편지를 통해 상대방이 얼굴을 한번 보자는 제안을 해 왔다. 나는 처음에는 망설였지만, 친구들이 함께 가자고 하여 약속을 잡았다. 그러나 그 약속을 지키지 못했다. 그 자리에서 남학생들을 보며 만나기를 망설이다가 결국 도망치듯 그 자리를 떠났다. 그 후, 상대방은 왜 약속 장소에 오지 않았냐고 물었지만, 나는 답장하지 않았다. 그렇게 펜팔은 끝이 났고, 까치들이 계속해서 울어대는 날에도 편지는 점차 뜸해졌고, 결국 더 이상 오지 않게 되었다.

그렇게 여고 시절을 보낸 것 같다. 흔히들 "꿈 많던 여고 시절"이라고 말하지만, 우리는 실업계 고등학교에 다녔기에 취업을 위해 여러 자격증을 따고자 노력했던 기억이 떠오른다. 그 시절은 바쁘게 흘러갔지만, 그 속에서도 우리는 여유를 잃지 않았던 것 같다.

지금 돌아보면 그 시절 나는 정말 순수하고, 겁이 많았던 것 같다. 그 당시, 손을 잡으면 결혼을 해야 한다는 그런 분위기 속에서, 펜팔이란 새로운 경험 자체가 신기하고 설렘을 주었다. 아이들에게 그 시절 이야기를 하면, 그들은 웃으며 "엄마가 그렇게 순진한 사람이었어?"라고 한다. 그때의 내가 참 순진하고 소박했음을 알 수 있다. 오늘도 집을 나서며, 고목에 앉아 울어대는 까치를 보고 있자니, 그때의 순수한 감정들이 그리워진다. 까치가 전해 줄 소식이 무엇일까 궁금해지며, 그 시절을 떠올린다. 그때의 여고생 시절은 정말 그리운 추억이다.

이제 나는 60이 되어, 40년이 훨씬 지난 그 시절의 마음을 지금의 아이들이 이해할 수 있을까 하는 생각이 든다. 그때의 나는, 한마디에 얼굴이 빨갛게 달아오르고, 그저 순수한 마음으로 웃기도 하고, 설렘 가득한 마음으로 편지를 주고받았다. 그 순수하고 청순했던 마음이 지금 아이들에게는 그저 고리타분하고 이해하기 어려운 일일지도 모른다. 오늘날의 아이들은 빠르고 격렬한 사랑을 주고받으며, 감정이 냄비처럼 끓어오르기도 한다. 그런 사랑을 어떻게 이해할 수 있을까? 아마 그들은 그 시절의 나처럼, 한마디에 마음이 설레고, 작은 고백에 큰 의미를 두는 마음을 알기 어려울 것이다.

그럼에도 불구하고, 그때의 그 순수한 감정들이 있었기에 나는 오늘날 이렇게 추억에 잠기며 즐거운 시간을 보낼 수 있는 것 같다. 그런 시절이 있었기에, 지금도 그때의 마음을 떠올리며 미소를 지을 수 있다. 지금의 아이들이 그 마음을 알지 못한다고 해도, 그들이 살아가는 방식 또한 그 나름대로의 아름다움이 있을 테니까. 그저 나는 그때의 순수했던 마음을 간직하며, 오늘도 그 시절의 추억을 되새긴다.

애인이라 불리던 시절

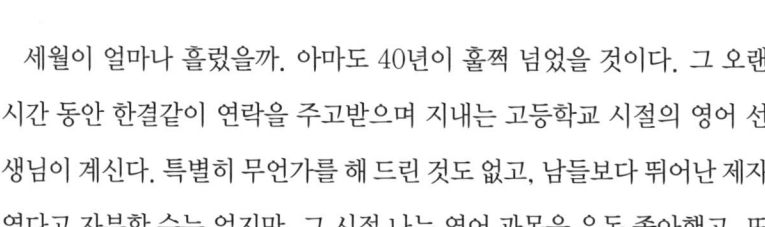

세월이 얼마나 흘렀을까. 아마도 40년이 훌쩍 넘었을 것이다. 그 오랜 시간 동안 한결같이 연락을 주고받으며 지내는 고등학교 시절의 영어 선생님이 계신다. 특별히 무언가를 해 드린 것도 없고, 남들보다 뛰어난 제자였다고 자부할 수는 없지만, 그 시절 나는 영어 과목을 유독 좋아했고, 또래 친구들보다 성적도 제법 잘 나왔기에 선생님의 눈에 띄었던 모양이다.

내 마음속 선생님은 지금도 여고 시절 교실 한 켠에서, 나지막이 영문법을 설명하시던 그 모습 그대로다. 교탁 위에 걸터앉아 웃으며 말을 건네시던 모습, 손끝에 분필 가루를 묻히고 칠판에 글을 써 내려가시던 그 손길까지 생생히 떠오른다. 세월이 흘러도 어떤 기억은 한 장의 사진처럼 마음에 또렷이 남는다.

그 시절 나는 아르바이트를 하며 학교생활을 이어 가던, 수줍고 꿈 많던 여고생이었다. 학창시절의 백미인 수학여행을 떠나던 날, 우리는 들뜬 마음으로 숙소에 도착해 저녁 식사 후 하나둘 모여들었다. 그 당시에는 커다란 방 하나에 반 친구 전원이 모여 자는 것이 일반적이었다. 좁은 공간 안에서 우리는 카세트 플레이어에 음악을 틀어 놓고, 누가 먼저랄 것도 없이 일어나 덩실덩실 춤을 추기 시작했다. 노랫소리와 웃음소리가 섞여, 밤이 새도록 이어질 것 같던 그 순간 문이 벌컥 열리며 선생님께서 들어오셨다.

담임도 아닌 영어 선생님이 갑작스레 우리 방에 나타나신 것에 모두가 놀랐고, 분위기는 일순 정적에 휩싸였다. 그런데 선생님은 익살스러운 표정으로 이렇게 말씀하셨다.

"아, 이 반에 애인이 하나 있는데, 우리 애인 좀 찾아볼까?"

순간 우리는 어리둥절했다. 누굴 두고 하시는 말씀일까? 서로의 얼굴을 바라보며 웅성이는 사이, 선생님은 내 쪽으로 성큼 다가오시더니 갑자기 손을 잡아 덩실덩실 춤을 추기 시작하셨다. 나는 그저 얼떨떨한 채로, 선생님의 손에 이끌려 어색하게 웃으며 춤을 따라 췄다. 어쩌면 그날 선생님의 갑작스런 농담 한마디와 따뜻한 손길 덕분에, 나는 마음속에 선생님을 '첫사랑'처럼 오래도록 간직하게 된 것일지도 모르겠다.

그 일 이후로 교무실에 일이 있어 들어가게 되었을 때, 다른 선생님들이 큰 소리로 "애인 왔다!" 하고 외치곤 하셨다. 선생님은 웃으시며 책상 위의 간식이나 작은 수첩을 슬며시 내 손에 쥐어 주시곤 했다. 나는 민망해하며 "왜 그러세요, 진짜." 하며 고개를 숙였지만, 마음속으로는 그 배려와 사랑이 무척이나 따뜻하고 기뻤다. 친구들 역시 시기나 질투 없이, 마치 드라마의 한 장면처럼 그 상황을 즐겼다. 그렇게 우리의 여고 시절은, 다른 반에서는 없던 특별한 장면 하나로 더욱 풍성해졌다.

졸업 후, 나는 다들 부러워할 만큼 월급도 세고 인기 많은 직장에 들어가게 되었다. 세월이 어느 정도 흐르고 어느 날, 안내실에서 전화가 왔다. 당시에는 휴대전화가 없던 시절이라, 사무실 내 유선전화를 통해 직접 연결을 받아야 했다. 수화기 너머, 익숙한 목소리가 들려왔다.

"**야! 나 인포메이션이다! 너 얼굴 좀 보고 갈 수 있을까?"

심장이 쿵 내려앉았다. 영어 선생님이었다. 말 그대로 달려 내려가 선생님을 마주했을 때, 나는 그 자리에서 울컥하고 말았다. 무슨 이산가족 상봉이라도 되는 양, 나도 모르게 눈물이 났다. 선생님은 내가 근처에 있다는 것을 떠올리고 일부러 들러 주셨다며 웃으셨다. 그 길로 근처 휴게소로 모셔 가 맛있는 음식을 대접해 드렸다. 헤어질 무렵, 나는 아쉬운 마음을 애써 감추며 말했다.

"언제든지 오세요, 선생님. 제가 항상 기다릴게요."

그 이후로도 스승의 날이면 친구들과 함께 선생님께 식사를 대접하고, 작은 선물도 챙기며 예의를 다하려 애썼다. 내 결혼식에도 기꺼이 참석해 축하를 아끼지 않으셨고, 지금까지도 명절이면 안부를 전하며 인연을 이어 가고 있다.

이제 선생님께서 연로하셔서 건강이 조금 염려되긴 하지만, 내 마음속에서는 여전히 그 시절의 "우리 애인"으로 남아 계신다. 그분 앞에서는 나 역시 여전히 교복 치마를 입고 교정 어딘가를 서성이던 열여덟 살의 소녀로 되돌아간다.

나이가 들어 함께 늙어가는 지금, "이제 우리도 다 됐다"며 목이 메인 소리를 주고받을 때도 있지만, 선생님은 영원히 내 청춘의 일부로, 나의 선생님으로 마음속에 계실 것이다. 시간이 흘러도 잊히지 않는 사람, 시간이 흐를수록 더 그리워지는 사람, 바로 그분이 내게는 그런 존재이다.

기억 속에 머무는 그분, 선생님

5월이 되면 문득 떠오르는 분이 있다. 누구에게나 한 사람쯤은, 마음 깊은 곳에 좋은 기억으로, 때로는 아쉬운 기억으로 남아 있는 스승이 있을 것이다. 내게도 그런 분이 있다. 유난히 가난하고 힘겨웠던 어린 시절, 나는 학교에 자주 가지 못했다. 집안일을 거드는 것이 더 급했기에, 자연스레 공부와는 거리가 멀어졌고, 수줍음 많은 아이로 자랐다.

그럼에도 매일같이 빠짐없이 써 내려간 일기 덕분에, 나는 가끔 칭찬을 받을 수 있었다. 어떤 선생님은 내 글씨를 보고 "참 예쁘게 쓴다"고도 하셨고, 그 말은 오랜 시간 동안 내 마음을 따뜻하게 해 주었다. 그러던 어느 날, 초등학교 6학년 시절 담임이셨던 이○○ 선생님이 내 인생에 들어오셨다.

이제 막 교대를 졸업하고 첫 부임으로 우리 학교에 오신, 젊고 잘생긴 선생님. 아이들은 그런 선생님을 한눈에 좋아했다. 그 패기와 열정은 우리를 실망시키지 않았고, 특히 남학생들에게는 "엎드려 뻗쳐!"라는 호령 아래 커다란 막대기로 엉덩이를 매질하던 강단 있는 분이셨다. 지금 생각하면, 그 열정이 아이들을 더 잘 키워 보고 싶었던 간절함에서 비롯된 것이리라.

다양한 게임을 함께 즐기며 실력을 키워 주셨고, 축구도 함께하며 제자들에게 소중한 추억을 많이 만들어 주신 분이다.

그 시절은 부모들도 "사람 되게 해 달라"며 스승에게 자식을 맡기던 때였다. 나처럼 농사일을 돕느라 자주 결석하던 아이에게도, 선생님은 따뜻한 관심을 놓지 않으셨다. 수업에 자꾸 빠지던 내가 걱정되어 우리 집을 직접 찾아오시곤 했고, 나는 그런 선생님의 모습을 멀찍이 숨어서 바라보며, '정말 멋진 분이구나' 하는 마음을 품었다. 그 따뜻함은 시간이 지나도 마음속에 켜켜이 쌓였다.

그러던 어느 날, 학교별 합창제가 열렸다. 노래에 관심은 많았지만 자격을 얻기란 쉽지 않았다. 선생님은 고민 끝에 홀수와 짝수 번호로 아이들을 나누셨고, 나는 우연히도 기회를 얻게 되었다. 의지는 있으나 가정 형편이 따라주지 못하는 내게, 선생님은 아주 작은 틈을 통해서라도 문을 열어 주시고 싶으셨던 것 아닐까. 그렇게 받은 기회 덕분에 더욱 열심히 연습했고, 합창제에서 좋은 성적도 냈다.

그림을 잘 그린다는 것도 선생님은 알아보셨다. 학교 대표로 나가는 그림 대회를 앞두고, 1차 선발에서 내가 결석했기에, 선생님은 부득이 옆 반 아이를 대신 출전시켰다. 그 아이는 1등을 했고, 그 아이에게 양해를 구하고 선생님은 나에게 학교 대표로 출전할 수 있는 뜻깊은 기회를 선물해 주셨다.

떨리는 마음으로 교무실에 불려간 나는 아무 말도 하지 못한 채 얼떨결에 고개를 끄덕였다. 그리고 한 달 뒤, 그림 도구를 챙겨 선생님과 함께 전주 다가산으로 향했다. 내게는 생애 첫 '소풍 같은 외출'이었다.

전주시 모든 학교의 아이들이 다가산에 모여, 눈앞에 펼쳐진 풍경을 그림으로 담았다. 그날은 늦가을이었다. 은행잎은 황금빛으로 물들었고, 천변 너머 고목들과 고요한 교회가 어우러져 한 폭의 수채화 같았다. 선생님은 내게 간식도 챙겨주며 "좋은 성적 안 나와도 돼, 마음껏 그려 보렴" 하고 자리를 비켜 주셨다. 나는 그 가을의 냄새와 하늘빛, 그리고 선생님의 따뜻한 말까지 모두 담아 그림을 그렸다. 대회 결과는 평범했지만, 그날의 감동은 내 인생에서 가장 특별한 순간으로 남았다.

지금도 나는 그 다가산을 자주 찾는다. 집과도 가까운 곳이지만, 그보다 더 큰 이유는 그곳에 담긴 선생님의 따뜻한 사랑이 늘 나를 불러서다. 바쁜 부모님도 미처 주지 못했던 따뜻한 관심과 애정. 나는 그 모든 것을 선생님께 받았다.

내 꿈은 교사가 되는 것이었다. 하지만 삶의 방향은 달랐고, 나는 그 길로 가지 못했다. 대신 내 작은딸이 내 꿈을 이어, 지금은 중학교에서 수학을 가르치고 있다. 나는 종종 아이에게 말한다. "약한 아이일수록 먼저 다가가서 손을 잡아 주는 선생님이 되어야 한다"고. 그러면 딸은 투덜댄다. "요즘은 아이들이 무서운 시대예요, 엄마. 함부로 말도 못 하고, 조금 챙겨 주면 다 편파라고 해요." 그 말이 현실이겠지만, 그래도 나는 꼭 당부한다. "그래도 마음만은 사랑을 듬뿍 주는 선생님이 되어야 한다"고.

내가 졸업 후 50년이 다 되어 가는 시간 동안 그 한 사람의 따뜻함을 기억하며 살아가듯, 내 딸도 누군가의 인생에 "우리 선생님 덕분에 제가 바르게 컸어요"라고 말할 수 있는 그런 스승이 되기를 간절히 바란다.

초등학교 졸업 30주년 기념행사에서, 오랜만에 뵌 선생님은 나를 보시며 웃으셨다.

"강원자! 너 성형수술했냐? 그 시커먼 촌뜨기 얼굴이 다 어디로 가고 이렇게 예뻐졌냐?"

그리고는 감격에 겨운 포옹을 해 주셨다. 그 짧은 만남이 전부였지만, 내 가슴속에는 여전히 그 사랑이 따뜻하게 남아 있다. 표현하지 못했던 감사의 마음을 이제야 글로 전한다.

 이 글을 쓰다 보니 나도 모르게 얼굴이 붉어진다. 마치 그때로 돌아가, 부끄러움을 많이 타던 몽글몽글한 마음의 소녀가 된 기분이다.

 선생님.

 내 인생의 키다리 아저씨이다.

 늘 따뜻한 눈길로 나를 바라봐 주던 그 시절이 문득 떠오른다.

 건강하게, 오래오래 행복하게 살아가셨으면 하는 마음이 자꾸 커진다.

 언젠가 용기를 내어 막걸리 한 잔 대접해 드릴 날을 조심스레 기다린다.

 그날이 오면, 말하지 못했던 고마움도 함께 따르려 한다.

 휙휙 지나가는 세월을 잠시 붙잡아 본다.

 그 안에 선생님이 계셔서, 참 다행이다.

불씨처럼 남은 노래들

며칠 전, 남편과 함께 한옥마을로 산책을 나갔다. 고즈넉한 기와지붕 아래 어디선가 익숙한 노래가 흘러나왔다. 신형원의 〈불씨〉였다.

"그 누가 나를 사랑한다고 해도… 불씨야, 불씨야 다시 피어라!"

나는 얼음땡이라도 된 듯 그 자리에 멈춰 섰고, 자동처럼 따라 부르기 시작했다. 옆에서 어이없다는 듯 바라보던 남편도 이내 조용히 따라 불렀다. 순간, 가슴 한 켠에서 오래된 감정이 되살아나는 걸 느꼈다.

고등학교 시절, 친구들과 함께 이 노래 가사를 공책에 꾹꾹 눌러 적으며 외우곤 했다. 누군가는 칠판에 써서 보여 주고, 누군가는 손 편지 끝에 한 줄쯤 덧붙여 마음을 전하기도 했다.

〈긴 머리 소녀〉, 〈밤배〉, 〈불씨〉… 얼굴 없는 가수의 노래들이 소녀였던 우리 마음을 조용히 흔들었고, 우리는 그 떨림을 함께 나누며 자라났다.

그 시절 나는 밤을 지새우며 카세트 테이프가 늘어질 때까지 팝송을 들었다. 팝송 하나를 듣고 나면, 다음 날 교실에 모여 가사 뜻을 풀이하고, 가수의 배경과 노래의 의미를 두고 수다를 떨었다.

"Love Me Tender, Let It Be, Yesterday, I Just Called to Say I Love You…"

누가 더 많이, 더 정확하게 외우고 있나 내기라도 하듯 노래 제목을 주고받으며 깔깔 웃던 그때의 우리는, 마치 공부보다 더 열심히 가사를 외우며 음악으로 세상을 배우고, 감성을 익혀 갔다.

당시는 음악 하나 들으려면 정성이 필요했다. 동네 레코드 가게에 찾아가 원하는 노래 제목을 적어 드리면, 주인아저씨는 약간의 수수료를 받고 공테이프에 노래를 녹음해 주셨다. 그렇게 손에 쥔 검은 테이프 하나는 단순한 음반이 아니었다. 그 안에는 사춘기 소녀들의 꿈과 감성, 그리고 풋풋한 우정이 고스란히 녹아 있었다.

이사를 앞두고 오래된 짐들을 정리하던 어느 날, 까맣게 손때 묻은 테이프 상자가 눈에 들어왔다. 먼지가 내려앉은 플라스틱 케이스 안에는, 젊은 날의 설렘과 울컥함이 고스란히 담겨 있었다.

이제는 놓아줄 때가 된 것도 같지만, 도무지 마음이 허락하지 않는다. 먼지를 후후 불어내며 다시 테이프를 꺼내 보는 순간, 나는 여고 시절의 나로 돌아간다.

누군가에겐 낡고 쓸모없는 물건일지 몰라도, 나에겐 시간을 거슬러 올라가는 문이다.

사람들은 나이 들수록 추억을 먹고산다고 한다. 그 말이 이제는 참 실감난다.

그 시절, 음악 속에서 울고 웃던 감성 많은 소녀는 아직도 내 안에서 조용히 살아 있다. 지금도 어딘가에서 그 노래가 들려오면, 나는 다시 열일곱의 내가 되어, 눈을 감고 조용히 따라 부르게 된다.

아직도 나는 아이들이 듣던 동요 테이프며 영어 공부용 카세트를 버리지 못한 채 서랍 속에 고이 간직하고 있다. 언젠가 그 특유의 잡음 섞인 음성이 그리워질까 봐, 다시 한번 듣고 싶어질까 봐.

아마 나는 그 작은 사각 테이프 속에 담긴 감성과 기억을, 완전히 놓고 싶지 않았던 모양이다.

버튼 하나만 누르면 음악이 쏟아지고, 온갖 정보가 손끝에서 흐르는 지금 이 시대에도, 아날로그의 기억은 여전히 따뜻하다.

옛것이 결코 모두 낡은 것은 아니다. 그 시절 나를 키워 준 노래들은, 지금도 내 마음속에서 꺼지지 않는 작은 불씨로 남아 있다.

늘 틀어 놓던 팝송 카세트 덕분일까. 큰아이는 자연스레 음악에 흥미를 갖게 되었고, 그 관심은 영어로 이어져 결국 영문과에 진학했다.

가끔 아이는 웃으며 말한다.

"엄마가 그때 트로트를 틀어 줬으면, 나 트로트 가수 됐을지도 몰라요!"

그 말에 우리는 한바탕 웃음을 터뜨린다.

그렇게 음악은, 내 삶에도, 아이의 삶에도 조용한 불씨처럼 이어지고 있다.

그때, 과대표 선거와 순수한 경쟁

스무 살이 조금 넘었을 무렵, 나는 야간대학에 다녔다. 고등학교 졸업 후 곧장 사회로 나가 낮엔 일하고 밤엔 공부하는 삶을 택했다. 고단했지만 간절했기에, 그 시간들은 무엇과도 바꿀 수 없는 소중한 기억으로 남아 있다.

당시 함께 공부하던 친구들은 나이도, 형편도, 살아온 길도 제각각이었다. 모두가 낮엔 땀 흘려 일하고 밤엔 강의실에 앉아 졸음을 견디며 책을 넘겼다. 지금 돌아보면 그 시절의 우리에겐 서로를 북돋아 주는 따뜻한 온기가 있었다. 말없이 커피를 내밀어 주던 손, 막차가 끊겨 함께 걸어가던 발걸음, 그 모든 순간이 한 장면처럼 떠오른다.

2학년이 되던 첫날, 담임 교수님이 과대표를 뽑자고 했다. 나는 조용히 도우며 지내리라 마음먹고 있었기에 전혀 생각지 못한 일이었다. 그런데 뜻밖에도 내 이름이 불렸다. 당황스러웠지만 마음 한편에서 '책임이 주어진다면 잘해 보자'는 다짐이 피어올랐다.

곧 다른 한 친구도 후보로 추천되었다. 우리는 서로에게 양보하며 "저 친구가 더 낫다"고 어색하게 웃었다. 그러나 결국 거수투표로 결정하게 되었고, 나는 기호 1번, 그 친구는 기호 2번이 되었다.

먼저 그 친구에 대한 찬반 투표가 시작되었다. 나를 포함한 대다수가 손을 들었다. 그리고 곧 내 차례가 되었다. 그런데 정작 그 친구는 손을 들지 않았다. 결과는 24 대 23. 단 한 표 차이로 나는 떨어졌다. 그 순간 마음속에서 '내가 손을 들지 않았다면…' 하는 후회가 스쳤지만, 겉으론 씩 웃으며 축하의 인사를 건넸다.

그날의 일은 오래도록 마음에 남았다. 졸업 후 동기들과 모일 때면 빠지지 않고 회자되는 이야기다. "그냥 가만히 있었으면 네가 됐잖아!"라며 친구들은 웃지만, 나는 그때의 내 선택을 후회하지 않는다. 왜냐하면 그 한 장면 속에는 내가 처음으로 '공정함'이라는 가치를 삶 속에서 마주한 순간이 담겨 있기 때문이다.

그때의 나는 비록 졌지만, 떳떳했다. 어른들의 선거처럼 서로를 깎아내리거나, 표를 얻기 위해 누군가를 비방하지 않았다. 우리가 보여 준 것은 그저 순수하고 정직한 경쟁이었다. 찬반은 자유였고, 결과는 담담히 받아들였다. 지금도 그날의 한 표 차이는 내 안에서 어떤 자긍심으로 남아 있다.

요즘은 '선거'라는 단어만 들어도 피로감이 먼저 밀려온다. 어린이회장 선거부터 온갖 흑색선전과 편 가르기가 일상화되어 있고, 진심보다는 전략이 우선인 세상 같다. 그래서일까. 나는 그 시절 그 작은 선거가 자꾸만 그리워진다. 손을 들 때의 떨림, 선택에 대한 책임, 그리고 결과 앞에서의 씩씩한 수용. 지금도 그 마음이 누군가에겐 꼭 필요하다고 믿는다.

그때 내가 품었던 조용한 용기, 단 한 표 차이에도 흔들리지 않으려 했던 자세, 그것이야말로 오늘날 가장 절실히 필요한 태도 아닐까. 어쩌면 삶이란, 거창한 자리나 성취보다도 그런 작고 소박한 선택의 순간들로 빛나는 것이 아닐까.

세월이 많이 흘렀다. 이제는 내 아이들이 투표를 하고, 어떤 선택 앞에 설 나이가 되었다. 나는 종종 그들에게 말해 준다. "너의 선택이 작아 보여도, 그 안에는 너의 사람이 담겨 있어야 한다"고. 마음을 다해 고른다는 것, 결과에 승복한다는 것, 그리고 그 모든 과정을 통해 조금 더 단단해진다는 것. 그것이 진짜 공부라고.

그때, 그 한 표 차이로 나는 졌지만, 인생이라는 긴 수업에서 가장 값진 교훈을 얻었다. 순수했던 경쟁의 순간이, 지금의 나를 만든 셈이다. 앞으로도 내 안의 그 작은 떳떳함을 잃지 않고 살아가고 싶다. 누군가에게는 하찮은 일일지 모르지만, 내게는 여전히 가슴 뜨거운 추억이니까.

폭설이 내린 날의 기억

밤새 하얗게 눈이 내렸다.

눈꽃이 춤추듯 내려 내 입술이 저절로 벌어졌다. 아마 올겨울 가장 많은 폭설일 것이다. 우리 아파트는 산으로 둘러싸여 있고, 베란다 너머로 보이는 고목에는 눈이 소복이 쌓여 나를 압도한다. 겨울이 추운 산속 집이지만, 이렇게 아름다운 설경을 매일 즐길 수 있어 행복하다. 찻잔을 들며, 우리 마음도 이렇게 하얗다면 얼마나 좋을까, 혼잣말로 묻는다.

오늘은 평생교육원에서 겨울 특강으로 수필문예 창작반 첫 수업을 받기 위해 집을 나섰다. 두려움과 설렘이 섞인 마음으로 발을 내디뎠다. 밖에 나가니 눈이 엄청나게 내렸고, 추워서 바닥이 꽁꽁 얼어 있었다. 발을 내디딜 때마다 넘어지지 않으려 애썼다. "왜 하필 오늘 이렇게 눈이 많이 오는 걸까? 참석자가 얼마나 될지 궁금하다." 자문하며 큰길로 조심스럽게 걸었다. 나이 60을 넘긴 지금, 넘어져 뼈라도 금이 가면 치명적이라는 걸 알기에 더 신중하고 천천히 걷는다.

문득, 40년 전의 일이 떠오른다.

실업계 고등학교를 갓 졸업하고 원하던 직장에 취업해 며칠 동안 열심히 일찍 출근하고, 책상도 닦고 컵도 씻어 놓으며 새내기 역할을 충실히 하던 때였다. 우리 집은 전주 외곽에 있어 시내라고 할 수 없는 완전한

촌구석이었다. 새벽에 일어나 일찍 출근하려 아침도 굶고 집을 나서던 시절이었다. 그날도 일어나 밖의 동향을 살피니, 흰 눈이 밤새 얼마나 내렸는지 대문이 보이지 않을 정도로 내 키만큼 눈이 쌓여 있었다.

후다닥 출근 준비를 마치고 다른 때보다 일찍 집을 나서 버스 정류장에 다다랐다. 그런데 사람도, 버스도 보이지 않았다. 대설 작업이 제대로 이루어지지 않아서 도로와 인도가 구분이 안 될 정도로 눈이 쌓여 있었고, 버스도 다 멈춰 있었다. 택시가 자주 다니지 않는 시골 지역인데, 그날은 특히 택시를 만날 확률이 아예 없을 것 같았다. 순간 두려움과 출근해야 한다는 결연한 의지로 발을 동동 구르며 기다렸다. 그 순간, 저 멀리서 큰 트럭이 보였다.

어디서 그런 용기가 났을까? 손을 번쩍 들자 차가 천천히 멈췄다. 워낙 차체가 높아 힘겹게 까치발을 들어 올리고 절박한 모습으로, 지푸라기라도 잡으려는 마음으로 소리쳐야만 기사 아저씨가 들을 수 있었다.

"왜 그러시오?"

트럭 기사 아저씨가 물었다.

"저… 죄송한데 혹시 **병원 쪽 안 가시나요?"

내가 대답했다. 한참을 생각에 잠기더니,

"그럼 빨리 타시오!"

마음씨 좋은 아저씨가 대답해 주었다.

"아이! 감사해요! 정말 고마워요!"

혹시 아저씨가 마음이 변하여 그냥 떠날까 봐 서둘러 비틀거리며 겨우 기사 옆자리에 앉았다.

한 시간가량을 함께 낯선 사람과 동승하는 것이 무섭지 않았다. 그러나 출근 시간이 늦어질까 봐 전전긍긍했던 그때 생각에 지금도 가슴이 쫄깃쫄깃하다. 직장 앞에 다다를 즈음, 아저씨가 한 말이 아직도 선명하게 가슴에 남아 있다.

"아가씨! 앞으로는 아무리 급해도 이런 트럭 같은 것은 세워서 타지 마세요."

낮은 목소리로 조심스럽게 얘기하는 아저씨.

"어? 왜요? 같은 방향이면 타고 갈 수 있는 거 아니에요?" 되물었다.

"허허! 이 아가씨가 요새 세상을 모르는구만! 내가 그냥 태워서 어디로 끌고 가면 어쩌려고 그래요? 아무튼 앞으로는 이런 행동하시면 안 됩니다."

그렇게 얘기하던 중, 직장 문 앞에 다다르자 안심이 되었다.

"아! 그래요? 앞으로는 이런 일 없도록 주의할게요. 그리고 정말 너무 고맙습니다!" 대답하며, 후다닥 직장 안으로 재빠르게 들어갔다.

후우, 그래도 잘 도착했구나. 지각은 면했어… 그런 마음으로 사무실 문을 열고 들어갔다. 아뿔싸! 이게 웬일일까? 아니면 어쩌면 이미 정해진 일일지도 모른다.

컴컴하게 불이 꺼진 사무실에 동료도 선배도 아무도 보이지 않았다. "오늘 쉬는 날인가? 아니면 눈이 많이 와서 다들 못 오셨나?" 싶어, 걸레로 책상을 닦고 전날 사용한 컵도 씻어 놓고 물도 데워 놓으며 막내 역할을 톡톡히 하며 직원들의 출근을 기다리고 있었다.

8시 출근 시간이었는데, 9시가 되고 10시가 넘어도 다들 나타나지 않았다. 그때만 해도 출근 펀치를 찍어야만 출퇴근 처리가 되는 기계가 있었다. 나만 제시간에 도착했으니, 9시에 출근한 직원도 있었고, 어떤 직원은 버스가 다니지 않아 집에서부터 걸어왔다고 했다. 일부는 아예 출근을 못 하고 전화를 걸어 출근을 포기한 직원도 있었다.

직원들에게 아침에 있었던 일을 얘기하니, 다들 하나같이 "간덩이가 부었네. 어떻게 그런 생각을 하고 무식하게 올 수가 있냐"고 야단을 맞았다. 그때 한참 유행처럼 봉고차가 길 가던 학생이나 연약한 여자들을 태워 유흥업소에 팔아넘기는 일이 많았다.

내 행동이 얼마나 무모하고 생각 없이 비춰질 수 있겠다는 생각을 나중에야 알게 되었다. 속으로 흥! 이 사람들은 어떻게든 출근 시간 맞추려고 열심히 달려온 나에게 칭찬을 해 주지 않으면서 왜 이렇게 나무랄 수가 있지? 내심 서운했지만, 바로 나를 걱정해 주는 말이었다는 걸 깨달았다.

그래도 출근해서 정상적으로 일을 했으니 망정이지, 하루 종일 오지 않는 버스를 기다리며 노심초사했던 생각을 하면 나의 용감함과 결단력에 박수를 보내고 싶다. 물론 그다음부터는 어떤 상황이 와도 절대 잘 모르는 차에 타지 않기로 다짐했다. 어린 마음과 순수했던 마음은 이제 세월과 함께 퇴색해 가고 있지만, 그때의 마음은 아직도 아쉬운 마음을 남긴다.

그때 그 아저씨를 떠올리면, 그가 내게 준 중요한 교훈을 잊을 수 없다. 그때, 그는 나를 태우면서 "이렇게 무작정 차를 타지 말라"고 경고했다. 그 말이 단순한 충고에 그치지 않고, 나의 삶에 큰 영향을 미쳤다는 것을 깨달았다.

그렇게 트럭 아저씨의 말은 나에게 큰 깨달음을 주었다. 나를 걱정하는 마음에서 나온 그 말은, 더 넓은 의미를 담고 있었다. 서로 믿고 응원하며 살아가는 세상이라면 더 나은 내일을 만들어 갈 수 있다는 그의 생각은 내 마음에 깊이 새겨졌다. 그 말 덕분에 나는 오늘도 나 자신을 돌아보며, 주변 사람들과 함께 살아가는 법을 배우고 있다.

또한, 그 아저씨는 내게 큰 교훈을 주셨다. 그가 보여 준 배려는 단순한 친절을 넘어서, 지금까지도 내 삶의 중요한 지침이 되고 있다. 그때의 만남을 통해 나는 '함께 살아간다'는 의미를 깊이 깨달았다. 세상은 혼자가 아니라 서로 돕고 배려하며 살아가야 한다는 가르침을 나는 여전히 마음속에 간직하고 있다.

그 아저씨의 얼굴은 선명히 기억나지 않지만, 그가 남긴 따뜻한 기억은 여전히 내 삶을 살아가는 힘이 된다. 그날의 만남은 내 삶에서 중요한 부분이 되었고, 나는 매일매일 다른 사람들과 더 잘 살아가기 위해 노력하고 있다. 비록 그때의 행동이 무모할 수도 있었지만, 그 기억은 지금도 좋은 추억으로 남아 있다. 언젠가 그 아저씨를 다시 만날 수 있다면, 그의 배려와 가르침에 감사의 마음을 전하고 싶다.

누군가가 내게 손을 내밀어 주지 않더라도, 내가 먼저 손을 내밀어 다른 사람에게 다가가고, 함께 손을 맞잡고 나아갈 수 있다면 그 무엇보다 더 큰 행복이 아닐까 생각해 본다. 우리가 서로의 마음을 나누고, 내가 먼저 도우려는 마음을 갖는다면, 이 세상은 조금 더 따뜻하고 사랑이 넘치는 곳이 될 것이다.

오늘은 유난히 그 아저씨가 생각난다. 제대로 감사 인사를 드리지 못한 채 급히 내렸던 그때의 나를 떠올리며, 나는 스스로를 책망했다. 그 순간, 나는 너무 급하게 움직였고, 그에 비해 내 마음은 차분하지 못했다. 감사의 마음은 있었지만, 그것을 전할 여유도 없이 서둘러 내리게 되었다는 사실이 아쉬움으로 남았다. 나를 이해해 줄 사람도 있을지 모르지만, 그때의 부족했던 예의가 마음속 깊이 남아, 여전히 자신을 돌아보게 만든다.

혹시 그분을 만나게 되면, 남부시장에서 김이 펄펄 나는 순대와 막걸리 한 잔 대접하고 싶다. 어딘가에서 행복하게 노년을 보내고 계실 그분께 신의 축복이 있기를 염원해 본다.

"아저씨! 건강하게 오래오래 사세요!"

내일도 뵈었으면

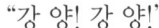

"강 양! 강 양!"

창구 저쪽에서 익숙한 목소리가 들린다. 가슴이 철렁하면서도, 반가움이 스친다. 진통이 와서 숨도 고르지 못하는 그 얼굴을 보면, 새삼 내 일상의 작은 움직임이 누군가에게는 삶의 마디마디를 버텨 내는 의지가 된다는 걸 깨닫는다.

나는 종합병원 원무과, 그중에서도 보훈전용 창구에 근무한 지 어느덧 십수 년이 되었다. 매일같이 출근해 업무용 컴퓨터를 켜고 서류를 정리하고 있으면, 문이 열리고 휠체어에 몸을 싣거나 목발에 의지한 어르신들이 하나둘 오신다. 대부분 6·25 전쟁과 월남전에 참전했던 분들이다. 서류에 적힌 이름과 주민등록번호 뒤에 놓인 삶의 무게를, 나는 다 알 수 없지만 늘 느낀다.

그분들 중에는 주사 없이는 단 하룻밤도 편히 잠들지 못하는 분들이 많다. 밤마다 다리를 에는 통증이 찾아와, 아픔에 눈물짓고 새벽녘이 되어서야 겨우 잠드신다고 한다. 그렇게 지독한 고통 속에서, 매일같이 창구에 와서 "빨리 해 줘, 진통이 와 죽을 것 같아…"라며 이마에 송골송골 맺힌 땀을 훔치시는 모습이 내 마음을 쿡쿡 찌른다.

나는 늘 가능한 한 빠르게 계산을 마치고 접수증을 쥐어 드린다. 기다리시는 줄이 길면 다른 환자분들께 양해를 구하고, 조금이라도 더 빨리 치료를 받으실 수 있도록 한다. 이 작은 배려가, 고통으로 겨우 지탱하는 분들께 작은 숨통이 되기를 바라면서.

어느 날, 늘 이틀에 한 번씩 꼬박꼬박 오시던 김 모 할아버지가 며칠째 모습을 보이지 않으셨다. 설마 하는 마음에 동료와 서로 얼굴을 쳐다보다, 걱정이 커져 결국 집에 전화를 걸었다. 받으신 가족분이 담담하게 말했다. "이틀 전에 돌아가셨습니다. 장례 중입니다." 수화기를 내려놓고 한참을 멍하니 앉아 있었다. 그날따라 유독 서류에 적힌 할아버지의 서툰 사인이 자꾸 눈에 아른거렸다.

이런 순간들은 매해 반복된다. 처음에는 놀라고, 슬펐고, 한동안 마음이 허전했다. 그런데 시간이 흐르고 나이가 들어가면서, 이제는 그 빈자리를 담담히 받아들이게 된다. 하지만 익숙해지지는 않는다. 여전히 아리고, 허전하다.

가장 오래 기억에 남는 분이 있다. 이십 년을 넘게, 친아버지처럼 지내며 서로를 의지했던 분이다. 타지에 사는 자녀들은 바빠서 자주 오지 못했기에, 병원에 오시면 유독 내게 많은 이야기를 나누곤 하셨다. 어린 시절 전쟁터에서 보낸 이야기, 그 시절 잃어버린 동료들, 그리고 퇴역 후 늘 이어진 후유증. 이따금 내 손을 꼭 붙잡으며, "나는 네가 있어 외롭지 않다." 하시던 그 말이 어쩐지 아직도 내 귀에 맴돈다.

결국 마지막엔 중환자실에 누워 자녀를 기다리다 임종을 맞으셨다. 그대로 보내 드리기 아쉬워, 삼 일 내내 검은 상복을 입고 상주 자리를 지켰다. "이분은 제 아버지 같습니다." 그렇게 작은 목소리로 이야기하며, 마음을 다해 마지막 인사를 드렸다.

언젠가부터 나는 이 일을 '행정'으로만 생각할 수 없게 됐다. 종이 위에 적힌 이름과 숫자는 그분들의 고통과 삶의 무게, 그리고 고마움의 증명서 같았다. 창구 앞에 오시는 모습 하나하나가 소중했고, "강 양!" 하고 불러 주시는 그 목소리가 나를 더 단단하게 만들었다.

요즘은 점점 오시는 분들이 줄어든다. "우리나라 위해 싸우다 다리 한쪽을 잃은 분이 또 돌아가셨대." "어제까지도 멀쩡히 다녀가셨는데…" 그런 이야기를 나누며 서로 한숨을 쉬는 일도 많아졌다.

창구에 앉아 문득 생각한다. 지금도 살아 계신 분들은 그날의 전쟁을 여전히 몸에 새기고 산다. 살기 위해 매일 병원을 찾고, 고통과 싸우며, 그 지난 세월을 꿋꿋이 견뎌 오셨다. "우리의 땅을, 우리의 삶을 지켜라." 그분들이 젊은 시절 서로에게 외쳤을 그 말을, 나도 가슴에 새긴다.

아마도 언젠가는 이 창구가 더 이상 필요 없는 날이 올 것이다. 하지만 그때까지는, 내가 할 수 있는 일은 오직 한 가지뿐이다. 한 분 한 분의 아픔에 진심을 다하고, 외롭지 않게 곁에 있어 드리는 것. 그리고 매일 같은 기도를 하는 것이다.

내일도 뵈었으면.

아무 일 없이, 오늘처럼 건강하게, 익숙한 그 목소리로 나를 불러 주시면 좋겠다.

"강 양! 강 양!"

그 부르는 소리에 두 팔을 쭉 뻗어 접수증을 내밀 때마다, 나는 마음 속으로 다짐한다. 당신들이 지켜 낸 이 땅에서, 당신이 조금 더 평안하기를. 그리고 그 고귀한 삶을, 절대로 잊지 않겠다고.

지금은 병원을 떠나 퇴직한 지 오래되었지만, 문득 그분들의 얼굴이 떠오른다. 고통 속에서도 웃음을 잃지 않으시던 모습, 작은 친절 하나에도 크게 고마워하시던 마음씨가 자주 생각난다. 돌이켜보면 그 사소한 배려와 인사가 우리 사이를 한층 더 깊고 따뜻하게 만들어 주었다.

그 순간들은 시간이 흘러도 쉽게 잊히지 않는 마음의 풍경으로 남아있다.

바다의 숨결, 친구의 삶

몇 년 전, 불친절한 암 투병으로 병가를 내고 집에서 쉬고 있던 시절이었다. 그러던 중, 군산에 사는 오랜 여고 동창인 친구가 연락을 해 왔다. "바닷바람도 쐬고 기분 전환하자, 초대할게"라던 그녀의 말에 즐겁고 가벼운 마음으로 군산으로 떠나게 되었다. 몇 년 만에 만나는 친구였기에 그동안의 이야기로 가득할 거라 기대했지만, 그녀의 모습은 예상치 못한 충격을 안겨 줬다.

군산에 도착해 어렵게 찾은 친구의 집 앞, 그 친구는 검정 고무 앞치마를 두르고, 낯선 장화를 신고 생선을 팔고 있었다. 예전엔 미스 대회에 나갈 정도로 예쁘고 칭찬을 받던 친구가, 이제는 생선 가게에서 손님을 맞이하고 있었던 것이다.

"군산에서만 나오는 박대예요! 어디서도 이런 맛을 맛보지 못하니 사세요!"라는 그녀의 외침에 우리는 놀라 입이 벌어졌다. 조용했던 그녀가 생선 한 마리라도 더 팔려고 애쓰는 모습이 안타깝게 다가왔.

그녀는 손님들에게서 눈을 떼지 않으며 가게 안으로 우리를 안내했다.

"어머! 얘들아, 어서 와라! 내가 이렇게 살고 있어!" 그녀는 바쁘게 장사를 하며 우리를 맞이했고, 우리는 그 모습에 말없이 서서 그 광경을 지켜볼 수밖에 없었다. 얼마 후, 그녀의 남편이 피곤한 듯 추레한 모습으로 나타났다. 우리는 어색하게 인사를 건네며, 잠시 방해가 되지 않을까 걱정했다. 하지만 친구의 남편은 호탕하게 웃으며,

"당신! 친구들이랑 맛있는 거 사 먹고 와! 여기는 걱정 말고 구경하다 오세요!"라고 말했다. 친구는 남편에게 "장사 제대로 하고 있어요! 내가 오랜만에 친구들과 시간을 보내고 올 테니까요!"라고 주의를 주듯 말했다. 남편은 빨리 우리를 밖으로 보내려고 했다.

그렇게 우리는 친구의 안내로 군산에서 조금 떨어진 새만금 방조제로 향했다. 가까운 곳에도 구경할 곳은 많지만, 아마도 친구도 바람을 쐬고 싶었던 모양이었다. 차로 달리는 동안, 창문을 열고 바다의 시원한 바람을 마음껏 만끽했다. 친구가 말했다.

"가끔 답답할 때면 여길 찾곤 해. 혼자 와서 바닷바람을 실컷 쐬면 스트레스가 풀려." 그 말엔 뭔가 복잡한 감정이 묻어 있었다.

새만금 방조제는 상상을 초월할 만큼 길고 웅장했다. 전북 군산시와 익산시 일대에 위치한 이 방조제는 총 길이가 약 33.9킬로미터로, 세계에서 가장 긴 방조제 중 하나라고 한다. 그 규모를 보고 놀라지 않을 수 없었다. 친구는 방조제의 개발에 대한 이야기도 덧붙였다. "이 지역의 간척지는 여러 개발 프로젝트의 일환으로 산업단지, 농업지, 관광지 등이 포함되어 있지만, 그만큼 환경 파괴와 생태계 변화에 대한 논란도 많아. 그래도 긍정적인 부분이 많다고 믿고 있어."

친구의 인생은 전혀 예상치 못한 방향으로 흘러갔다. 고등학교를 졸업하자마자 남편을 만나 결혼하고, 시댁으로부터 남편이 물려받은 배를 타고 바다로 나가 물고기를 잡아 오게 되었다. 군산에서 잡히는 주요 어종으로는 조기, 멸치, 오징어, 대구, 갈치, 고등어 등이 있다. 특히 군산은

멸치와 오징어의 어획량이 많아, 군산항은 어선들이 자주 모이는 곳이다. 친구는 남편과 함께 잡은 해산물을 팔며 생계를 이어 갔다.

"나도 이렇게 살 줄 몰랐어. 집에서 조용히 살림할 줄 알았지, 이렇게 장사를 할 줄은 몰랐어." 친구는 그렇게 속으로 한숨을 내쉬며 말했다.

우리는 그 말을 들으며 조용히 응원했다. "직업에 귀천이 어디 있겠냐. 네가 정직하고 성실하게 살아가는 모습이 좋아." 우리는 그런 친구를 응원하며 마음을 다잡았다. 하루하루 힘겹게 살아가는 친구를 보며, 나는 내 암 투병이 그저 사치에 불과하다는 사실을 깨닫게 되었다.

친구가 추천한 복엇집에서 복지리를 먹으며, 우린 마음을 풀었다. 복어의 부드러운 살과 시원한 국물이 조화를 이루어 긴장한 마음을 풀어 주었다. 식사를 마친 후, 우리는 함께 바닷가를 거닐며 이런저런 이야기를 나눴다. 그동안 그녀의 삶에 대한 이야기를 들으며, 마음이 짠해졌다. 특히 명절에도 쉴 틈 없이 일하는 그녀의 모습을 보며, 우리는 그저 안쓰럽고 고마운 마음이 들었다.

그리고 몇 달 후. 청천벽력 같은 소식을 들었다. 친구의 남편이 갑작스러운 병으로 사망했다는 소식이었다. 그 소식을 듣고 우리는 한걸음에 달려갔고, 친구를 말없이 안아 주었다. 어린 자녀 둘을 두고 떠난 남편을 원망하기보다, 고생만 하다 간 남편을 불쌍히 여기며 장례 내내 울고 있는 친구를 위로했다. 그렇게 친구의 남편은 바다를 뒤로한 채, 먼 곳으로 떠났다. 그 바다는 그의 삶의 일부였고, 그가 떠난 자리에는 고요한 바다만이 남아 있었고, 친구는 그곳에서 그가 남긴 흔적들을 마음속에 간직한 채 살아갈 것이다.

그로부터 몇 날이 지나, 친구에게서 연락이 왔다. 바다에 나가 고기를 잡아다 줄 사람이 더 이상 없으니, 그동안 이어 왔던 가게를 접고 새로운 일을 시작해 보려 한다는 소식이었다. 그녀의 말에는 더 이상 목소리에서 힘이 느껴지지 않았다. 그동안 힘들게 살아온 그녀의 고백이 내 마음을 먹먹하게 했다.

친구는 가게를 정리하며 마지막으로 보내고 싶은 마음이 크다며 박대와 여러 종류의 생선을 포장해 아이스박스에 담아 소포로 보내 왔다. 그 생선들을 받아 들었을 때, 내 가슴이 쿵 하고 내려앉는 느낌이었다. 그 생선들 속에는 친구의 손때와, 그녀가 쌓아 온 시간이 그대로 담겨 있었다.

나는 한참을 소포 꾸러미를 말없이 쳐다보았다. 그 생선들이 어떻게 내 입에 들어갈 수 있을까? 그것이 그저 생선에 불과할 리 없다는 걸 알고 있었기에, 눈물이 절로 흘러내렸다. 친구의 손길이 묻어 있는 이 생선들, 그녀의 온기가 아직 남아 있는 그 물건들을 어떻게 먹어야 할까?

겨우 감정을 추스르고 전화를 걸었다. "잘 받았어. 고마워." 하지만 목소리는 떨리고, 말은 잘 나오지 않았다. 그동안 얼마나 힘들었을까, 마음이 아파 왔다. 친구는 한숨을 내쉬며 말했다.

"어디에서 무엇을 하든, 그저 건강하게 오래오래 보자. 서로 힘내자, 응원할게." 나보다 앞서 그 말에 내가 또 울음을 삼켰다. 말로는 담담하게 보였지만, 내 마음은 그 말 한마디에 무너져 내렸다.

그렇게 우리는 각자의 삶을 잘 살아가기로 했다. 그 친구는 지금도 묵묵히, 자녀들과 함께 살아가고 있다. 세상은 항상 예상치 못한 방향으로 흐르지만, 그 친구의 삶을 보며 나는 다시 한번 마음을 다잡았다. 그리고 지금도 가끔 그 친구가 보내준 생선을 떠올리며, 그 작은 선물 속에 담긴 큰 사랑을 마음 깊이 새기고 있다.

몇 개월이 지난 후, 우리는 서로의 건강과 행복을 기원하며 다시 연락을 주고받았다. 친구는 이제 마트에서 일하며 자녀들을 키우고 있다. 혼자서 어렵고 힘든 일이지만, 그녀는 씩씩하게 그 길을 살아가고 있다. 친구의 삶을 보며 나는 내 암 투병이 작은 고통에 불과하다는 것을 깨닫고, 더 열심히 살아가야겠다고 다짐했다.

오랜만에 만난 그 친구의 또 다른 말이 마음 깊이 파고들었다. "남편 체취가 있는 이 고장을 떠나 다른 곳으로 갈 수가 없다"는 말이 먹먹하게 들렸다. 그 말속에서 묻어나는 감정은 단순히 고향에 대한 애착이 아니었다. 한 사람에 대한 사랑, 그리고 그 사랑을 담고 있는 모든 기억들이 그곳에 고스란히 남아 있음을 느꼈다. 어쩌면 그것은, 시간이 흘러도 잊을 수 없는 마지막 남편에 대한 애틋한 마음일지도 모른다. 나는 그녀의 말을 듣고 나서, 잠시 침묵을 지켰다. 그리고 조용히 그녀의 손을 잡으며, "잘했어"라고 말해 주었다. 그 순간, 그녀의 마음속에서 사랑이 얼마나 깊고 강한지, 그리고 그것이 어떤 형태로든 그녀를 이끌고 있다는 것을 나는 느낄 수 있었다.

어느 날, 지나간 시간을 되돌아보며 웃을 날을 기다린다. 바다의 숨결이 가득한 군산에서, 그 친구와의 만남은 내 삶에 큰 의미를 남겼다.

언젠가는 이 시간도 그리움이 되리라

1985년 이른 봄, 전북의 한 종합병원에 입사하며 나의 사회생활이 시작되었다. 작은 시골 마을에서 상경한 나는, 실업계를 겨우 졸업하고 세상 앞에 서 있었다. 특별히 뛰어난 재능도, 넉넉한 형편도 아니었지만 수십 명의 경쟁자를 뚫고 병원 원장 비서실에 임시직으로 들어가게 되었고, 그 순간만큼은 세상이 내 편인 듯 기뻤다. 아버지는 동네 사람들에게 "우리 딸이 병원 원장실에서 일한다"며 자랑을 아끼지 않으셨고, 그 말은 부끄럽지만 나를 뿌듯하게 만들었다.

첫 출근 날의 긴장감은 아직도 잊을 수 없다. 정식 자리를 얻기 위해선 근무태도와 성실함을 인정받아 다시 시험을 치러야 했기에, 누구보다 부지런해야겠다는 다짐으로 매일 한 시간 먼저 출근했다. 책상을 닦고, 물을 끓이고, 하루를 준비하며 보낸 시간들이 쌓이자 선배들도 하나둘 나를 '예쁜 막내'로 불러 주었다.

시간이 흘러 정규직으로 채용되었고, 직장 내에서 책임을 맡으며 열심히 일했다. 하지만 나중에야 알게 되었다. 책임감이 오히려 오만으로 흐를 수 있다는 사실을. 완벽을 추구하며 직원들에게 지나치게 엄격했던 시간들. 나 역시 사람인지라 스트레스에 지쳐 갔고, 어느새 몸과 마음은 한계에 다다르고 있었다. 남편이 "적당히 하라"고 타이르던 그날, 나는 비로소 내 안의 강박을 인정하게 되었다. 매일 남보다 먼저 출근하고, 내 일처럼 모든 걸 챙기려 했던 그 마음이 결국 나를 갉아먹고 있었던 것이다.

돌이켜보면, 일개 책임자의 자리에서 때로는 나의 엄격함이 동료들에게 상처가 되었음을 부인할 수 없다. 이 글을 빌려 그 시절 마음의 짐을 남긴 모든 이들에게 조심스레 용서를 구하고 싶다.

세월이 흐르며 세대도, 일하는 방식도 달라졌다. 상사가 퇴근할 때까지 기다리는 시대에서, 퇴근 시간에 정확히 퇴근하는 시대가 되었다. 나는 그사이에 중간 세대가 되어 버렸다. 한때는 후배들에게 '꼰대'가 아닌가 자책했지만, 지금은 그 변화조차 이해하려 노력한다. 우리는 윗세대의 눈치를 보며 자랐고, 이제는 아랫세대의 당당함을 배워야 할 때가 된 것이다.

내가 근무하던 병원은 도내에서도 손꼽히는 규모여서, 새벽부터 먼 타지에서 환자들이 몰려들었다. 원무과 창구 앞엔 이른 새벽부터 긴 줄이 늘어섰고, 화장실에 가는 시간조차 아껴야 했다. 점심 한 끼를 온전히 먹기도 어려워, 몇 숟갈 뜨다 말고 자리로 돌아오곤 했다. 하지만 그 시간들은 내게 고단함보다는 자부심으로 남았다. 모두가 건강을 위해 병원을 찾는 그 절박한 마음을 알기에, 나 역시 정성과 책임을 다해 응답해야 했다.

가장 기억에 남는 건, 이름도 모르는 환자 보호자들이 창구 너머로 건네준 따뜻한 정이다. 고구마 한 자루, 비닐에 담긴 갓 딴 채소, 때론 손편지와 쌀 한 가마니까지. 내 작은 친절에 대한 그들의 답례는 그 어떤 성과보다 감동적이었다. 그 인연은 세월이 흘러도 이어졌다. 한 분은 매해 쌀을 보내 주셨고, 어느 해인가 소식이 끊겨 안부 전화를 드렸더니 남편이 돌아가셨다는 말을 들었다. 나는 망설임 없이 달려갔다. 슬픔을 함께 울며 나누었던 그날, 사람 사이의 정이 얼마나 깊은 것인지를 새삼 깨달았다.

당시 형편은 넉넉지 않았지만, 첫아이를 낳은 뒤 어렵게 병원 근처에 아파트를 마련했고, 그때서야 비로소 우리의 신혼이 시작된 듯했다. 나는 이따금씩 점심시간에 집으로 동료들을 초대해 불고기와 육개장, 김밥과 비빔국수를 함께 나눠 먹었다. 퇴근길에 들른 후배에게 허둥지둥 냉장고를 열어 국 한 그릇 내어 주던 그 기억은 지금도 마음을 따뜻하게 한다. 그렇게 함께한 소소한 순간들이 지금도 내 가슴 속에 가장 선명하게 남아 있다.

이후 나는 자재관리과 자산관리팀장이라는 중책을 맡아 병원의 자산을 총괄하는 업무를 하게 되었다. 병원 전체 자산을 관리하고, 물품 입출고와 관련한 전반적인 시스템을 점검하고 유지하는 일이었다. 환자의 치료와 직접적으로 연결되진 않지만, 그 기저를 지탱하는 중요한 역할이었다. 병원에서 쓰이는 수많은 자산과 기자재, 장비 하나하나가 원활하게 운영되도록 관리하는 일이었기에, 나는 한 치의 실수도 용납하지 않겠다는 마음으로 일에 임했다.

그 시절은 내게 또 다른 배움의 시간이었다. 이 일은 수치와 시스템으로 관리되는 일이었지만, 그 안에서도 사람을 중심에 놓고 판단하고 협의해야 했다. 퇴직을 앞둔 시기였지만, 나는 마지막까지 성실히, 기꺼이 그 책임을 다하고자 했다.

물론 직장 생활에는 보람되고 좋은 기억도 많았지만, 언제나 웃을 수만은 없었다. 남들이 인정해 주는 실력을 갖추었음에도 불구하고 승진에서 종종 제외되면서 마음이 흔들리기도 했다. 일에 대한 의욕이 꺾인 순간도 있었지만, 나는 게으름을 피우지 않고 묵묵히 내 자리에서 최선을 다했다.

그러다 몸에 이상이 찾아왔다. 책임감과 완벽주의로 스스로를 몰아붙이던 삶이 결국 내 몸에 병을 남겼다. 잠시 멈추라는 신호였다. 정년을 3년여 앞두고 명예퇴직을 선택한 것은 아쉬웠지만, 결코 후회는 없다. 39년간 한 직장을 지키며 살아온 삶, 그 길 위에 쌓인 수많은 추억이 지금의 나를 만들었기에, 오늘도 나는 나 자신을 믿고 흔들림 없이 걸어갈 수 있다.

퇴직을 앞두고 병원 곳곳을 돌며 마지막 인사를 했다. 고마운 마음을 전하고 싶어 준비한 떡은, 큰딸이 "엄마, 마지막 날인데 제가 떡값은 낼게요" 하며 기꺼이 내주었다. 그 마음이 더없이 고마워, 나는 그 떡을 들고 부서마다 찾아가 정성스레 나누었다. 진료실의 의사 선생님들이 손수 찾아와 고생했다며 전별금을 건네주셨고, 후배들은 송별회를 열어주며 롤링페이퍼에 마음을 담았다. 내가 항상 선배들을 배웅하던 자리에서, 이번엔 후배들이 나를 배웅해 주었다. 그 따뜻한 응원과 눈빛 속에서 나는 다시금 '이 시간이 헛되지 않았구나'라는 감동을 느꼈다.

퇴직 후에도 병원을 찾을 때면 "그때 팀장님 집에서 밥 먹던 게 제일 기억나요"라고 말해 주는 이들이 있다. 나의 열정보다, 함께 나눈 밥 한 끼가 더 오래 기억되는 걸 보면, 결국 직장 생활에서 가장 빛나는 건 성과가 아니라 사람과의 관계였는지도 모르겠다.

가끔 꿈속에서 그 시절이 불쑥 찾아온다. 아침마다 열리던 원무과의 문소리, 복도 끝에 서 있던 동료의 얼굴, 김칫국 끓는 소리와 함께 떠오르던 정겨운 풍경들. 긴 듯 짧았던 39년, 그 안에서 나는 최선을 다했고, 누구보다 열심히 살았다.

  이제는 그 시간들을 마음 깊이 간직한 채, 새로운 계절을 맞이한다. 악착같이 달리지 않아도 된다고, 이제는 조금 천천히 걸어도 된다고, 내 마음에게 다정히 말해 준다. 스스로에게, 그동안 정말 잘 살아왔다고, 참 많이 애썼다고 말해 준다. 그리고 지금 이 글을 읽는 누군가에게도 전하고 싶다. 그대의 성실한 날들이 언젠가는 모두, 눈부신 그리움으로 피어나리라고.

축제처럼 살아갈 우리

　내게는 참 고마운 이들이 있다. 누구보다 가깝고, 무엇보다 따뜻한, 피보다 진한 내 사람들. 우리는 흔히 '친구'라는 이름으로 불리지만, 나는 이들을 '가족보다 더 진한 존재'라 부르고 싶다.

　고등학교 시절, 교복 치마를 바람에 펄럭이며 운동장을 걷던 그 시절부터 시작된 인연이 어느새 40년을 훌쩍 넘겼다. 사소한 말에도 깔깔 웃고, 작은 오해로 얼굴 붉히기도 했지만, 그 모든 감정들을 솔직하게 드러내며 울고 웃으며 견뎌 온 시간들. 그들은 나의 지난날을 함께 걸어온 동반자들이며, 지금도 내 인생의 가장 소중한 줄기다.

　사회에 나와 직장이라는 또 다른 공간에서 만난 이들과도 특별한 인연이 이어졌다. 누군가는 직장 내 인간관계가 계산적이라 말하지만, 우리는 달랐다. 웃음이 통하고 마음이 통했던 우리는 매일을 가족처럼 지냈다. 집보다 더 오래 머물렀던 직장에서, 마음속 비밀을 나누고 서로의 삶을 응원하며 그렇게 오랜 시간 곁을 지켜왔다. 내년에 정년을 앞두고 있지만, 우리는 여전히 서로를 향한 애정과 신뢰를 나누고 있다.

　살다 보면, 진짜 내 편이 누구인지 뼈저리게 느끼는 순간들이 찾아온다. 암이라는 갑작스러운 병마가 나를 덮쳤을 때, 나를 가장 먼저 붙잡아 준 것도 바로 그들이었다. 새벽같이 일어나 해독 주스를 만들어 병원으로 달려와 주고, 입맛 없을까 반찬을 손수 싸 와 내 곁을 지켜 준 그 손길들. 친구의 남편은 약재를 구해다 주며 "이건 꼭 먹어야 해"라며 내 건강을 먼저 걱정했다. 그 마음들은 단순한 우정이라 하기엔 너무 깊고 진했다. 친가족보다 더 가족 같은 사람들. 그들의 사랑은 내 생의 가장 어두운 시기를 견디게 해 준 진짜 빛이었다.

그들의 정성 덕분에 나는 암이라는 어두운 터널을 무사히 지나올 수 있었다.

어느 날, 남편과 도란도란 이야기를 나누던 중 문득 그 친구들 얘기가 나왔다.

"그 친구들은 진짜 당신한테 소중한 사람들이야. 내 사람이지."

남편의 그 한마디에 나는 마음이 찡해졌다.

누구보다 오랜 세월을 함께한 내 친구들을 남편도 진심으로 고마워하고 있다는 사실, 그 마음이 내게는 또 하나의 위로가 되었다.

내 인생의 기쁨과 슬픔을 함께해 준 그들이, 이제는 남편의 마음속에도 소중히 자리 잡고 있다는 사실이 왠지 더 큰 뿌듯함으로 다가왔다.

그 고마움을 어떻게 다 갚을 수 있을까. 밥을 사고, 선물을 준비해도 늘 부족하다는 마음뿐이다. 그런 내 마음을 아는 듯, 어느 날 친구는 아무렇지도 않게 말했다. "그럼 우리 고향으로 놀러 와." 그 한마디에 초대받은 마음으로 그녀의 고향을 찾았다. 정겨운 골목길을 함께 걷고, 소박한 밥상을 마주하며 나는 또다시 그 따뜻한 온기를 느꼈다. 말없이 내 손을 꼭 잡아 주던 그 순간, 눈시울이 또 붉어졌다.

어느 친구가 작은 사업을 시작했을 때, 나는 기꺼이 주변 사람들에게 구매를 권유했다. 필요한 물건이 아니어도 괜찮았다. 친구를 향한 응원의 마음이면 충분했다. 우리는 그렇게 서로의 기쁨에 박수를 보내고, 힘겨운 날엔 말없이 곁이 되어 주며 살아간다.

짧은 여행도 자주 함께했다. 경찰 공무원으로 근무 중인 친구의 아들을 통해 좋은 장소의 숙소를 저렴하게 빌릴 수 있었기에, 봄이면 꽃길을, 여름이면 바닷바람을, 가을이면 단풍길을 함께 누볐다. 바람을 쐬고 돌아오면 마음이 훨씬 가벼워졌고, 다시 살아갈 힘이 생겼다. 지금은 자주 얼굴을 보진 못해도, 우리는 매일 메시지를 주고받는다. 짧은 말 한마디, 작은 이모티콘 하나에도 마음이 담겨 있다는 걸 서로 잘 안다.

이제 우리는 모두 환갑을 앞두고 있다. 예전처럼 뛰어다닐 수는 없어도, 마음만은 여전히 푸르다. 한 친구가 말했다. "지금까지는 숙제처럼 살아왔다면, 앞으로는 축제처럼 살아가자." 그 말은 곧 우리의 인생 철학이 되었다. 숙제를 넘긴 자리에서 이제는 축제를 준비한다. 그 무대에서 우리는 손에 손을 맞잡고, 인생이라는 노래에 맞춰 천천히, 그러나 단단히 춤을 출 것이다.

친구들아, 너희가 있어 내가 살아왔다. 너희가 내 손을 잡아 주었기에, 나는 다시 웃을 수 있었다. 고맙고, 고맙고, 또 사랑한다. 앞으로도 우리 함께, 남은 날들을 노래하고 축복하며 살아가자. 그 길이 함께라면, 인생은 언제나 축제니까.

그리고 나는 이 시기를 빌려, 나만의 축제를 하나 더 준비 중이다.

어릴 적부터 곁에서 나를 지켜봐 온 동네 친구가 있다.

내 성격, 내 기질, 나의 조용한 끄적임까지 오롯이 알아봐 준 그 친구는 늘 말했다.

"너는 글을 써야 해. 그냥 흘려보내긴 너무 아깝잖아."

그 말이 자꾸 가슴에 맺혀. 지금 나는 천천히, 그러나 진심으로 글을 쓰고 있다.

언젠가 책 한 권을 펴내게 된다면, 나는 제일 먼저 그 친구에게 건네고 싶다.

"네가 있어서 내가 이걸 시작할 수 있었어"라는 고백과 함께.

5부

그대는 나의 이어진 심장

아들이 입대하는 날, 그리움과 응원을 담다

드디어 아들이 군대에 입대했다. 아들이 태어날 당시만 해도, 주위에서 통일이 되어 군대에 갈 일은 없을 것이라며 우스갯소리를 했었지만, 현실은 그렇게 되지 않았다. 나라가 여전히 시끄럽고 불안정한 상황에서 아들은 군복을 입고 훈련소로 향했다. 나는 아들이 군에 가야 한다는 현실이 믿기지 않았지만, 그래도 늦둥이로 태어나 누나들의 사랑을 듬뿍 받으며 자란 아들에게 마지막 인사를 해야 할 순간이라고 생각했다. 그래서 온 가족이 함께 배웅을 나갔다.

아들이 군대에 입대하는 날, 다른 친구들은 자녀들의 결혼식 준비로 분주할 때, 나는 아들의 입대식에 조금은 두려운 마음을 안고 집을 나섰다. 차 안에서는 모두 침묵이 흘렀다. 아무도 말없이 서로 눈치를 보며 가고 있었다. 군대 입구에 다가서자, 군인들의 엄격한 목소리가 공기를 가르고, 그 소리에 내 마음은 긴장으로 휩싸였다. "비상등을 켜고 행사장으로 들어가세요."라는 안내가 내 가슴을 더 무겁게 했다. 그 순간, 왜 눈물이 쏟아지려는 걸까? 집을 나설 때만 해도 절대로 울지 않겠다고 다짐했건만, 내 마음은 그렇게 다짐을 깨고 무너져 버렸다.

다행히 눈물을 참으며 행사장에 들어갔지만, 마음은 여전히 불안했다. 그곳에는 예전 이야기 같던 할머니, 할아버지, 초등학생 조카들까지, 나와 같은 신병의 입대식을 보러 온 가족들이 있었다. 세대가 변해도 여전히 군대 입대는 큰 의미가 있는 일이라는 걸 느꼈다. 월차를 내고 나온 우리 가족 외에도 다른 가족들이 많아 보였다. 다른 가족들이 더 많이 모여 있는 모습을 보니, 조금은 움츠러든 기분이 들었다. 하지만 대대장님의 차분한 목소리가 신병과 가족들에게 안정을 주었고, 그 덕분에 조금이나마 마음이 가라앉았다. 대대장님은 신병들에게 편안히 문자도 보내주고, 예전처럼 강하게 하지 않으니 걱정 말라고 여러 번 당부했다. 자주 다니던 미용실 원장님의 센스로 입대 전날, 머리를 무료로 깎아 주셨다고 자랑처럼 이야기했지만, 같은 날 머리를 깎은 또래들의 모습을 보니 더 정감이 가고 동지애를 느끼며 서로를 존중하고 배려하는 마음으로 하루하루가 이어지길 바라며 응원했다.

  행사가 끝난 후, 신병들과의 작별 시간이 주어졌다. 긴장된 마음으로 5분가량을 보내고, 마지막으로 전날 그림까지 그린 손 편지를 건네며 우리가 응원하고 사랑한다고 여러 번 말을 했다. 그 순간, 주위에서 가족이나 당사자인 아이들의 눈물이 보였다. 신병들은 눈이 빨갛게 되어 울고 있었고, 그 모습을 보니 아들의 얼굴이 더욱 아려 왔다. 다행히 아들은 눈물을 보이지 않으며, 꾹 참는 모습으로 "조심히 돌아가세요"라고 인사를 했다. 그 모습이 더욱 성숙해 보였다. 그래, 모두가 가는 길이니, 국방의 의무를 다하는 길이니 내가 너무 약한 모습을 보이면 아들도 약해질 것 같아, 나는 그저 꾹 참고 차에 몸을 실었다.

  남편은 그동안 직접 경험한 일이었기에 비록 군 생활이 예전보다 많이 편해졌다고는 하지만, 그 속에 숨겨진 어려움은 여전히 크다는 것을 잘 알고 있어서인지, 오는 내내 한숨을 내쉬었다. 나는 옆에서 그를 위로하며 말했다. "우리 아이는 강하고 담대하게 군 복무를 잘할 거예요. 너무 걱정하지 말아요." 그렇게 우리 가족은 다시 집으로 향했다.

그가 떠난 후 집은 조용해졌다. 그의 웃음소리와 걸음 소리가 사라진 자리에 나는 홀로 남아 그 빈자리를 채워야 했다. 하지만 그가 떠났다는 사실이 점점 내 마음속에서 자랑스럽게 자리 잡고 있음을 알게 되었다. 그가 성장하는 모습을 볼 수 있다는 것이 얼마나 큰 선물인지 깨닫게 되었다. 그동안 그의 마음속에 쌓인 경험과 성장의 흔적을 보며, 아들이 어떤 사람이 되어 돌아오는지 지켜볼 생각이다. 내가 그를 지켜본 것처럼, 이제는 그가 세상에서 많은 것들을 보고 배우며 돌아올 것이다.

아들이 어렸을 때부터 "애어른 같다"는 말을 많이 들었다. 그만큼 야무지고 손이 많이 가지 않게 자라서 이제는 어른이 되어 군대에 가게 되다니, 내 마음은 묘했다. 보통 군대에 가야 진짜 어른이 된다고들 하지만, 이미 아들은 어른처럼 많은 역할을 하고 있었기에 군대에서의 시간은 그저 또 다른 배움의 기회일 뿐이라고 느꼈다.

아이가 3살 무렵, 집에서 고함 소리가 나서 급히 베란다로 뛰어갔다. 그랬더니 아들이 빨랫줄에 몸을 걸쳐 비행기처럼 날고 싶어 했다며 생식기가 찢어지는 아픔을 맛보고 응급실에 가야 했다. 중학교 시절에도 마찬가지로 사건이 있었다. 겨울 방학이 시작되기 직전, 학교에서 급히 전화가 왔다. 전화는 언제나 떨리게 한다. "어머! 선생님! 무슨 일이세요? 아들에게 무슨 일이 생겼나요?" 무슨 일이 생겼을까 싶어 마음이 급하게 여쭈었다.

"어머니, **가 학교 계단에서 넘어져서 다리를 삔 것 같습니다. 부어오르고 걷지 못해 양호실로 갔는데, 병원에 가봐야 할 것 같아요."

"예? 누구랑 장난친 것도 아닌데… 어떻게 그런 일이 발생했나요?"
"걱정할 정도는 아니지만 병원에 가는 게 좋겠어요."

전화 받은 후 바로 응급실로 달려갔다. 다행히 골절은 아니었지만, 그 당시 상황은 정말 당황스러웠다. 아들이 발목을 삐고, 응급실에서 의사와 진료를 받던 기억은 아직도 생생하다. 의사는 아들에게 발목을 눌러 보며 아픈 곳을 정확히 말하라고 했고, 아들은 그때 고통을 느끼며 아야 하고 아픈 부위를 지적했다. 그런데, 체중을 묻는 질문에서 아들은 무척 부끄러워했다. "키는 173cm, 몸무게는…"이라며 머뭇거리며 조용히 말하려 하던 아들을 향해 의사는 큰 소리로 다그쳤다.

"야 인마! 솔직히 말하라니까, 지금 바쁘다 바빠!" 의사가 조금 짜증을 낸 듯했지만, 아들은 다시 의사에게 귀엣말로 "secret"이라고 속삭였다. 의사가 말하는 것과 그 상황을 떠올리며 웃음이 나기도 했다. 결국, 의사는 그 이야기를 전혀 공개적으로 하지 않으려 애쓰며 진료를 진행했고, 결국 아들의 몸무게는 진료 기록을 통해 확인하게 되었다. 의사와의 장면이 아직도 생각난다. 아들이 그렇게 자신만의 방식으로 일어난 일을 속삭이며 의사와 대화하는 모습이 그때는 너무 어이없었고, 귀엣말로 '비밀'이라고 했다는 사실이 웃기기도 했다.

몇 번의 병원 방문 이후 아들은 결국 깁스를 해야 했지만, 그날 저녁 집에 돌아와서 "너 의사한테 뭐라고 했어?"라고 물었더니, "그건 비밀"이라며 쿨하게 대답했다. 그럼에도 불구하고 나는 한참을 웃었다. 그리고 군대에 가기 전, 아들에게 그 일을 떠올리며 물었더니 아들은 기억하지 못한다고 했다. 그런 아들의 모습이 귀엽기도 하고, 또 한편으로는 탈 없이 자라 준 것에 대해 감사한 마음이 들었다.

이렇게 자녀를 키우면서 여러 소소한 에피소드들이 지나갔다. 그때그때의 기억들은 하나하나 소중하게 마음속에 남아 있다. 언젠가 아들이 군대에서 보낸 시간들에 대해 이야기를 나눌 수 있는 날이 오기를 바란다. 그가 군 복무를 마치고 좋은 추억을 안고 돌아올 그 순간을 상상하며, 온 가족이 함께 모여 즐겁고 웃음 가득한 이야기를 나누는 날이 분명 올 것이라 믿는다. 오늘도 아들을 응원하며, 함께 웃었던 지난날들을 떠올리며 미소 짓는다.

그가 겪을 수많은 어려움과 시련 속에서 어떻게 성장하고, 어떤 깨달음을 얻을지. 나는 그가 어떤 상황에서도 그 마음속에 응원하는 가족을 잊지 않기를 바란다. 그의 마음속에, 그가 다시 집으로 돌아올 날을 믿고 기다릴 수 있도록 기도한다. 우리는 그리운 마음을 가슴 속에 담고, 그리움 속에서도 힘을 내며 그가 다시 돌아올 날을 기다린다.

문득 어린 시절, 초등학교에서 선생님의 강요로 썼던 "국군 장병 아저씨께"라는 편지가 문득 떠오른다. 그때는 그저 어쩔 수 없이 쓰게 된 편지였지만, 지금 생각해 보면 그 순간이 하나의 기억으로 남아 있다. 그렇게 수십 년이 흘렀고, 이제는 그때의 편지와는 다른 의미로 아들에게 그리움과 사랑을 담아 날마다 편지를 쓴다. 시간은 흐르고, 나는 더 이상 강요에 의해 쓰는 편지가 아닌, 진심을 담은 편지를 쓰고 있다.

변화하는 꿈, 그 안의 진실

아들이 훈련소에 입소한 지 딱 5일째 되는 주말, 집 안은 온통 전화벨 소리에 긴장감이 돌았다. 언제 아들이 연락을 할지 모른 채 모두가 그 순간을 기다리고 있었다. 주말에만 전화통화가 가능하다고 하니, 기다리는 시간은 더욱 간절했다. 그리고 드디어, 아빠의 전화가 울렸다. 모두가 귀를 기울였다. 아들의 목소리가 스피커폰을 통해 크게 울려 퍼졌.

"아빠! 저 ✱✱사단 ✱중대 ✱소대 누구입니다!"

그 우렁찬 목소리에 마음이 뭉클해졌다. 눈물이 나올 뻔했지만, 겨우 참아내며 안부를 물었다.

특히 드라마에서나 보았던 '다나까'라는 질서 있게 대답하는 모습에 우리는 신기해하며, 그 모습을 어색해하지 않으려고 편하게 대화하자고 다짐했다. 그런 아들의 말투에 처음에는 조금 놀랐지만, 곧 그 변화가 조금은 익숙해지기 시작했다. 마치 드라마 속 주인공처럼, 그런 대화 방식이 자연스러워질 때쯤 우리는 서로의 감정을 조금 더 여유 있게 나누고 있었다. "사랑하는 아들아, 잠은 잘 자고? 먹는 건 괜찮아? 훈련생들과 잘 지내고 있니?" 이렇게 온 가족이 돌아가며 물어본 끝에, 아들은 "걱정하지 마십시오. 잘 지내고 있습니다. 친구랑 통화하고 나머지 시간은 음악을 들을 생각입니다"라고 말했다. 그런 아들이 든든했다.

그런데, 그 순간 아들이 조금 더 조용히 말했다. "내무반에서 다른 친구들도 통화를 하며 여기저기서 울고 있어요."

우리는 아들에게 힘을 주려고 끝까지 울지 않으려고 했지만, 그 말에 마음이 더욱 찡해졌다. 아빠는 아들 앞에서 솔직하게 말했다. "너를 보내고 마음과 달리 잠을 잘 못 잤어. 하지만 너를 믿고 응원하니까, 끝까지 잘 마무리해." 그렇게 전화를 끊으며 용기를 북돋았다.

사실, 아들이 군대에 가기 전까지도 많은 생각이 들었다. 둘째를 낳고 10년 만에 큰마음을 먹고 하늘이 주신 세 번째 보배가 된 아들. 그가 유치원 시절, 피아노 대신 기타를 배우고 싶다고 했을 때, 나는 주저 없이 승낙했다. 기타는 감성적이고 심리적으로 안정감을 준다는 얘기를 듣고, 작은 손에 맞는 기타를 사러 서울 세운상가로 향했다. 아들은 열심히 학원을 다니며 그 작은 손으로 게을리하지 않으며 기타를 쳤고, 그 모습에 믿음이 갔다.

1년마다 학원에서 열린 음악회에서는 앙상블로 기타를 연주하는 아들을, 우리는 가족들과 함께 응원했다. 초등학교 시절, 스승의 날에는 기타를 어깨에 메고 학교에 가서 멋진 연주를 선보였다. 그때마다 아이는 인기를 한 몸에 받았다. 또, 치과 치료를 받으러 간 병원에서는 의사들과 환자들 앞에서 연주를 하며 박수와 선물을 받기도 했다. 기타는 이동이 편해 언제 어디서나 연주할 수 있었고, 그 덕분에 많은 사람들에게 감동을 주었다.

하지만 고등학교에 들어가면서 아들은 기타 학원을 그만두었다. 기타 없이 못 살 것 같으면, 그렇게 진학도 해 볼 생각이었다고 아들이 말했을 때, 나는 그 말에 깊은 의미를 느꼈다. 기타는 그에게 단순한 악기가 아닌, 삶의 일부가 되었기 때문이었다. 어린 시절부터 손에 쥐고 있던 그 작은 기타는 그의 감정과 생각을 표현하는 중요한 도구였고, 그에게 기타는 음악 이상의 의미를 갖고 있었다. 그래서 기타를 통해 진로를 고민한다는 아들의 생각은, 그의 진지함과 음악에 대한 깊은 애정을 잘 보여 주는 대목이었다. 취미로만 기타를 하겠다고 결정한 아들의 생각을 나는 그대로 존중했다. 어릴 적부터 음악에 대한 열정이 깊었던 아들이었지만, 결국 기타를 직업으로 삼기보다는 여가 시간에 즐기는 취미로 두기로 한 결정이었다. 그 선택을 존중하는 마음은 단순히 아들의 결정에 대한 수용을 넘어서, 그가 자신이 원하는 삶의 방식을 찾아가는 과정이 소중하게 느껴졌기 때문이다. 아들이 스스로 고민하고 내린 결정을 응원하는 것이 가장 중요한 일이라 생각했다.

아들은 어려서부터 책을 좋아했으며, 학교 도서관에서 책을 빌려 읽는 것을 즐겼다. 덕분에 도서 많이 읽은 상도 받았다. 그와 대화하면, 그가 가진 기술과 통찰력에 항상 감탄할 수밖에 없었다. 문과를 전공할 생각을 했으나, 결국 현실적인 이유로 고2 때 이과로 전향했다.

고등학교 때, 아들은 공대 진학을 결정했고 진학하게 되었다. 그러나 고등학교에서 배우지 않는 과목들이 너무 어려워 불만을 토로하기도 했다. 그럼에도 불구하고 책임감 강한 아들은 도서관에서 새벽부터 저녁까지 열심히 공부했고, 결국 성적 장학금을 받았다. 그 과정에서 아들이 꿈을 저버린 것 같아 가슴이 아팠지만, 그의 결단과 노력에 응원을 보냈다.

가끔 아들이 기타를 치는 소리가 들리면, 그동안 손을 놓았다고 생각했지만, 다시 흥얼거리며 기타를 치는 모습을 보며 마음이 놓인다. 사춘기 시절, 아들이 음악을 놓지 않고 계속해서 즐기고 있다는 사실이 정말 기뻤다. 그래서 아들은 특별한 사춘기 없이, 비교적 수월하게 그 시간을 보낸 것 같았다. 다른 아이들처럼 격렬한 반항이나 갈등 없이, 자신만의 속도로 성장하는 모습이 인상 깊었다. 아마도 자신의 길을 찾는 데 큰 고민 없이, 음악과 학업을 균형 있게 이어 가며 차분하게 시간을 보낼 수 있었던 것이 그의 사춘기를 조금 더 평온하게 만들어 준 것 같다. 그저 마음속 깊은 곳에서 자신이 무엇을 원하는지 아는 아이였기 때문에, 자연스럽게 그런 시간을 지나온 듯하다.

군대 가기 며칠 전, 아들이 '군수'를 할 수도 있다고 말했다. 그게 무엇을 의미하는지 물었더니, 군대에서 재수를 생각해 볼 수도 있다는 얘기였다. 우리는 아무도 반대하지 않았고, 아들이 결정하는 것에 대해 응원해 주었다. 군에 가서 생각해 보고, 건강하게 군 복무를 마친 후, 다시 한번 길을 찾아보라고 말했다.

아들은 군에 갈 때 서점에서 세 권의 책을 구입하여 갔다. 언제나, 우리나라의 젊은이들이 자신이 하고 싶은 일을 하며 살 수 있는 시간이 오길 바라며, 아들의 꿈도 이루어지길 기도한다. 꿈을 펼치지 못한 많은 젊은이들을 보며 안타까운 마음이 든다. 그럼에도 불구하고, 그 젊음이 영글어 가며 다시 자신의 길을 찾을 수 있기를 바란다.

꿈은 변하기 마련이다. 때로는 그 꿈이 선명하게 다가오기도 하고, 다른 때에는 흐릿하게 멀어져 가기도 한다. 우리는 그 꿈을 좇아가며 살아가지만, 그 길이 언제나 직선인 것은 아니다. 꿈을 향한 여정 속에서 우리는 여러 번 갈림길에 서게 된다. 어떤 길은 새로운 꿈을 발견하게 해 주고, 또 어떤 길은 예전에 품었던 꿈을 놓아 버리게 만든다.

그렇다고 해서 그 꿈이 진정한 꿈이 아니었을까? 꿈은 아마도 우리가 살아가는 동안 끊임없이 변하고 성장하는 존재일 것이다. 우리가 원하는 것, 이루고자 하는 것들은 시간이 흐르며 달라지기 마련이다. 그래서일까, 꿈은 가끔 우리가 정말 원했던 것이 무엇인지 되묻게 만든다.

  혹시 그 꿈이 지금 내가 가진 것과는 다른 모습일지라도, 그 변화 속에서 진짜 꿈을 찾을 수 있지 않을까? 그러니까 꿈이 바뀌는 것은 그저 꿈이 살아 있음을 증명하는 과정이 아닐까 싶다.

3박 4일, 그 짧고도 긴 시간

　몇 달 동안 가슴을 졸이며 기다리던 첫 신병휴가. 3박 4일이라는 짧은 시간이지만, 가족에게는 기다림의 끝이자 다시 만날 수 있는 시작이었다. 막내아들이 처음으로 집에 오는 날, 온 가족은 만반의 준비를 했다. 나는 휴가 날짜를 손꼽아 기다리며 2주 전부터 장을 보고, 고기를 재워 놓고, 어떤 반찬을 만들까 고민을 거듭했다. 병으로 오른손을 제대로 쓰지 못하면서도 아픔을 잊고 정성껏 상을 차렸다. 아들이 입고 돌아올 군복의 무게만큼이나 우리의 마음도 무거웠고 간절했다.

　그러나 집에 오기도 전, "할 일이 있어서 바로 나가야 하고, 친구들도 만나야 해요"라는 아들의 메시지는 가족의 마음에 미세한 균열을 만들었다. 온 가족이 일을 제쳐 두고 기다리고 있었건만, 그 마음을 헤아리지 못한 듯한 말에 서운함이 스며들었다. 그래도 역으로 마중 나온 아빠에게서 "배가 고프다며 집에서 밥을 먹고 나가겠대"라는 연락이 와, 나는 있는 솜씨 없는 솜씨를 총동원해 밥상을 차렸다. 허겁지겁 차려 낸 밥상이었지만, 오랜만에 엄마 밥을 먹으며 "역시 집밥이 최고야"라고 말하는 아들의 한마디에 그간의 서운함도 녹아내렸다.

　잠깐의 시간이었지만, 가족은 그 틈을 놓치지 않고 궁금했던 이야기들을 쏟아 냈다. 폐쇄공포가 걱정되던 중 훈련 나갈 때는 열외로 다른 업무를 맡고 있다는 말에 안도했고, 병원 예약을 이미 해두었다는 말에는 그간의 마음고생이 고스란히 느껴졌다. "알았어요" 하고 수긍하는 아들의 눈빛 속엔 여전히 씩씩함과 책임감이 담겨 있었다.

사복으로 갈아입은 아들은 바쁘게 움직였다. 서점에도 들러야 하고, 볼일이 있다며 바람처럼 집을 나섰다. 허전했지만, 친구들이 더 좋을 나이임을 알기에 억지로 붙잡을 순 없었다. 두어 시간 뒤, 다녀온 아들은 방에 가방만 던져 두고는 또 나갈 채비를 하며 "늦게 들어오니 걱정 마세요"라는 말만 남겼다. 괜히 아들 방에 들어가 가방을 들춰본 나는 그 안에서 중국어 책과 일본어 책을 발견하고는 마음이 뭉클해졌다. '입대 전부터 이런 준비를 했다니…' 단순히 시간만 흘려보내는 것이 아니라, 자신의 시간을 귀하게 여기는 아들의 마음에 놀라고 또 대견스러웠다.

새벽녘에 돌아온 아들은 "내 침대에 꼭 누워 보고 싶었다"며 행복해했다. 다음 날은 늦잠을 잘까 했지만, 군대에서의 기상 시간이 몸에 밴 탓인지 이내 눈을 떴다. 온 가족이 출근하고, 나와 단둘이 남은 집에서 이런저런 대화를 나눌 수 있었던 시간은 또 하나의 선물처럼 소중했다. 훌쩍 커 버린 아들의 모습에 놀라기도 했지만, 여전히 이것저것 챙겨 주려는 엄마의 손길을 "괜찮다니까요"라며 투덜대는 모습은 예전 그대로여서 또다시 웃음과 서운함이 교차했다.

오후엔 병원을 찾았다. 검사를 마친 의사는 조심스레 말했다. "너무 모범적으로 살려 하지 마세요. 어렸을 때부터 느꼈던 폐쇄공포를 부모님께 말씀드렸다면 덜 힘들었을 텐데… 걱정하실까 봐 말 안 했다는 게 오히려 마음을 아프게 하네요." 진료실에 울리는 말에 남편과 나는 가슴이 무너지는 듯했다. "지금 당장은 좁은 공간은 피하는 것이 좋습니다.

큰 병이 아니니 자존감을 잃지 말고, 스스로를 잘 돌보세요." 의사의 당부에 "네, 알겠습니다" 하고 또박또박 대답하는 아들의 목소리는 씩씩했지만 그 안에 감추어진 노력과 인내를 어찌 몰라줄 수 있을까. 우리는 안쓰러움과 안도의 마음으로 아들의 등을 토닥였다.

휴가 마지막 날, 타지에서 생활하는 누이까지 내려와 온 가족이 함께 아들이 좋아하는 회를 먹으며 식사 자리를 마련했다. 그러나 아들은 마음이 복잡한지 제대로 먹지를 못했다. "3박 4일이 3분 40초처럼 지나갔네요. 왜 밖에서는 시간이 이렇게 빨리 가고, 안에서는 느릿하게 흐를까요?"라는 아들의 질문에 가족은 웃으며 대답했다. "그만큼 이 시간이 귀했단 뜻이겠지. 그리고 넌 잘 견디고 있다는 증거야."

그렇게 짧지만 소중했던 3박 4일은 지나가고, 아들은 다시 군부대로 돌아갔다. "잘 도착했다"는 메시지가 도착하고 나서야 가족은 비로소 안심하며 잠자리에 들 수 있었다. 그날 밤, 모두가 마음속으로 중얼거렸다.

'우리 아들, 잘 다녀와. 다음 휴가에는 더 많은 이야기를 나누자.'

수학을 사랑하는 아이의 성장 이야기

어렸을 때부터 작은 아이는 수학을 정말 좋아했다. 수학 문제가 풀리지 않으면 밤을 새워서라도 끝까지 답을 찾아내는 모습이 참 신기하기만 했다. 나는 문과 성향이 강해서 그런지 수학에는 그다지 자신이 없었지만, 국어는 항상 잘했다. 남편의 이과 성향을 닮아서 그런지 아이는 유독 수학에만 관심이 많고 다른 문과 과목에는 관심을 두지 않는 모습이었다.

중, 고등학교 시절에는 거의 모든 수학 문제를 빠짐없이 풀어내며 1등급을 놓치지 않았다. 그러던 어느 날, 아침에 학교에 갔을 때 작은 아이의 사물함 열쇠가 부서져 있고, 사물함은 열려 있었으며 그 안의 수학책과 노트는 사라진 채 엉망이 되어 있었다. 다른 책들은 그대로 있었지만, 수학책만 온전히 사라진 것이다. 깜짝 놀라며 다 찾아봐도 책은 어디에도 없었고, 수학책에 필기한 내용들을 누군가가 훔쳐 간 것이었다. 그 책에는 아이의 노력과 열정이 담겨 있었기에 아쉬워했지만 공부에 대한 열정이 많은 아이에게 선물을 했다 생각하자 위로를 전할 수밖에 없었다. 선생님께 말씀드렸지만, 해결책은 찾을 수 없었.

그 후, 나는 다시 수학책을 사기 위해 시내 서점을 돌아다녔다. 어렵게 구한 책을 집에 가져와서 작은아이에게 농담을 던졌다. "다른 책도 훔쳐 가게, 다른 과목도 잘했으면 좋겠다!"라고 말하자, 아이는 그저 "흥! 그게 마음대로 되나요?" 하며 책을 낚아채고는 방으로 쏜살같이 들어갔다. 외국처럼 잘하는 과목에 맞춰 진학과 진로가 결정된다면 좋겠지만, 우리나라에서는 여전히 모든 과목을 잘해야 원하는 대학에 갈 수 있다. 수학을 잘하면 원하는 대학을 갈 수 있을지 연구를 많이 했지만, 결국 다른 과목 점수가 부족해 지방대학의 수학교육과에 장학생으로 입학하게 되었다.

일찌감치 수학교사가 꿈이었던 작은 아이는 대학 4년 동안 공부에 집중하면서 임용고시 준비도 병행했다. 활발한 성격 덕분에 과대표도 하며 교수님과 선후배들과 친하게 지내는 모습이 참 보기 좋았다. 하지만 임용고시는 그리 쉽지 않았다. 처음에는 당연히 쉽게 합격할 줄 알았지만, 몇 번의 고배를 마셔야 했다. 교수님은 공부 방법을 바꿔 보라는 조언을 했지만, 시간이 지날수록 아이는 지치고 자신감이 떨어졌다.

최근 뉴스에서는 교수들이 임용고시 문제를 어떻게 출제하는지, 변별력을 주기 위한 '킬러 문제'로 수험생들을 힘들게 만든다고 전해졌다. 고시가 점점 어려워지는 현실이지만, 그럼에도 불구하고 수험생들은 과락을 피하기 위해 치열하게 싸운다. 그렇게 매일 책과 문제와 씨름하며 공부하는 모습은 정말 안쓰럽고 마음 아팠다.

지치고 힘든 나날들 속에서, 작은아이는 경험을 쌓고자 기간제 교사를 해 보고 싶다고 말했다. 우리는 아이가 이 길을 계속 걸어가며 힘들어할 때, 혹시 이대로 모든 것이 멈춰 버릴까 봐 마음이 조마조마했다. 끝없이 이어지는 도전 속에서 지칠 때마다 아이가 스스로 멈추지 않기를 바랐다. 그 길을 계속 걸어가야만 새로운 가능성이 열릴 거라 믿었기 때문이다. 그래서 아이의 결정을 존중하며 경험을 쌓을 기회를 주기로 했다. 고등학교에서 기간제 교사로 합격하고, 1년 동안 학생들을 가르쳤다. 시간이 지나고 다시 임용고시에 도전하겠다고 결심했다. 이번에는 꼭 성공하고자, 아이는 교수님들과 밤늦게까지 공부하며 준비했다.

원서를 낼 때부터 이미 전쟁이 시작되었다. 아이에게 합격을 위해서 조금 더 안정적인 선택을 권하고 싶었다. 그래서 인원을 많이 뽑는 지역을 선택하는 것이 더 나을지도 모른다고 이야기해 보았다. 물론 아이의 결정을 존중했지만, 그 선택이 안전망이 되어 줄 수 있을까 하는 마음에서 나온 말이었다. 하지만 아이의 선택을 믿고 우리는 그저 응원할 수밖에 없었다. 시험 결과 발표를 기다리는 순간은 정말 답답하고 마음이 졸였다. 그런데 드디어 1차 합격자가 발표되었다. 예전에도 1차 합격 후 2차와 3차에서 고배를 마셨기에 이번에는 그 경험을 바탕으로 어떻게 공부해야 할지 잘 알고 있었다.

교수님과 함께 밤늦게까지 공부하며, 철저하게 준비했다. 합격을 향해 애쓰는 그 모습을 지켜보며, 마음속 깊은 곳에서 안타까움이 밀려왔다. 끝없이 이어지는 공부와 준비 속에서 지쳐 가면서도 포기하지 않고 나아가는 모습이 그저 마음 아플 뿐이었다. 요즘 젊은이들이 얼마나 힘든지 느껴졌다. 우리는 아무리 어려운 상황이라도 직장에 들어가면 먹고살 수 있었지만, 요즘 아이들은 정말 좁은 길을 가고 있는 듯 보였다.

막바지에 목소리가 나오지 않아 걱정이 많았다. 발표를 해야 하는데, 목감기에 걸려 목소리가 아예 나오지 않았기 때문이다. 다행히 병원에서 영양주사를 맞고 겨우 목소리를 회복해 시험을 볼 수 있었다. 그 모습을 지켜보며, 정말 안쓰러운 마음이 들었다.

그렇게 2차, 3차 수업 실연과 심층 면접을 무사히 마친 후, 결과를 기다리며 다시 한번 긴장의 순간을 보냈다. 수험생 중에는 시험 중 과호흡을 일으켜 119에 실려 가는 경우도 있었다고 얘기를 들었을 때, 이 모든 과정이 얼마나 고된지를 더욱 실감하게 되었다.

결국, 작은아이는 최종 합격하여 교사가 되었다. 취업이 이루어지면 모든 어려움이 끝날 줄 알았다. 그렇게 목표를 향해 달려왔고, 마침내 그 길에 도달했을 때 안도감이 밀려왔다. 그러나 막상 그 문을 통과하고 나니, 또 다른 문제들이 기다리고 있음을 깨닫게 되었다. 새로운 시작이 또 다른 도전의 연속임을 알게 된 순간이었다.

새로운 직장에서 선생님들과의 유대 관계, 학생들과의 문제를 해결하며 바쁘게 하루하루를 살아가고 있다. 그럼에도 불구하고, 아이는 학생들을 가르치는 일이 정말 즐겁다고 말하며, 좋은 스승이 되기를 소망하고 있다. 졸업한 아이가 고맙다는 손 편지를 보내왔다고 자랑하기도 했나. 다른 학교에 갔지만 여전히 문제를 물어보고 답을 해 준다고 하니, 좋은 기억을 남기는 스승이 되어 가고 있다는 생각에 기쁨을 느낀다.

5만 원이 가르쳐 준 작은 선행

늦둥이 아들이 초등학교 시절, 그 시절의 기억이 가끔 떠오른다.

초등학교 교사인 친구는 아이들이 늦둥이로 태어나면 외동아이보다 더 시간이 걸려 적응하기 힘들고, 종종 버릇이 없다는 얘기를 자주 해 주곤 했다. 그 말을 들은 후, 나는 아기 때부터 아이를 더 강하게 키워야겠다는 강박에 시달리게 되었다.

초등학교 1학년 여름방학 때, 나는 아들을 지리산 청학동에 교육을 보내기로 했다. 돌아오는 날, 아들이 우리를 보자마자 큰절을 하며 인사를 했을 때, 나는 그 교육이 효과가 있었구나 생각했다. 하지만 그 마음은 일주일도 가지 않았다. 나중에 들은 얘기지만, 청학동에서의 형들의 강압적인 태도와 행동에 아들이 마음의 상처를 입었다고 했다. 그때 나는 너무 과했나 싶어 아이에게 진심으로 사과했다. 부모의 생각이나 행동이 항상 옳은 것은 아니라는 사실을 깨닫는 순간이었다.

그래도 나는 늦둥이라는 이유로 아이를 봐줄 수 없었고, 더 엄하고 강하게 키우려고 노력했다. 그런 나의 노력에도 불구하고, 나이 차이가 많이 나는 누나들은 아들을 우선적으로 챙긴다고 내 관대함에 불만을 토로하는 일이 종종 있었다. 부모로서 늘 최선을 다해도, 때로는 실패한 듯한 씁쓸한 기분이 남을 때가 있고, 자녀를 기우는 데 정답은 없다는 걸 매번 느꼈다. 부모도 미리 준비된 상태가 아닌 채 아이를 키우다 보니, 그 과정 속에서 나도 함께 성숙해지고, 점점 더 지혜롭게 변해 가는 것 같다.

어느 날, 아들이 학교에서 돌아오자 신나서 자랑스럽게 말을 꺼냈다. "엄마! 내가 오늘 운동장에서 5만 원짜리 석 장을 주웠는데 행정실에 갖다주고 왔어요!"라고 말했다. 나는 깜짝 놀라며 칭찬을 아끼지 않았다. "잘했네! 내 것이 아니면 꼭 돌려줘야 해!" 그 당시 5만 원권이 새로 나온 지 얼마 안 되었을 때라 그 큰돈을 보고 놀랄 수밖에 없었다. 궁금해서 행정실에서는 뭐라고 했냐고 물었더니, 아들은 "놓고 가라"는 답을 들었다고 했다. 그 일을 잊고 다음 학년을 올라가면서 마지막 날 담임선생님께 감사의 인사를 드리다가 그때 일이 떠올라 이야기를 꺼냈다. 그러자 선생님은 깜짝 놀라셨다. "그런 일이 있었냐"며, 아들이 그런 행동을 했으면 선행상을 주었을 텐데, 이제서야 알게 되어 아쉬워하시던 모습이 기억에 남는다.

그 일이 있은 후, 아들은 종종 그 얘기를 꺼냈다. 친구들이 돈을 주웠다고 자랑하며 그 돈으로 군것질을 한다는 이야기를 하면서, 자기가 그때의 일을 떠올리며 미련 섞인 얘기를 하곤 했다. 나는 아들의 훌륭한 선택을 칭찬하며, 앞으로도 그런 일이 생기면 예전처럼 행동하라고 당부하며 다짐했다. 그러나 한편으로는 그때 행정실에서 조금 더 신중하게 칭찬을 해 주었으면, 그 행동은 당연한 것이었지만, 용기도 얻고 아들이 옳고 그름을 더 확실히 구분할 수 있었을 것 같아 아쉬운 마음이 들었다.

매일 지나가는 사람에게는 무조건 인사를 건넨다. 어릴 적부터 배운 예의가 몸에 배어서일까, 길을 걷다 보면 자연스럽게 사람들과 눈을 맞추고 고개를 90도로 숙이며 큰 목소리로 인사를 한다. 그렇게 인사를 하다가 어느 날, 무거운 짐을 들고 가시는 어르신을 뵈었다. 마음이 움직였나. 그분께 다가가 말을 걸고는 짐을 맡고 집까지 들어다 드렸다고 한다. 내가 밖에서 그 어르신을 다시 만날 때도 종종 있었다. "어떻게 이렇게 잘 교육을 잘 시켰냐"며 칭찬을 해 주시는 분들이 많았다. 그럴 때면 왠지 모르게 마음이 뿌듯해졌다.

아들이 사람들을 만날 때마다 인사를 잘하는 모습을 보면, 그게 단순한 예의가 아닐까 싶을 때가 있다. 하지만 아들이 꾸준히 인사를 잘하고 있다는 사실을 알게 될 때마다, 내가 놓쳤던 부분들이 다시 보인다. 어쩌면 작은 인사 한마디가 누군가에게 좋은 영향을 주고 있다는 걸 아이가 깨닫고 있지 않을까 하는 생각이 든다. 아이가 보여 주는 작은 행동에 나도 힘을 얻는다.

때로는 그 인사 덕분에 어르신들이 고마움을 표하며 용돈을 주시기도 한다. 그런 때면 아들은 집에 돌아와서 자랑을 한다. "오늘은 할머니가 용돈을 주셨어!" 하고 말이다. 그 말을 들을 때마다 나는 뿌듯함을 느낀다. 아이의 작은 인사가 누군가에게 기쁨을 주고, 그 기쁨이 나에게도 돌아오는 것 같아 마음이 따뜻해진다. 그런 순간이 또 다른 기쁨으로 다가온다.

그 당시 초등학교에서 여학생들에게 남학생 인기투표를 했을 때, 우리 아들이 가장 많이 뽑혔다고 담임선생님께서 연락을 주셨다. 그가 친구들에게 항상 자상하고 배려 깊게 행동하는 모습이 많은 사람들에게 높이 평가되었고, 그 덕분에 많은 인기를 얻었다는 이야기를 들었을 때,

나는 참 자랑스러웠다. 앞으로도 언제나 배려하고 겸손한 아들로 자라길 바란다.

지금은 사춘기를 지나 가끔 무뚝뚝한 모습을 보일 때가 있다. 말없이 다가오고, 눈길 한번 주지 않으며, 무언가를 말하려는 듯 말없이 떠나간다. 이런 대학생이 된 아들을 보면, 가끔 예전의 모습이 그리워진다. 어릴 때, 사람들에게 자연스럽게 인사를 건네고, 어른들에게 공손하게 대하던 그 순수한 모습이 떠오른다. 시간이 흐르면서 아들은 성숙해졌고, 이제는 어른이 되어 가고 있지만, 가끔은 그때 그 시절의 아들이 다시 돌아온 듯한 순간들이 그리워진다. 아들이 계속해서 예의 바르고 순수한 마음을 지닌 어른으로 성장해 가기를 바라는 마음이 크다. 그 마음속에는 여전히, 그 순수한 모습이 언제나 그대로 남아 있기를 바라는 바람이 있다.

결혼, 그 복잡한 선택과 마음의 여정

 결혼은 미친 짓이다, 라는 말이 있다. 결혼을 무덤 속에 갇히는 것처럼, 혹은 시행착오를 겪는 길이라고 생각하는 사람도 많다. 하지만 나는 그 시행착오를 지혜롭게 받아들이고, 역경을 헤쳐 나가는 것이 결혼 생활을 유지하는 중요한 열쇠라고 믿는다.

 우리 큰딸은 어릴 때부터 책임감이 강하고, 자칫하면 과도하게 자립적이었다. 함부로 돈을 쓰지 않고, 엄마와 아빠의 기념일도 꼼꼼히 챙기며 자신보다 어른 같았다. 어느 날, 심각한 표정을 짓고 있는 아이에게 궁금한 마음에 물어보았다. 그랬더니 아이는 부모가 늙었을 때 동생들을 돌봐야 할 상황이 올 텐데, 그게 가능한지에 대해 고민하고 있었다고 말했다. 그 이야기를 듣고 나는 너무 놀랐다. 어린 나이에 그런 생각을 하고 있다는 사실에, 마음이 무겁고 동시에 아이의 책임감 있는 마음에 감동을 받았다. 그와 반대로 작은딸은 성격이 둥글둥글하고, 뭐든지 좋아하는 성격이어서 큰딸과는 정말 다른 아이였다. 같은 배 속에서 나온 아이들이 이렇게 다를 수 있다는 걸 그때 알았다.

 큰딸아이가 초등학교 1학년에서 2학년으로 올라갈 즈음, 어느 날 한 남학생의 엄마가 전화를 해 왔다. 자녀를 둔 부모라면 누구나 그렇듯, 우리 딸이 이쁘다는 것을 나는 잘 알고 있었다. 그래서 그녀와 헤어지게 되어 아쉬워하는 마음이 들었을 그 남학생의 엄마의 간절한 전화를 무시할 수 없었다. 그 어머니의 마음을 헤아리며, 나는 딸이 그 소중한 관계를 이어 갈 수 있도록 도와주기로 결심했다. 그 마음을 알기에, 함께 만나기로 했다.

어린아이들이 서로 보고 싶어 한다는 그 순수하고 깨끗한 마음이 고스란히 느껴졌다. 그때가 그리운 순간이다. 이 경험을 바탕으로 막내에게 물어보았다. "초등학교 1학년에서 2학년으로 올라갈 때 헤어져서 서운한 친구가 있냐?" 그랬더니, 냉큼 대답하는 막내. 알고 보니 그 친구는 내 동료의 딸이었다. 어른들과 아이들이 함께 모여서 시간을 보낸 기억이 나에게는 여전히 선명하고 예쁜 추억으로 남아 있다.

큰딸은 자라면서 특별히 신경 쓸 일이 없을 정도로 스스로 공부하고 동생들을 챙기며 믿음직하게 성장했다. 맞벌이로 많이 신경을 쓰지 못한 것에 대해 미안한 마음이 있었지만, 시간이 지나고 나서 고맙고 미안하다는 말을 선했었다. 대학 진학 문제로 큰 의견 차이가 있었지만, 결국 그녀가 원하는 과로 진학하게 되었다. 어른들의 경험을 바탕으로 나는 딸이 간호학과에 진학하기를 원했다. 그 길이 안정적이고 미래가 밝다고 생각했기 때문이었다. 결국 딸은 자신이 진심으로 가고 싶어 했던 과에 진학하였다. 내가 원하던 길과는 달랐지만, 그녀가 선택한 길에서 만족하고 행복할 수 있기를 바라는 마음이 커졌다. 그녀의 결정을 존중하며 그때는 정말 화가 났지만, 지금 돌아보니 후회가 없다고 말하는 큰딸을 보며 안도감을 느낀다.

어느 날, 결혼에 대한 이야기가 나왔다. "결혼은 하지 않겠다"고 단호하게 말한 큰딸에게 나는 할 말을 잃었다. "어릴 때부터 엄마의 모든 행동을 지켜보며 자라 왔지만, 솔직히 엄마처럼 살 자신이 없어요. 엄마는 새벽부터 밤까지 하루 종일 바쁘게 움직이시고, 자유 시간은 거의 없어 보였어요. 그 모습이 너무 힘겨워 보였고, 나는 그런 삶을 반복하고 싶지 않다고 생각했어요. 옆에서 아빠가 도와주신다고 해도, 결국 엄마가 더 많은 부분을 맡아야 하는 현실이 너무 불공평해 보였어요. 이 사회가 여전히 그런 구조 속에서 돌아간다면, 결혼을 하고 싶다는 생각은 들지 않아요."라며, 아무리 세상이 달라졌다고 해도 여전히 결혼이라는 제도가 여전히 여성에게 불평등한 구조로 다가온다고 했다. 그녀의 말에 나는 그저 묵묵히 들을 수밖에 없었다. 하지만 나는 조금 더 신중하게 대답했다. "너가 봤을 때는 엄마의 삶이 힘들고 팍팍해 보였을지도 모르겠지만, 그만큼 행복한 순간들도 있었다. 결혼은 단지 힘든 것만은 아니다. 보이는 것이 전부는 아니니까." 그렇게, 결혼에 대한 나의 생각을 전하고 나서야 마음이 좀 가라앉았다.

그때, 나는 나 자신을 되돌아보았다. 내가 새벽부터 저녁까지 집안일과 회사 일을 모두 완벽하게 해내려고 발버둥 치며 살아왔던 그 모습이 딸에게는 너무 버겁게 느껴졌던 것이 아닐까? 살림이 넉넉하지 않아 내가 그렇게 살아야만 한다고 생각했지만, 이제는 그 길이 나에게도, 딸에게도 너무 힘든 길이었을지 모른다는 생각이 들었다. 그럼에도 불구하고 딸은 나를 감사하게 생각한다며, "엄마처럼 타의 모범이 되고, 바쁜 와중에도 우리에게 사랑을 베풀어 준 것에 대해 고마워요"라고 말했다. 조금은 쓸쓸한 그 말이 마음 깊숙이 와닿았다.

요즘 젊은이들이 힘든 일을 기피한다고 말하는 사람들을 자주 만난다. 내 아이들 역시 그러한 세대에 속하지만, 그런 말 속에서도 작은딸은 빨리 결혼하고 아이를 낳고 싶다는 생각을 전했다. 그래서 모든 젊은 이가 똑같지 않다는 것을 깨닫고, 조금은 안심할 수 있었다.

결국, 누구도 인생을 어떻게 살아야 한다고 강요할 수는 없다. 요즘 저출산 문제는 결혼을 미루는 사람들, 혼자서 편하게 살고자 하는 사람들 때문이기도 하다. 그러나 나는 여전히 언젠가 눈이 콩깍지가 쓰여 멋진 왕자님을 만날 수 있기를 기도하며 기다려 본다.

연애조차 귀찮다고 말하며 시도조차 하지 않는 딸이 조금은 미워 보일 때도 있지만, 그럼에도 불구하고 나는 딸이 여러 경험을 통해 스스로 선택할 수 있는 길이 열리기를 바란다. 결혼이 전부가 아니지만 삶의 다양한 가능성을 마주하면서, 그녀가 자신만의 길을 찾을 수 있기를 소망한다.

"지금 이 순간에도 안주하지 않고 스스로를 단련하며 부단히 성장하려 애쓰는 너에게, 진심을 다해 응원의 박수를 보낸다. 너는 충분히 잘하고 있고, 앞으로 더 빛날 거야. 힘내! 언제나 너의 편이 되어 줄게."

자식의 아픔은 나의 아픔

며칠 전, 큰아이가 한쪽 귀가 먹먹하고 답답하다고 했다. 귀에 핫 팩을 대어 주고 일단 안정을 취하라고 안내했다. 그날 저녁, 아이는 출근한 후에도 여전히 귀가 낫지 않아서 개인 병원에 가서 검사를 받았다고 했다. 다행히도 큰 이상은 없다는 소식에 안도할 수 있었지만, 기운이 없어 보이는 아이에게 저녁을 간단히 먹이려 했던 순간, 갑자기 아이가 옆으로 쓰러졌다. 깜짝 놀라 무슨 일이냐고 물었더니, 어지러워서 앉아 있을 수 없다고 했다. 그 상태로 겨우 침대로 옮겼고, 누운 상태에서도 계속 어지럽다고 하며 머리를 움켜잡았다.

그때, 나는 무엇을 해야 할지 몰라 당황했다. 응급실에 가야 할지 고민하다가, 인근 응급실에 전화를 해 보았다. 응급실에서는 "너무 심하면 내원하시고, 그렇지 않으면 다음 날 외래 진료를 받으세요"라고 안내해 주었다. 아이가 어지러워하고 토할 듯한 상태에 이르자, 가만히 있을 수 없었다. 다행히도, 그 후 아이는 잠이 들었고, 밤새 큰 요동 없이 보낼 수 있었다.

다음 날, 병원에 갔다. 의사는 메니에르병을 의심하며 설명해 주었다. 내이의 이상으로 귀 먹먹함, 이명, 어지러움증이 발생하는 질환인데, 이 질환은 반복적으로 어지러움과 귀가 막힌 느낌을 동반한다고 했다. 나는 아이가 겪고 있는 증상과 아주 유사하다고 생각하며 검사받기를 권했다. 청력 검사, 내이 검사, 균형 검사 등을 진행했지만, 다행히도 검사 결과에는 이상이 없었다. 의사는 결과를 보고 안도의 숨을 쉬며 "다행입니다"라고 말했지만, 그럼에도 불구하고 나는 여전히 의문이 남았다.

의사는 이어서 물었다. "요즘, 특별히 힘든 일이 없었나요? 혹시 스트레스나 불안감이 심하지 않으신가요?" 그러자 나는 아이가 최근에 직장을 옮기고 새로운 일에 도전하고 있다는 이야기를 했다. 의사는 그 말을 듣고, 극도의 긴장이나 불안감이 신체에 여러 증상으로 나타날 수 있다는 설명을 덧붙였다. 어지러움과 귀 먹먹함도 일시적으로 나타날 수 있다는 것이다. 그 후, 의사는 차분하게 다시 말했다. "마음을 편안하게 가지세요. 긴장을 풀고 안정되면 이런 증상은 사라질 거예요."

나는 의사의 설명에 안도감을 느꼈지만, 여전히 마음속에서는 답을 찾지 못한 채 마음이 무거웠다. "혹시 모르니까 머리 CT 촬영을 해 보는 게 어떨까요? 이번 기회에 확실히 알고 싶어요."라고 물었지만, 의사는 이미 검사 결과가 정상이라고 하며, 추가적인 검사를 할 필요가 없다고 했다. "이런 일이 다시 발생하지 않도록, 맛있는 걸 먹고 충분히 쉬세요."라고 덧붙이며, 나는 아이와 함께 병원을 나왔다.

병원 밖에서 아이와 천천히 걸으며 이야기를 나눴다. "요즘 얼마나 힘들었는지, 적응이 어려운 건 아닌지, 또 다른 꿈을 향해 달려가고 있는 너에게 너무 많은 채찍질을 하고 있는 건 아닌지…" 이런 이야기를 하며 서로의 마음을 나누었다. 긴 시간이 지난 것처럼, 우리는 모처럼 깊은 대화를 나누었고, 서로의 생각을 더 잘 이해할 수 있는 시간을 가질 수 있었다. 그리고 그렇게 우리는 집에 도착했다.

일상을 살아가며 자식이 아플 때, 부모는 진심으로 그 아픔을 대신하고 싶다는 마음이 들기 마련이다. 나도 어제, 그 아픔을 느끼며 '차라리 내가 아팠으면 좋겠다'는 생각을 했다. 하지만 이번 일을 통해, 아픈 만큼 더 성숙해지고, 자신을 돌보는 법을 배우는 시간이 될 것이라고 믿게 되었다. 이제 아이는 더 건강하게 성장하고, 삶의 어려움도 이겨 낼 수 있을 것이다. 요즘 젊은이들이 얼마나 힘든지 잘 알고 있지만, 그들이 겪는 어려움은 결국 그들을 강하게 만들 것이라 확신한다.

오늘 하루, 아이와의 대화 속에서 많은 것을 느꼈고, 그 과정에서 나 자신도 조금 더 성장하는 기회를 얻었다. 비록 아이가 아팠던 것이 마음 아팠지만, 그 덕분에 서로를 더 이해하고 배울 수 있는 소중한 시간이었기에, 이제는 한 발자국 물러서서 더 여유를 가지고 힘을 내어 살아가야겠다고 다짐하게 된다.

결국 아이의 병은 감기로 시작해 바이러스가 귀로 옮겨간 것임을 알게 되면서, 걱정도 컸지만 상황을 명확히 알게 되어 한결 마음이 놓였다.

6부

길 위에서 만난 나

여행이 내게 준 가장 아름다운 선물

여행을 좋아한다고 늘 말해 왔지만, 어쩌면 그 말속에는 현실에서 잠시 벗어나고 싶은 작은 일탈, 그리고 삶을 다시 일으키는 회복의 시간이 담겨 있었는지도 모르겠다.

어릴 적 내 버킷리스트 첫 번째는 늘 '여행'이었다. 빠듯한 살림살이 속에서도 마음이 지칠 때면 가까운 곳이라도 훌쩍 다녀오곤 했다. 본격적인 여행은 아이들이 어느 정도 자라고, 생활이 조금 여유로워진 후에야 가능했지만, 그 기다림조차 설렘으로 기억된다. 다행히 남편도 여행을 좋아했다. 함께 발맞춰 걷다 보면 마음이 맞는다는 게 무엇인지, 부부는 결국 함께 나란히 걸을 수 있어야 한다는 것을 알게 되었다.

처음에는 아이들 때문에 멀리 떠나기 어려워 국내 위주로 움직였지만, 시간이 흐르며 점차 발걸음도 자유로워졌다. 그중에서도 가장 깊이 마음에 남은 여행은 어머니와 함께한 시간이다.

어머니는 원래도 여행을 좋아하셨지만, 나이가 들어서도 그 마음은 변함없으셨다. 우리는 국내든 해외든 언제나 어머니를 모시고 함께 여행을 다녔고, 그 시간들은 늘 즐겁고 따뜻한 기억으로 남아 있다.

연세가 85세가 되던 해, 어쩌면 마지막 해외여행이 될 수도 있겠다는 생각에, 가족 모두가 함께 즐길 수 있는 태국으로 떠나게 되었다. 볼거리와 즐길 거리가 많은 나라였기에, 어머니도 더 기쁘게 즐기실 수 있을 거란 기대가 컸다. 처음엔 걱정이 많았다. 체력이 버틸 수 있을지, 낯선 환경이 어머니께 불편하지 않을지. 하지만 막상 여행이 시작되자, 가장 먼저 가이드를 따라 앞장서는 분은 다름 아닌 어머니셨다. 누구보다 눈을 반짝이며 풍경을 바라보고, 사진을 찍으며 웃으셨다. 함께한 사람들마저 어머니의 그 활기찬 모습에 감탄할 정도였다.

여행이 끝나고 돌아오는 길, 가이드가 마이크를 잡고 말했다. "어머니를 정성스럽게 챙긴 따님께 박수를 보냅니다!" 순간 얼굴이 달아오를 만큼 부끄러웠지만, 뒤이어 누군가가 "딸이 아니라 며느리래요!"라고 외쳐 버리는 바람에 버스 안은 한바탕 웃음바다가 되었다. 그 따뜻한 유쾌함은 아직도 생생히 기억난다. 아이들은 그때의 에피소드를 지금도 꺼내며 웃는다. 무심히 지나간 줄 알았던 여행의 한 장면이, 아이들의 기억 속에 오래도록 남아 있다는 사실이 참 고맙고도 뭉클하다.

그 이후로도 여행은 내 삶 속에 계속 이어졌다.

딸이 정성껏 준비한 파리의 자유여행은 또 하나의 선물처럼 다가왔고, 퇴직 후에는 오랜만에 느긋한 마음으로 길 위에 나설 수 있었다. 낯선 골목을 걷고, 모르는 언어를 들으며 하루하루를 맞이하는 그 모든 순간이 다시 나를 살아 숨 쉬게 했다.

특히 기억에 남는 건 시누이와 함께 떠난 여행이었다. 처음엔 단순한 동행이라 생각했지만, 길 위에서 우린 서로를 깊이 들여다보았다. 올케와 시누이라는 익숙한 역할에서 벗어나, 사람 대 사람으로 마음을 나누고 웃으며 걸었다. 그 용기 있는 여정은 우리 관계를 더 가까이 묶어 주었다.

누군가는 '정들면 고향'이라 말한다. 어느 곳이든 오래 머물면 익숙해지고, 그 익숙함이 정으로 이어진다. 하지만 여행은 조금 다르다. 낯설기에 더 눈부시고, 짧기에 더 깊게 스며든다.

정신없이 살아가다 보면 여행은 사치처럼 느껴질 때도 있지만, 돌아보면 언제나 나를 살게 한 건 그런 순간들이었다. 스쳐 간 풍경, 스며든 공기, 함께 나눈 마음들이 내 삶의 결을 바꿔 놓았다.

그래서 더 늦기 전에, 아직은 설렐 수 있을 때, 삶을 껴안을 여유를 가지고 떠나고 싶다.

어디를 갔는지보다 누구와 함께했는지가 더 중요했고, 무엇을 보았는지보다 그때의 감정이 더 오래 남았다.

길 위에서는 평소 하지 못했던 이야기들이 자연스레 흘러나왔고, 닫혀 있던 마음도 조금씩 열렸다. 가족, 친구, 우연한 인연들과의 여행은 나를 다듬고 어루만져 주었다.

여행은 매번 짧지만 그 속에서 새로운 나를 만났다. 잊고 지냈던 감정들을 다시 꺼내 보며, 바람 스치는 골목에서 문득 웃고 있는 나를 발견할 때면, 아, 내가 살아 있구나 실감했다.

낯선 인사, 처음 보는 하늘빛, 익숙지 않은 향기들… 그 모든 것들이 내 삶을 조용히 어루만지고 있었다.

무엇보다 여행은 내게 '함께한 기억'을 선물해 주었다. 어머니의 웃음, 아이들의 장난기 어린 얼굴, 남편과 나란히 걷던 고요한 길. 결국 나에게 여행이란, 소중한 사람들과 나눈 순간들이었다. 여행은 멀리 떠나는 것이 아니라, 마음을 열고 서로를 바라보는 그 짧은 찰나에 있었다.

그러니 앞으로도 나는 떠나고 싶다. 가슴이 뛰는 여행, 마음이 맑아지는 길 위로. 다리가 후들거릴 때까지 기다리지 말고, 아직은 걸을 수 있을 때, 마음껏 나를 회복시키는 그 시간을 누리고 싶다.

여행은 분명 지출이 따르는 일이지만, 그 순간만큼은 아낌없이 쓰고 싶다. 잠시나마 일상을 벗어나 마음을 치유하는 데 드는 비용이라면, 기꺼이 감수할 수 있다.

여행은 나에게, 삶을 다시 사랑하게 해 준 가장 아름다운 선물이었다.

바오와 함께한 삶의 온기

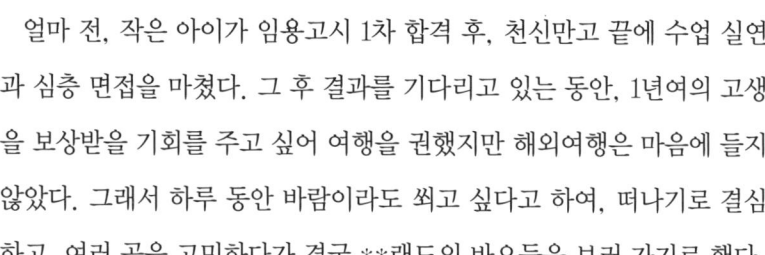

얼마 전, 작은 아이가 임용고시 1차 합격 후, 천신만고 끝에 수업 실연과 심층 면접을 마쳤다. 그 후 결과를 기다리고 있는 동안, 1년여의 고생을 보상받을 기회를 주고 싶어 여행을 권했지만 해외여행은 마음에 들지 않았다. 그래서 하루 동안 바람이라도 쐬고 싶다고 하여, 떠나기로 결심하고, 여러 곳을 고민하다가 결국 **랜드의 바오들을 보러 가기로 했다.

그렇게 우리는 새벽 6시에 집을 나서 광주에서 출발해 전주를 경유한 후, **랜드로 가는 여행사 버스를 탔다. 45인승 버스는 한 자리도 여유 없이 꽉 차 있었고, 단체 여행처럼 느껴졌다. 그때 문득 어릴 적 수학여행을 떠날 때의 설렘이 떠올랐다. 이렇게 멀리서 몇 시간 전에 버스에 올라 바오를 구경하러 가는 것이 참으로 신기했다.

**랜드는 10시에 오픈이었고, 우리는 9시 30분쯤 하차하여 입구로 달려갔다. 많은 사람들이 입구를 향해 뛰어가는 모습에 우리도 그 대열에 합류했다. 입구에 다다르자, 수천 명이 줄을 서 있는 광경을 보고 깜짝 놀랐다. '오픈런'에 참여하는 것이 이렇게 놀라운 일이라니, 한참을 멍하니 서 있다가 다시 한번 놀랐다.

8시 전부터 줄을 선 사람들을 보며 정말 부지런한 사람들이 많다는 생각이 들었고, 그런 사람들을 보며 웃음이 나왔다. 30~40분을 기다려 마침내 입장하게 되었지만, 그때부터 또 다른 난관이 펼쳐졌다. 입장과 동시에 사람들은 마치 100m 달리기를 하듯이 전속력으로 뛰어갔고, 작은 아이는 '엄마가 빠르니 먼저 자리를 잡으라'고 했다. 어릴 적 계주 선수가 되었던 그 순간을 이렇게 그것을 실제로 사용할 수 있다는 사실이 놀라웠다. 우리는 빠르게 ※※랜드 입구에 도달했다. 그러나 이미 줄은 끝이 보이지 않을 정도로 길어졌고, 안내요원은 90분 대기 시간을 알리는 팻말을 들고 있었다. 다행히 작은아이가 도착하기 전, 내가 먼저 뛰어가 미리 줄을 서서 기다릴 수 있었다. 그럼에도 불구하고 줄은 계속 길어졌고, 대기 시간이 100분, 120분으로 늘어나면서 그 시간이 정말 길게 느껴졌다. 그래도 이 바오들을 꼭 봐야 한다는 마음으로 기다렸다. 이 또한 기다림의 미학이구나 합리화를 시키며 즐거운 마음으로 줄을 서 있었다.

마침내 1시간 남짓 기다려서 드디어 입장할 수 있었고, TV 다큐멘터리에서 보던 바오들을 실제로 보는 순간, 감동이 밀려왔다. 안내요원의 목소리가 합성기 너머로 들려왔다. "보는 시간은 5분입니다. 많은 사람들이 기다리고 있으니, 바로 퇴장해 주세요!" 사람들이 사진을 찍느라 정신이 없었고, 입장 인원도 제한을 두어 질서가 잘 유지되고 있었다. 그나마 인명사고 없이 질서 있게 진행된 것이 다행이었다.

그렇게 고대하던 바오들을 만나게 되었고, 아빠 바오의 듬직한 모습과 대나무를 연신 뜯어 먹는 모습에 마음이 녹았다. 기대했던 아기 바오, 후이바오와 루이바오는 너무 새벽 일찍 깨워 밖으로 나가게 앞장세운 탓인지, 새근새근 잠들어 있었다. 아쉬웠지만 그 모습만으로도 충분히 행복을 느꼈다.

몇 분 만에 퇴장하라는 안내요원의 소리에 아쉬움을 뒤로하고, 우리는 다른 동물들도 구경하고 놀이기구도 타기로 했다. 그사이, 푸바오가 봄 안에 중국으로 돌아간다는 소식을 들었고, 전국에서 많은 사람들이 이 특별한 순간을 보기 위해 모여들고 있었다. 같은 마음으로 우리도 그 대열에 끼어들어 바오들을 보기 위한 기다림을 함께 한 것이다. 남녀노소 할 것 없이 그 작은 동물을 보기 위해 긴 시간을 기다리는 모습에, 마음 한편에서는 씁쓸한 느낌도 들었지만, 그럼에도 불구하고 행복한 시간임에 틀림없다.

오후에는 작은아이가 놀이기구를 타지 않겠다고 하여, 푸바오를 보려고 다시 기다리는 대열에 서게 되었다. 한편, 나는 여전히 젊은 마음으로 몇 가지 놀이기구를 혼자서도 잘 타며 즐겼다. 그렇게 시간이 지나고 연락이 와서 다시 푸바오를 마지막으로 눈에 담을 수 있었다. 간식으로 닭꼬치와 추로스를 사 먹고, 숍에 들러 구경하며 아침에 탔던 버스로 돌아가니, 집에 도착한 시간은 늦은 밤 10시가 넘어가고 있었다.

마치 패키지여행을 마친 듯 피곤했지만, 그 하루가 얼마나 길고 알차게 느껴졌는지 너없이 행복했다. 정말 재밌고 즐거운 하루였고, 그동안 느끼지 못했던 젊은 마음으로 돌아갈 수 있는 시간이었다. 이렇게 많은 사람들이 **랜드에 모여 바오들을 보기 위해 길게 줄을 서 있는 모습을 보며, '빈익빈 부익부'라는 말이 맞다는 생각이 들었다. 바오들이 잠시 여기 **랜드에 와서 큰 수익을 창출하고, 많은 사람들의 관심을 끌 수 있다는 사실이 신기하면서도 흥미로웠다. 그리고 얼마 후 푸바오가 중국으로 돌아간다는 소식을 TV에서 접하면서, 그 동물에 대한 애정이 느껴져 대성통곡을 하며 우는 사람들이 이해가 갔고 나도 울고 싶은 마음도 들었다. 이렇게 사랑받는 바오들을 보는 것만으로도 행복한 시간이었기에, 아무렇지 않은 듯 흘러갔지만, 문득 돌아보면 유난히 빛나는 하루였다.

시누이와 함께한 동유럽 여행, 특별한 우정의 여정

 큰딸의 주관하에 영국 여행을 마친 후, 히드로공항에서의 아쉬운 마음을 뒤로하고 남편과 큰딸은 한국으로 떠나는 다른 터미널로 향한다. 나는 위 시누이와 함께, 또 다른 여행지를 향해 각기 다른 터미널로 가야만 하는 시점에 도달했다. 이제까지 어른들은 딸아이를 졸졸 따라다니며 여행을 즐겼다면, 이제는 우리가 스스로 알아서 출국 수속을 하고, 계획된 여행 일정대로 움직여야 한다. 떨리고 두렵기까지 했다.
 이제부터는 누구의 기댈 곳도 없다는 생각에 긴장과 두려움이 일었지만, 그럴 시간조차 사치일 뿐이었다. 물론 나보다 영어 실력이 훨씬 좋은 시누이가 있긴 했지만, 이렇게 단둘이 자유여행으로 움직인다는 것이 쉽지만은 않았다. 체코 프라하를 향하는 비행기를 타야 했기에 여유를 부릴 시간도 없이, 수속 절차를 빠르게 진행해야 했다.
 짐을 부치기 위해 도착했을 때부터 이미 난관에 부딪혔다. 기술력이 뛰어난 우리나라와 교통 시스템이 잘 갖춰진 점은 자랑스럽게 여겼지만, 유럽의 선진국들이 아직도 해결해야 할 문제가 많다고 느꼈다. 앞서 가던 형님이 비행기 승차권 QR코드를 열려고 애쓰고 있었다. 내가 보조할 때까지도 핸드폰 화면은 열리지 않았다. 뒤에서 조용히 서 있던 나는 '봉사가 문고리 잡는다'는 속담처럼 내 승차권 QR코드가 순식간에 열렸고, 그걸 직원에게 보여 주며 겨우 통과할 수 있었다.

짐을 부칠 때, 영국식 영어를 알아듣는 것이 또 다른 도전이었다. 인상이 강한 직원이 빠르게 질문을 던졌고, 그 속도를 따라가기 어려웠다. 그나마 겨우 알아듣고 확인을 위해 "Pardon me?"라고 다시 물었다. 그 질문 덕분에 결국 이해할 수 있었다. "캐리어 안에 라이터, 배터리 등이 있냐?"고 묻기에 "No! I don't."라고 답하며 짐을 부친 후, 출국 심사장을 지나갔다. 그제야 마음이 조금 편해졌다.

이제부터는 두려움보다 설렘이 앞선다. "앞으로 2주 동안 어떻게 보낼까?" 생각하면서도, 여행은 설렘만 있는 것이 아니라 도전과 두려움이 함께하는 과정에서 더욱 성장하는 것 같다. 돌아보니 불안했던 여행이 결국은 행복한 여행이었음을 깨달았다. 시행착오를 겪고 길을 헤매면서도, 넓은 유럽 땅에서 우리가 잘 해냈다는 기쁨과 성취감은 이루 말할 수 없이 큰 행복이었다.

형님은 분명 MBTI에서 J 유형일 것이다. 꼼꼼하고 세밀하게 A4 열 장에 가까운 여행 일정을 준비해 온 것에 정말 감탄했다. 간단히 정리한 일정표와 세밀하게 짜인 동선은 정말 유용했다. 이 덕분에 큰 문제가 없이 일정을 따르며 여행할 수 있었다.

프라하행 비행기를 타고 가는 동안, 우리나라 비행기 안에서 예쁘고 날씬한 스튜어디스를 늘 보아 왔다면, 대조되는 덩치 큰 스튜어디스가 내게 또 다른 안정감을 주었다. 늦은 시간 11시가 넘어 프라하에 도착했지만, 우리나라와 좋은 교류를 이어 온 덕분에, 두 나라 사이의 관계가 깊고 따뜻하다는 사실이 더욱 마음을 편안하게 했다. 그 덕분에 프라하에서의 여행이 더 안전하고 안정감을 주는 느낌이었다. 공산국가의 흔적이 남아 있을 것이라는 우려는 오히려 첫인상에서 깨끗하고 조용한 도시로 바뀌었다. 형님이 미리 택시를 예약해 놓아 편하게 호텔로 이동할 수 있었다. 캄캄한 어두운 길을 지나며 정신없고 시끄러운 런던을 떠나 조용한 도시에서 안정감을 느낄 수 있었다. 좋은 호텔에 도착해 편안하게 잠자리를 정리한 후, 우린 조용히 잠에 빠졌다.

형님과 이전부터 아주 편하게 여행을 다니며 정을 쌓아 왔기에, 낯설거나 불편함 없이 함께 지낼 수 있었다. 둘 다 걷는 걸 좋아해서, 호텔 인근에서 자유롭게 구시가 광장, 틴성당, 얀후스 동상, 구시청사 등을 돌아보았다. 매시간 천문시계 앞에 모여드는 수천 명의 사람들과 함께 인형들이 돌아가는 진풍경을 보고, 사람들 속에서 자연스럽게 움직이게 되는 경험이 신기했다.

체코의 랜드마크인 빨간 지붕이 인상적인 구시청 전망대에서는 프라하 시내를 내려다보며 빨갛게 물든 단풍을 감상할 수 있었다. 하벨 시장에서 구경하고 유명한 납작 복숭아를 사와 호텔에서 맛보았다. 그때가 제철이어서 정말 맛있었다.

그 후, 시내 투어에 신청하여 프라하성, 성 비투스 대성당, 성 이르지 바실리카를 방문했다. 영화에서만 보던 프라하성을 실제로 보니 체코의 역사와 문화가 살아 있음을 느꼈다. 성당을 돌아보면서 매번 비슷한 느낌이 들기도 했지만, 존 레논 벽에 대해 설명을 들었을 때, 그 벽의 의미에 대해 다시 생각하게 되었다. 평화를 기원하는 벽이라니, 그 의미가 마음에 깊이 와닿았다.

프라하에서 유명한 콜레노를 먹고, 카를교에서 야경을 즐겼다. 해가 늦게 떨어지다 보니 10시가 되어야 불이 켜졌지만, 전쟁으로 인해 전기 수급이 원활하지 않아 불이 절반만 들어오는 아쉬움이 있었다. 하지만 카를교 다리 위에서 버스킹하는 사람들을 보며 또 다른 경험을 할 수 있었다.

체코에서 가장 아름다운 도시인 체스키 크룸로프도 다녀왔다. 이 작은 도시는 유네스코 세계유산으로, 크룸로프성과 함께 뛰어난 건축물들이 많았다. 그곳의 정원과 강을 따라 걸으며, 성을 지킨 사람들의 지혜와 열정을 느낄 수 있었다.

일일 투어를 신청한 드레스덴, 작센 여행에서는 슬픈 역사를 가진 건축물들을 보며, 가이드의 설명을 듣고 많은 생각을 했다. 작센 지역은 독일에서 꼭 가 봐야 할 곳으로 꼽히는 명소지만, 그곳의 역사와 의미는 감동적이었다. 동독 시민 혁명의 발상지인 라이프치히, 문화 중심지인 드레스덴과 공업 중심지인 켐니츠 등이 위치한 곳이다. 한 블록을 날려 버린 사건을 통하여 블록버스터라는 단어가 여기에서 나왔다 하니 이렇게라도 남아 있으니 참으로 다행스럽다. 우리나라 인재들이 참 많다. 젬퍼 오페라하우스에서 조성진 피아니스트 연주와 정명훈이 지휘하는 장소라고 하여 외부에서 사진만 찍었다. 이렇게 짧게 독일도 잠깐 다녀왔다.

체코 여행을 마무리하며, 이 나라의 청정한 환경과 자존심을 지켜 온 역사에 경의를 표한다. 체코는 조용하고 깨끗한 나라였으며, 사람들은 참 친절했다. 물가가 비싸지 않아서 한 달 살기를 많이 한다는 것도 흥미로웠다. 다음에는 더 많은 시간을 두고 다시 여행을 떠나고 싶다는 생각이 들었다.

여행지에서 만난 우리나라 사람들은 대부분 모녀 사이거나 젊은 친구들이 많았다. 그런데 우리는 60대 아줌마들로, 그 모습이 다소 신기하게 비쳤는지, 사람들의 시선이 느껴졌다. 특히 시누이와 올케 사이라는 사실에 놀라는 이들도 있었고, 함께 여행을 다니는 게 어색하지 않냐고 묻는 사람들도 있었다. 그러나 그 질문 속에는 결국, 우리가 함께 여행하는 모습이 부럽다는 마음이 담겨 있음을 느낄 수 있었다.

　이번 여행을 통해, 나와 시누이는 더 많은 추억을 쌓았고, 여행을 용감하게 떠날 수 있는 용기를 얻었다. 우리는 나이가 들어도 자유여행을 즐길 수 있다는 자신감을 얻었고, 앞으로도 함께 여행을 떠나기로 약속했다.

봄나들이의 후유증과 교훈

우리의 인생은 기한이 있기에 시간이 있을 때 좋은 것을 보며 즐겁게 지내려 노력한다. '품 안에 자식'이라고 했던가? 이제 나이가 들어가면서 다들 각자의 삶에 매여 지나다 보니, 부부가 함께하는 시간이 점점 더 소중하게 느껴진다. 점차 그런 시간들이 의무적인 방어를 위한 시간이 아니라, 서로의 곁에서 편안하게 나누는 소일거리가 되는 듯한 기분이다. 나이가 먹어 갈수록 남들처럼 시간에 맞춰 움직이는 것보다는 부부가 함께 하는 것이 더 편하고 오붓하다는 생각이 든다.

벚꽃이 흐드러지게 핀 어느 토요일, 남편과 함께 좋은 날씨를 즐기며 김제 금산사로 나들이를 갔다. 그곳을 한 바퀴 돌고 나서 유명한 육회 비빔밥집을 찾아갔으나, 대기 번호가 무려 40번이나 되어 기다리기엔 너무 지칠 것 같았다. 그래서 인근 다른 비슷한 맛집을 찾아갔고, 다행히 거기서는 바로 자리를 잡을 수 있었다. 그곳에서 배가 고파 특으로 고기가 잔뜩 들어간 육회비빔밥을 한 그릇 맛있게 먹고 나왔는데, 그 직후부터 문제가 생기기 시작했다.

날이 갑자기 더워져서 생고기를 먹는 게 괜찮을까 하는 생각이 잠깐 들었지만, 괜찮겠지 하며 별생각 없이 식사를 마쳤다. 그런데 곧바로 아랫배가 살살 아프기 시작했다. 급하게 화장실을 찾고 볼일을 본 뒤, "그냥 조금 지나면 괜찮겠지" 하며 안일하게 생각하고 집으로 돌아왔다. 하지만 그 후부터 상태는 점점 악화되었다. 물만 먹어도 바로 쏟아져 나오는 상황이었고, 온몸이 쑤시고 한기가 몰려오는 고통에 견디기 어려워졌다. 남편도 몇 번 화장실을 들락거린 뒤 약을 먹고는 조금 나아졌다고 했다. 나보다는 건강한 체질인 남편에게 위로 아닌 위로를 건넸다. 나 역시 약을 먹었지만, 식중독에 걸린 것 같다는 생각이 들었다.

기저질환이 있어 그동안 음식에 더욱 신경을 써야 했는데, 이번 일로 내가 얼마나 방심했는지를 뼈저리게 느꼈다. 응급실에 가야 할지 고민하면서도, 병원에 가면 검사만 받고 몸만 더 지치게 될 것 같다는 생각에, 의사인 시누이에게 SOS를 보냈다. 다행히 시누이는 급하게 약을 보내 주었고, 나는 약을 먹고 나서야 조금 안도할 수 있었다. 그러나 여전히 아랫배 통증은 계속되었고, 몸은 한기가 몰려왔다. 결국 남편의 걱정에 잠에서 깨어 병원에 가자고 했지만, 일단 약을 더 먹어 보고 그래도 안 나으면 가자고 하며 대처했다. 여러 약을 먹고 나서야 잠시나마 살 것 같았다.

그때, 내가 얼마나 가족의 소중함을 느꼈는지 다시 한번 깨닫게 되었다. 타지에 나가 있는 자녀들이나 혼자 사는 사람들이 아프면 얼마나 힘들까 하는 생각이 들었고, 그들의 상황을 실감할 수 있었다.

이틀간의 고통이 지나고 나서야, 식당에 연락을 해 보기로 했다. 사실 식당에 연락을 하는 것도 조금은 부담스러웠지만, 나와 같은 일을 겪을 사람이 다시 생기지 않게 하기 위해서는 그들의 책임을 묻는 게 맞다고 생각했다. 식당에 전화를 걸어 상황을 이야기하니, 그쪽은 의아해하며 "그럴 리 없다"고 말하며 미온적인 태도를 보였다. 실제로 내가 아픈 상황이었고, 고통을 겪은 후로 그 사장이 보여 준 태도가 매우 실망스러웠다. 나중에 다시 연락을 달라고 하며 그들은 아무런 사과 없이 대답을 마쳤다. 만약 그들이 처음부터 책임을 인정하고 사과했다면, 나의 기분도 더 나았을 것이다.

진료를 받기 위해 병원을 찾은 나는 식중독 증상으로 영양제를 맞고, 약을 처방받고 돌아왔다. 남편은 가벼운 증세로 금방 회복되었지만, 나에게는 봄나들이의 후유증이 매우 고통스럽고 어마어마한 교훈을 남겼다. 아픈 와중에도 여전히 내가 주의해야 할 점을 깨달으며, '날것'의 음식을 먹을 때는 각별히 조심해야겠다는 다짐을 하게 되었다.

그리고 식당 측에 다시 한번 연락을 했다. 내가 겪었던 일에 대해 다시 알리며, 그들이 나와 같은 상황을 겪지 않게 예방하기 위해 조치를 취할 수 있도록 부탁했다. 결국 식당은 사과의 말을 전했고, 치료비도 지급받을 수 있었다.

이번 일이 나에게 남긴 것은 단순한 고통이 아니었다. 가족의 소중함을 깨닫고, 건강에 대한 경각심을 일깨워 주었으며, 나의 방심이 가져올 수 있는 위험을 다시 한번 인식하게 되었다. 봄날의 나들이는 즐겁고 소중한 추억이어야 하지만, 그날은 나에게 또 다른 교훈과 깨달음을 안겨 준 특별한 날로 남았다.

아이들이 챙겨 준 특별한 선물, 30주년의 여행

　흔히 결혼을 "시행착오"라고 하거나 "무덤 속에 갇힌 것"이라고 표현하곤 한다. 하지만 어느덧 우리 부부는 결혼한 지 벌써 30년이 넘었다. 수많은 희로애락을 겪으며 긴 세월을 살아왔지만, 우리가 또 이만큼을 더 살아가야 한다는 사실을 생각하면, 여전히 지지고 볶을 시간이 한참 남았다는 생각이 든다.

　그렇게 시간이 흘러, 우리 부부의 30주년을 맞이한 아이들이 깜짝 선물을 준비했다. 어릴 적부터 매번 이벤트를 준비해 놀라게 하고 감동을 주었던 아이들은, 이번엔 30주년을 기념해 돈을 모아 유럽 여행을 선물하겠다고 했다. 물론, 100% 지원은 아니었지만 유럽 여행이 결코 적지 않은 비용이 드는 만큼, 그 마음은 충분히 감동적으로 다가왔다. "이제 더 늦기 전에 여행도 다니자"는 약속을 되새기며, 우리는 흔쾌히 여행을 떠나기로 했다.

　봄과 가을은 여행하기 좋은 계절이다. 5월에 떠나는 여행은 여러 가지로 행복한 순간이다. 몇 년 전, 큰아이와 함께 파리와 독일을 여행했던 것 외엔 부부끼리 가는 유럽 여행은 처음이라 한 달 전부터 꼼꼼히 준비를 시작했다. 그럼에도 불구하고 여행지에 도착하니, "이것도 챙겨 올걸" 하는 아쉬운 마음이 들었다. 새벽 3시에 리무진 버스를 타고 진주에서 인천공항으로 향하는 길, 여행의 시작은 항상 설렘을 안겨 준다. 인천공항에 도착하면 들뜬 마음을 가라앉히기 힘든 게 사실이지만, 나이가 들어서 그런지 공항에서 밥을 먹고 체크인을 기다리면서 벌써 피곤함을 느꼈다.

  14시간의 긴 비행은 힘들었지만, 앉았다 일어나기를 반복하며 마침내 다음 날 밤늦게, 로마에 도착했다. 이탈리아와 스위스를 둘러보는 여행을 떠났고, 바로 숙소로 향했다. 다음 날 새벽 5시 30분에 스위스로 출발해야 한다는 얘기를 듣고, 간단한 과자와 빵을 받아 들었지만, 유럽에서 굶으며 여행하는 것에 대해 어렴풋이 들었던 기억이 떠올랐다. 자유여행은 여유 있게 사 먹을 시간을 가질 수 있지만, 패키지여행은 주어진 대로 먹고 자야 한다는 점이 때로는 불편함을 주기도 한다. 그래도 그것도 여행의 묘미가 있는 듯하다.

  스위스에 향하는 버스 안에서의 밖의 드넓은 잔디밭을 눈으로 즐기며 달리는 동안, 그 아름다움에 감탄을 금할 수 없었다. 스위스의 풍경은 마치 그림에서 나온 것 같았고, 그곳에서 본 잔디밭은 정말 깔끔하게 관리되어 있었다. 가이드에게 물어보니, 집 앞의 작은 정원까지도 집주인이 관리해야 한다고 했다. 그렇지 않으면 벌금을 물게 된다니, 그 정도로 사람들이 정원을 잘 관리하는 이유를 알게 되었다. 정말 눈이 맑아지는 기분을 맛보았다.

  스위스의 알프스산맥과 융프라우, 그린델발트, 루체른 등에서 만난 여유로운 풍경은 마음을 차분하게 해 주었다. 루체른 시내에서 구경하며, 비싼 시계들을 보고는 아이쇼핑을 하기도 했고, 그 아름다움에 여전히 감탄했다. 하지만 스위스는 물가가 너무 비쌌다. 스위스 여행을 마친 후, 우리는 다시 이탈리아로 돌아갔는데, 날씨 차이가 꽤 큰 것을 느꼈다. 밀라노에서는 명품 거리에서 자유시간을 주었다. 밀라노 성당을 구경하며 정말 놀라운 아름다움에 감탄을 쏟아 냈다. 밀라노 성당은 그 웅장함과 고딕 양식으로 세계적으로 유명한 성당으로, 내부의 대리석 장식과 성화들이 아름다웠다.

여행의 하이라이트는 이탈리아의 역사와 전통을 경험한 순간들이었다. 르네상스의 중심지인 베니스, 미켈란젤로 언덕이 있는 피렌체, 그리고 폼페이에서 느꼈던 역사적인 무게는 참으로 뜻깊었다. 특히, 바티칸 시국은 그 작은 국가가 가질 수 있는 규모를 넘어서, 교황의 위엄을 느낄 수 있는 성스러운 장소였다. 성 베드로 대성당을 방문하고, 그곳에서 르네상스 시대의 미켈란젤로와 다른 예술가들의 작업을 느낄 수 있었다.

로마 시내에서 트레비 분수 앞에 서며, 이탈리아 특유의 향이 가득한 젤라또를 먹으며 여유로운 시간을 보냈다. 오드리 햅번처럼 포즈를 취하고 사진을 찍으며 여행의 마지막을 장식했다. 다음에 다시 자유여행으로 이탈리아를 와야겠다고 남편과 나는 다짐했다.

사랑하는 아이들이 준비해 준 이 여행은 정말 특별한 선물이었다. 그들의 마음이 고맙고, 이 소중한 기억을 함께 나눌 수 있어 더욱 행복했다. 앞으로도 이런 기회가 있다면 마다하지 않고, 다음에는 아이들과 이런 멋진 여행을 같이 하고 싶다. 정말 고마운 마음을 가슴에 새기며, 우리는 여행을 마무리했다.

울릉도와 독도를 향한 가족 여행

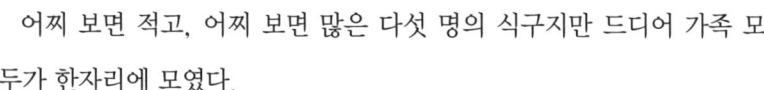

어찌 보면 적고, 어찌 보면 많은 다섯 명의 식구지만 드디어 가족 모두가 한자리에 모였다.

가족이 한 번에 모이는 일이 쉽지 않다. 어릴 적부터 매년 가족 여행을 추진해 왔지만, 각자의 삶에 얽혀 있는 공부와 직장 생활로 인해 함께 뭉치기란 여간 힘든 일이 아니었다. 이번 여름, 어디 해외라도 가볍게 떠나자는 이야기가 나왔지만, 모두 시간이 여의치 않았다. 그렇게 다들 한 번도 가 보지 않은 울릉도와 독도 여행을 떠나기로 입을 모았다. 대한민국 국민이라면 한 번은 꼭 가 봐야 한다는 말도 들었기에, 이번 기회에 도전해 보기로 했다.

2박 3일의 패키지여행을 신청하고, 전주에서 포항까지 가는 일정이 시작되었다. 아침 7시에 배에 탑승해야 한다니, 포항까지 가는 길이 만만치 않았다. 5시간 이상 걸리는 경로라 마음이 급했고, 셔틀버스를 이용할 수도 있었지만 자가용을 선택하기로 했다. 새벽 1시에 출발한 우리는 거의 잠을 자지 않은 채, 남편이 운전을 맡게 되었다. 남편은 눈이 나쁘기 때문에 내가 옆에서 내비게이션을 확인하고, 분기점에서 방향을 안내하는 역할을 맡았다. 내가 인간 내비게이션이 되어 보조 역할을 해야만 했다.

포항에 도착한 시간은 5시 30분. 근처에서 간단히 아침을 먹고, 4시간 40분 동안 울릉도로 가는 배를 타기로 했다. 5시간을 운전한 뒤, 피곤한 상태에서 배에 탔지만, 비즈니스석을 예약하여 편안히 갈 수 있었다. 그렇게, 울릉도에 도착하니, 아름다운 섬의 풍경에 마음이 설레었다. 셔틀버스를 타고 가는 동안 앞으로의 여행이 기대되었다.

　울릉도는 경상북도 울릉군에 속한 섬으로, 동해에 위치해 있다. 독특한 자연경관과 다양한 문화유산을 자랑하는 울릉도는 청정 지역으로, 그 풍경과 생태계가 뛰어나다. 책에서 배운 아름다운 자연을 직접 경험하게 되어 설레는 마음을 감출 수 없었다. 나리분지, 울릉도 등대, 천부 관광지, 사동 해안길 등 다양한 명소가 가이드의 설명과 함께 펼쳐졌다. 울릉도에서 나는 신선한 오징어와 활어회는 정말 특별했으며, 기대 이상의 맛이었다. 울릉도는 자연과 문화를 동시에 경험할 수 있는 매력적인 섬이었다.

　그런데 울릉도의 길은 말 그대로 도전적이었다. 구불구불한 산길을 버스가 지나갈 때, 다른 차와 마주칠 때마다 서로 조심스레 비켜야 했다. 울릉도의 특성상, 지형을 그대로 살려 길을 만들었기에, 자동차가 지나기 쉽지 않았다. 그래도 우리는 시내에 위치한 숙소에 도착해 저녁 시간에는 자유롭게 거닐 수 있었다. 다들 빠르게 여행지들을 소화하느라 바빴지만, 그런 와중에도 여행은 즐겁기만 했다.

　둘째 날, 우리는 독도 여행을 계획했다. 날씨가 좋았지만, 독도에 입도하는 것이 쉽지 않다는 것을 알고 있었다. 독도는 1년에 50~70일 정도만 입도가 가능하다고 한다. 도착하기 전까지 마음이 놓이지 않았고, 입구까지 갔지만, 되돌아오는 일도 많았다고 한다. 그날도 다들 기도하듯 마음을 모은 뒤, 마침내 독도에 도착했다. 그곳에 도착한 순간, 누구도 예상하지 못한 감동이 밀려왔다.

독도에 도착하고, 방송을 통해 경비대에게 간식을 준비하라고 안내가 나왔다. 어떤 여행객이 간식 박스를 들고 나오는 모습을 보니, 나도 모르게 눈물이 났다. 그 순간, 조금 있으면 입대를 앞둔 아들을 떠올리며, 그분의 마음이 컸기 때문이었을까? 알 수 없지만, 그 장면이 내 가슴에 깊이 남았다. 독도의 아름다움과 함께 그 순간이 계속 기억에 남았다.

독도에서 30분간의 짧은 시간 동안, 사진을 찍고 눈에 담는 것이 아쉬운 마음을 남겼다. 어떤 분을 필두로 〈독도는 우리 땅〉이라는 노래가 절로 흘러나왔고, 우리는 함께 힘껏 불렀다. 그 짧은 시간이었지만, 독도를 밟았다는 그 자체로 큰 감동을 받았다. 배로 돌아오는 동안에도 그 풍경이 머릿속에서 떠나지 않았다.

여행의 마지막 날, 우리는 울릉도의 특산물인 오징어와 함께 생맥주를 즐기며 가족끼리 허심탄회한 대화를 나누었다. 오랜만에 모인 가족이었기에 그 시간은 정말 소중했다. 특히, 오르막길이 많아 막둥이 아들이 누나들을 챙겨 주는 모습이 인상 깊었다. 옆에서 지켜보던 다른 여행객이 "어떻게 이렇게 사이좋은 남매일 수 있냐"고 말하며 칭찬을 해 주었다. 그런 칭찬에 내 어깨에 힘이 들어갔다. 그 순간, 앞으로도 '꼭 이렇게 사이좋게 지내라'고 마음속으로 응원하게 되었다.

울릉도와 독도는 정말 꼭 한 번은 가 봐야 할 곳이었다. 맑고 아름다운 바다, 부지깽이나물과 삼나물, 엉겅퀴로 끓인 된장국, 따개비 칼국수 등, 울릉도에서 맛본 특산물들은 건강한 맛이었다. 자연의 소중함을 깨달으며, 이 신비로운 땅을 더 많은 사람들이 경험할 수 있기를 바랐다.

울릉도는 과거의 모습 그대로, 많이 발전하지 않고 소소한 아름다움을 간직한 채 남아 있기를 바란다.

여행을 마치고 다시 배를 타러 돌아오는 길, 바닷가에서 발을 담그며 아쉬움을 달랬다. 깨끗하고 맑은 동해바다의 내음을 느끼며, 다시 올 수 있을까 하는 생각을 했다. 현재 열심히 공사 중인 비행기가 생긴다면 더 쉽게 울릉도를 찾을 수 있을 것 같다는 희망도 품었다.

하지만 여행이 끝난 뒤, 뜻밖의 불청객이 찾아왔다. 여행 후 몸에 이상을 느끼고, 코로나 검사를 해 본 결과, 애매한 두 줄이 나타났다. 기운이 빠지고 온몸이 쑤셔 오던 그날, 남편이 준 약을 먹고 푹 쉬었지만, 건강의 중요성을 다시 한번 실감했다.

여행은 즐겁고 행복했지만, 모든 일이 호사다마라고 하지 않던가. 어떤 어려움이 닥치더라도, 그 여행은 가족과 함께한 소중한 시간이었기에, 나에게는 큰 의미가 있었다.

종착점이 아닌, 시작점으로 떠난 여행

몸이 불편해 명예퇴직을 결심한 후, 여러 가지 복잡한 감정이 뒤섞였다. 그때 위의 시누이가 퇴직 기념으로 여행을 다녀오는 게 어떻겠냐며 조심스레 권유했다. 수십 년을 고생하며 가족을 위해 살아온 나에게 여행은 그간의 고단한 삶을 잠시 내려놓고 쉬어 갈 수 있는 좋은 기회였다. 시누이는 여행 일정에 대해 함께 알아봐 주고, 일부 비용도 보태 주며 따뜻한 응원을 보내 주었다. 처음에는 송구스러워 사양했지만, 그 진심 어린 마음이 고마워 감사한 마음으로 받아들였다.

시누이는 늘 수변을 살피고, 남동생과 조카들에게도 따뜻한 마음을 나누는 사람이다. 아이들도 그런 고모를 무척 좋아한다. 물론, 늘 물질적인 도움만이 전부는 아니지만, 서로를 아끼는 그 마음이 전해지기에 더없이 든든하고 고맙다.

그녀 또한 여유롭지 않지만, 어려운 사람을 돕는 것이 중요하다고 생각하는 사람이다. 형님을 뵈면, 나도 자신을 돌아보게 된다. 자수성가한 동생을 안쓰럽게 여겨 더 챙기는 것 같기도 하다. 그런 시누이에게 나도 주위의 어려운 사람들을 돕겠다고 다짐하게 된다.

여행 일정이 확정된 후, 어머니의 건강이 갑자기 나빠져 여행을 취소해야 할지 고민했다. 여행사에 연락했더니, 규정상 10%만 환불이 가능하다는 답을 들었다. 그때, 어머니의 상태가 더욱 나빠지셨고, 여행 일주일 전, 어머니는 마지막 선물처럼 하늘나라로 떠나셨다. 장례를 마친 뒤, 조금은 피곤한 상태였지만, 가벼운 마음으로 여행을 떠날 수 있었다.

유럽은 두 번 정도 다녀본 경험이 있었지만, 이번 여행은 마음을 먹고 준비해야 할 만큼 힘든 여정이었다. 인천에서 스페인까지 14시간 30분의 비행은 시차 적응뿐만 아니라 육체적으로도 힘든 시간이었지만, 여행의 설렘이 더 커서 그런지 시간이 어떻게 지나가는지 모를 정도였다. 영화 세 편을 보고, 다리가 아파서 스트레칭을 하고, 잠을 자고 일어나니 드디어 스페인에 도착했다.

여행의 첫날, 공항 밖으로 나오자 더운 바람이 얼굴을 맞이했다. 10월에 여행하기 좋은 계절이라 했지만, 그동안의 피로가 한꺼번에 밀려왔다. 이전에 경험한 유럽의 아름다움은 여전히 기억에 남았지만, 이번 여행에서는 스페인의 건축물과 문화유산에 더 깊은 감동을 받았다.

안토니오 가우디의 천재적인 건축물인 사그라다 파밀리아 성당은 그 독특한 건축 양식으로 정말 경이로움을 안겨 주었다. 햇빛을 받으면 동쪽과 서쪽에서 다르게 비춰지는 자연광의 아름다움은 이곳이 천국이 아닐까 하는 생각까지 들게 했다.

스페인 광장은 영화 〈스타워즈〉의 촬영지로 유명하고, 그라나다의 알람브라 궁전은 이슬람 건축의 걸작으로, 그 정원과 성벽이 아름다웠다. 론다의 독특한 절벽 경치는 아찔하면서도 매혹적이었다. 특히, 세비야 대성당은 유럽에서 세 번째로 큰 성당으로, 그 웅장함에 다시 한번 깊은 경의를 표하게 했다. 또한, 몬세라트 수도원은 높은 절벽 위에 세운 수도원의 경치가 장관이었다. 수도원에서 내려다보는 풍경은 정밀 아름다웠고, 곧

돌라를 타고 올라가야만 만날 수 있다는 점에서 더욱 특별한 경험이었다.

짧은 시간 동안 여러 곳을 다녔지만, 스페인에서 가장 기억에 남는 곳은 톨레도의 구시가지였다. 좁고 구불구불한 골목길에서, 이슬람, 기독교, 유대교의 문화가 혼합된 역사적인 분위기를 느끼며, 그 다양한 문화적 흔적들이 마음에 깊게 남았다.

10일간의 여행 일정에는 포르투갈도 포함되어 있었다. 리스본까지 가는 버스 여행은 5~6시간 정도 걸리며, 그 긴 시간을 버스를 타고 이동하는 것은 신기하고도 재미있었다. 포르투갈은 짧은 일정이었지만, 조용하고 아름다운 도시로서의 첫인상이 아주 좋았다. 작은 돌멩이들이 서로 사랑을 속삭이는 듯한 느낌을 받았고, 이곳에서 한 달 살기도 충분히 좋겠다는 생각이 절로 들었다. 포르투갈에서의 한식도 오랜만에 먹어서 더욱 맛있게 느껴졌다. 리스본 대성당과 포르투 대성당의 견고함을 보고 나서, 유럽의 고대 건축물에 대한 경외심이 생겼다.

특히, 파티마 성당은 파티마의 기적과 관련된 많은 이야기들이 전해져 내려오고 있으며, 이곳에서의 기도와 순례는 많은 신자들에게 영적인 의미를 가지고 있다. 미사를 드리는 모습에 내 마음까지 경건해진다.

이번 여행을 마치면서, 우리나라에도 유네스코에 등재될 수 있는 많은 문화유산이 있었을 텐데, 그 점이 아쉬워졌다. 그렇지만, 여행을 통해 나는 제2의 인생을 어떻게 살아가야 할지에 대한 새로운 결심을 하게 되었다. 퇴직 후에는 번아웃이 올 수 있을 것 같다는 두려움이 있었지만, 여행을 통해 창조적인 사고가 얼마나 중요한지 깨닫게 되었다. 일상에서 벗어나는 것만으로도 새로운 자유와 더 나은 삶을 위한 첫걸음을 내디딜 수 있다는 것을 확신하게 되었다.

퇴직을 맞아 떠난 이 여행은, 내가 새로운 시작을 향해 나아가는 중요한 여정이었으며, 앞으로의 삶에 대해 깊이 고민하는 시간을 선물해 준 여행이었다.

서울에서의 2박 3일, 일상 탈출과 소중한 추억

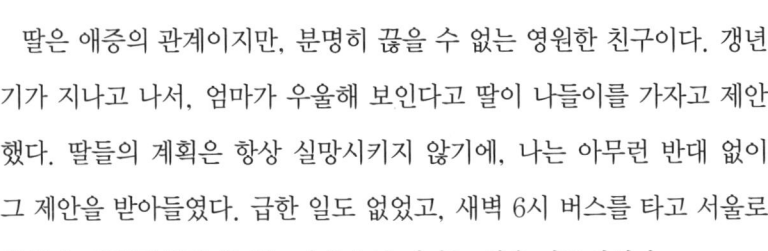

 딸은 애증의 관계이지만, 분명히 끊을 수 없는 영원한 친구이다. 갱년기가 지나고 나서, 엄마가 우울해 보인다고 딸이 나들이를 가자고 제안했다. 딸들의 계획은 항상 실망시키지 않기에, 나는 아무런 반대 없이 그 제안을 받아들였다. 급한 일도 없었고, 새벽 6시 버스를 타고 서울로 향했다. 시골쥐처럼 설레는 마음으로 떠나는 서울 나들이였다.
 자녀들이 여행을 계획하고 따라나설 때, 한때 '10가지 금기어'라는 유행어가 돌았던 적이 있었다. 그런 말을 마음속에 담고, 나는 딴지 하나 없이 아이들의 스케줄대로 움직였다. 마치 마루타처럼 그들의 계획을 따라가며, 즐거운 여행이 되기를 바랐다. 그리고 결과는 기대 이상이었다. 전날 예약한 대겟집으로 향하기 위해 전철과 버스를 갈아타며 배고픔을 참아 가며 먹고, 먹고 또 먹었다.
 예전 같았으면 상상할 수 없었던 일이다. 청와대는 한때 일반인에게 공개되지 않았던 곳이었지만, 그 문이 열리면서 광활한 정원과 산책로를 갖춘 아름다운 공간으로 우리를 맞이했다. 전통과 현대가 어우러진 그곳은 대통령의 업무와 사적 공간이 구분된 곳이었지만, 그 자체로 자연스러움과 경건함을 느끼게 해 주었다. 그곳에서 시간을 보내는 동안, 마음이 절로 평화로워졌다.

오후가 되어 해가 뉘엿뉘엿 지고 있을 때, 우리는 광화문 거리를 걷기 시작했다. 처음으로 여유 있게 걸어본 광화문 거리의 규모에 압도되었다. 직장에서 출장으로 서울에 올 때는 항상 급히 일을 마치고 돌아갔지만, 이번 여행에서는 서울의 거리를 천천히 걸으며 새로운 마음으로 즐기게 되었다. 아이들의 계획 덕분에 이렇게 소중한 시간을 보낼 수 있었다. 저녁엔 시티투어를 신청하여 서울의 주요 명소를 둘러보았다. 외국인 관광객들이 많이 참여하는 그 버스에서, 우리는 서울의 아름다운 풍경을 만끽할 수 있었다.

광화문 일대에서 벌어지는 시위와 집회도 볼 수 있었다. 많은 사람들이 모여 각자의 의사를 표현하는 모습에서, 그들의 열정과 시민 참여의 중요성을 다시 한번 실감할 수 있었다. 광화문은 단지 시위의 현장이 아니라, 대한민국 민주주의의 상징적인 장소이기도 하다는 생각이 들었다.

다음 날은 박물관을 찾았다. 다양한 예술작품과 역사적 유물을 통해 우리는 과거를 배우고 미래를 생각할 수 있는 귀중한 시간을 가졌다. 박물관은 그 자체로 인간의 발전과 문화를 기념하는 공간이었다. 전문가가 아닌 우리에게도, 그곳은 깊은 인사이트를 제공하는 장소였다.

그 후, 한강 시민공원으로 향했다. 이곳은 단순한 휴식의 공간을 넘어서, 다양한 활동과 즐길 거리가 있는 곳이었다. 운동, 자전거, 수상 스포츠 등 여러 가지 즐거움을 제공하는 이곳에서, 우리는 라면 한 그릇을 즐기며 여유로운 시간을 보냈다. 한강의 아름다운 경치를 감상하며, 서울 사람들의 일상 속 여유를 함께 나누는 기분이었다.

아이들의 추천으로 백화점에도 들렀다. 단순한 쇼핑 공간을 넘어, 다양한 문화 체험과 맛있는 음식을 제공하는 복합적인 공간이었다. 쇼핑은 물론, 문화와 미식을 동시에 즐길 수 있는 이곳에서의 경험은 매우 특별했다.

마지막 날에는 서울숲으로 향했다. 도심 속 큰 숲에서 사람들이 여유롭게 시간을 보내고 있는 모습을 보며 안정된 마음이 들었다. 계절마다 변하는 자연의 아름다움은 서울숲을 더욱 특별한 장소로 만들었다. 그곳에서의 평화로운 시간은 마음속 깊이 남을 것이다. 우리는 항상 '녹색 지대'가 많이 형성되길 바란다. 건물과 건물 사이에도 사람들이 여유를 느낄 수 있는 공간들이 많이 생기기를 바란다.

빡센 여행이었지만, 일상에서 벗어난 기쁜 날들이었다. 서울의 다양한 장소를 누비며, 그곳에서 느낀 행복은 내 마음에 오래도록 남을 것이다. 세심하게 준비해 준 아이들에게 고마운 마음을 전하며, 마지막으로 "야야, 돈만 있으면 한 달도 여유 있게 놀 수 있겠다!"라는 농담을 건넸다. 꽉 찬 2박 3일의 여행을 마무리하며, 다시 현실로 돌아왔다.

돌아오는 버스에서 눈을 감고 있는데, 시티투어 2층 버스에서 느꼈던 설레는 마음은 여전히 가슴 속에 남아 있었다. 집에 돌아오니 빨래와 청소가 기다리고 있었지만, 그럼에도 행복한 마음은 가득했다. 오늘의 여행은 단순한 발걸음을 넘어, 나를 조금 더 깊이 들여다보게 한 소중한 시간이었다.

7부

그와 나, 오래된 이야기

기억은 마음의 마지막 연애

어른들이 자주 얘기하는 말 중에 '손만 잡아도 결혼을 해야 하는 시절'이 있었다고 한다. 나는 그 말을 들을 때마다, 그런 옛날 고리타분한 이야기라고 생각하며 반박하고 싶었지만, 사실 나도 그 시절에 같은 마음으로 묶여 있었던 건 아닐까 하는 생각이 들기도 한다.

직장 생활을 하면서 야간대학에 다니며, 일과 공부를 병행하는 젊은 처자였던 나는 그 시절, 열심히 하루하루를 살아 냈다. 그러던 어느 날, 야근을 마치고 월급날이 되어 집으로 가는 길에 튀긴 통닭 한 마리를 사 들고 버스에서 내리고 있었다. 야심한 저녁이었지만, 파출소에서 200여 미터 떨어진 곳에 우리 집이 있어 아주 컴컴하고 앞이 보이지 않아도 경찰들이 지켜 준다 생각하니 항상 든든함이 자리하고 있었다. 그날도 마찬가지로 파출소 앞에서 내리게 되었고, 혼자 걷는 길이었지만 어둡고 조용한 시골 밤에 빠른 잰걸음으로 집에 가고 싶은 마음뿐이었다. 그런데 그 순간, "강** 씨! 금방 직장에서 전화가 왔는데요! 잠깐 들어오세요!"라는 소리가 들려왔다. 놀란 마음으로 돌아보니 몇 명의 의경들이 나를 급히 부르고 있었다.

"예? 직장에서요? 무슨 일로요?" 내가 물었지만, 그들은 아무 대답 없이 나를 파출소 안으로 데려갔다. 가슴이 두근거렸다. '설마 나를 잡아

가는 건 아니겠지?' 걱정이 들었다. 파출소 안에는 대여섯 명의 의경과 두 명의 순경이 서 있었다. 나는 이곳을 매일 지나쳤지만, 이렇게 파출소 안에 들어온 건 처음이었다. 그런데 그때, 막내 의경이 조심스럽게 말을 걸었다. "날마다 이 앞을 지나가는 예쁜 아가씨가 너무 궁금해서, 실례하긴 했지만…" 그는 뭔가 어색해 보였고, 다른 의경들은 웃으며 구경하는 듯한 모습이었다.

"장난을 이런 식으로 치시면 안 되지요? 파출소에서 거짓말을 하면 안 되죠." 조금은 화가 나기도 했지만, 웃으며 대답했다. 그때, 손에 들고 있던 통닭 냄새가 코를 찔렀다. 한 의경이 "그 냄새가 너무 맛있네요. 같이 먹을까요?"라고 묻자, 나는 "안 돼요! 집에 식구들이 기다리고 있어요!"라며 급히 자리를 피했다. 그런데 그 순간, 유독 피부가 하얗고 잘생긴 한 의경이 눈에 확 들어왔다. 다른 사람들은 떠들고 있었지만, 그는 말없이 점잖게 서 있었다. 그 모습에 이상하게 마음이 끌렸다. 이렇게 일단락되는 듯하였다.

그날 이후로, 파출소 앞을 지날 때마다 그 의경이 나와서 말을 걸곤 했다. 몇 번은 아는 척을 했지만 나는 그저 무시하고 지나쳤다. 그런데 어느 날, 그 의경이 다시 나와 조심스럽게 물었다. "차 한잔하지 않으실래요?" 그의 말투가 너무나 차분하고 귀엽게 느껴졌다. 그래서 나는 흔들림 없이 대답했다. 너무 오만한 것 같기도 하고 차 한잔 가볍게 마시는 것도 나쁘지 않을 것 같은 인상이었다. "그래요, 차 한잔하지요."

그렇게 우리는 처음으로 시내의 커피숍에서 만났다. 그 의경의 하얀 피부와 유니폼이 유독 잘 어울려 보였고, 나는 그 모습에 점점 빠져들었다. 군인이었던 그와의 만남은 자유로운 시간이 부족했지만, 그는 언제나 시간을 내어 전화도 걸어 주고, 공중전화 박스에서 오랫동안 나와 대화를 나누곤 했다. 그리고 출장차 시내로 오면 데이트도 즐기며, 둘만의 시간을 만들어 갔다.

대화가 통하였고 항상 진지한 모습에 내 마음이 흔들린 것이 사실이었다.

이런 모습을 눈치챈 부모님은 노발대발하셨다. 직장 내에서도 괜찮은 사람을 소개한다거나, 며느릿감으로 조건이 좋은 사람들을 주변에서 소개하곤 했었다. 그때 엄마는 내가 제정신이 아니라고 생각하며 그 사람과의 만남을 극구 반대하셨다. 나는 "아직 결론 난 게 없고, 그냥 만나 보고 있는 거예요"라고 설명했지만, 부모님은 쉽게 이해하지 못하셨다.

어느 날, 갑자기 내 직장으로 전화가 왔다. 놀란 마음으로 전화를 받았는데, 엄마가 파출소를 찾아가 나와 만나는 사람이 누구냐고 물어봐서 난리가 났다는 소식이었다.

그 후, 그 의경은 다른 곳으로 발령이 나게 되어 떠났다. 우리는 편지로 소식을 주고받으며, 때때로 몰래 만나기도 했다. 그는 내 직장에 꽃다발을 보내기도 했고, 나는 그와의 좋은 관계로 계속 이어 갔다. 제대를 하고 복학한 후, 그는 열심히 공부하며 졸업하고 은행에 취직했다. 그와의 연애는 6년을 넘겼고, 그동안 우리는 여느 연인처럼 싸우기도 하고 헤어지자고 말한 적도 있었다. 행복한 순간도 많았지만, 기반이 잡히지 않는 현실적인 문제들이 불안감을 주기도 했다. 다른 사람들의 접근에도 흔들리기도 했고, 그럼에도 결국 우리는 헤어지지 않았다. 기복이 있는 나와 달리 항상 그 자리에서 든든히 서 있는 나무가 되어, 조용하고 변함없이 나를 사랑해 주었고, 나는 그에게 믿음과 기대를 가질 수 있었다.

물론 차분한 것에 이끌렸지만 결단력이 부족하고 조용하다 못해 고집스런 성격이 미운 적도 있었다.

연애 도중 군 복무 시절, 우리 아버지가 돌아가신 것을 굉장히 가슴 아프게 생각하고, 같이 옆에서 위로하지 못한 것에 안타까워했다는 얘기를 나중에 친구에게 들었다.

결국, 오랜 연애 끝에 우리는 누구의 도움도 받지 못한 채 무일푼으로 시작했지만, 남부럽지 않게 알뜰히 살아 지금까지 무사히 함께 걸어오고 있다. 신혼여행을 다녀와 같이 직장에 인사를 하러 가는 날, 동료들이 내 어깨를 살그머니 톡톡 치면서 하는 말이 "조건 좋은 사람들 다 마다하고 얼굴 보고 갔구만!"이라며 조소 어린 이야기도 들었다. 그동안 여러 어려움도 있었지만, 세 자녀가 건강하게 자라 주었고, 나는 더 이상 큰 욕심을 부리지는 않는다. 지금은 없어진 그때의 파출소를 지나갈 때마다, 그 시절의 아련한 추억을 떠올리며 작은 미소를 짓는다. 비록 나이 60이 되어 세상 풍파에 머리도 빠지고 늙어 가는 노인의 모습이지만 내 눈에는 여전히 제일 잘생긴 남자로 보인다. 아직도 콩깍지가 벗겨지지 않는 탓일까?

두 가지 기념일

　5월 23일은 우리 부부에게 의미가 깊은 날이다. 어느덧 33번째 결혼기념일을 맞았으니, 세월이 이만큼 흘렀다는 사실이 새삼스레 가슴을 찌른다. 지나온 길을 되짚어 보면, 웃음이 많았던 날도 있었고 눈물이 앞섰던 날도 있었다. 그러나 오늘 이 자리에서 "그래도 잘 살아왔구나" 하고 말할 수 있음에 감사한 마음이 든다.
　우리는 2녀 1남, 세 아이를 두었다. 제주 사람이라면 누구나 아는 〈폭싹 속았수다〉의 관식이처럼, 아니 그보다도 더 무쇠같이 묵묵한 남편과 함께 살아왔다. 서로의 굳은살 같은 삶을 보듬으며, 거창하지는 않아도 나름대로 단단한 시간을 쌓아 온 것 같다.
　결혼기념일을 성대하게 챙긴 적은 거의 없다. 그냥 "또 한 해 무사히 잘 살았네" 하는 것으로도 충분하다고 여겼다. 그런데 아이들은 달랐다. 해마다 잊지 않고 작은 꽃다발이나 케이크 하나쯤은 준비하며 기념일을 챙겨 주었다. 부모를 향한 그 마음이 고맙고 애틋해서, 자연스레 이날이 우리에게 특별한 날이 되었다.
　그해도 그랬다. 마침 토요일이었고, 남편은 아침부터 설레는 얼굴로 말했다. "오늘은 남해 한 바퀴 돌아 볼까?" 남해는 바다도 바다지만, 봄날이면 골목마다 꽃이 흐드러져 걷기 좋은 곳이다. 이왕 나선 길, 맛있는 것도 먹고 기분 좋은 바닷바람도 쐬자며 차를 몰았다.

도착하자마자 우리는 멸치 전골로 허기를 달랬다. 구수하고 칼칼한 국물에 속이 풀리고 나니, 발걸음도 가벼워졌다. 예쁘게 단장된 마을 길을 걷던 중이었다. 라디오에서 흘러나온 뉴스 특보가 우리를 멈춰 세웠다.

"노무현 전 대통령 서거…"

그 순간, 가슴이 철렁 내려앉았다. 남편과 나는 서로를 바라보았지만 아무 말도 할 수 없었다. 말문이 막힌다는 게 이런 거구나 싶었다. 기쁨이 가득했던 하루에 충격이 덧입혀졌다. 그렇게 5월 23일은 우리에게, 감사와 축하의 날이자 슬픔과 아쉬움이 겹쳐지는 날이 되었다.

노무현 대통령을 열렬히 지지했다거나 특별히 가까이서 그를 따랐던 건 아니다. 하지만 청문회에서 단호하고 명확하게 자신의 소신을 밝히던 모습은 지금도 뚜렷이 기억에 남는다. 겉으론 강단 있어 보였지만, 들려오는 이야기들 속에는 따뜻하고 섬세한 사람이 있었다. 지하에서 일하는 보안 인력이나 허드렛일을 도맡던 이들에게도 조용히 따뜻한 손을 내밀던, 그 마음 씀씀이가 오래도록 잊히지 않았다.

한때 직장에서 봉하마을로 소풍을 간 적이 있다. 그가 앉았었다는 부엉이바위 근처에 다다랐을 때, 어쩐지 마음이 숙연해졌다. 출입이 금지된 그곳을 멀찍이 바라보며 생각했다. 삶과 죽음의 경계에서 그는 얼마나 많은 번민을 했을까. 얼마나 아프고, 또 얼마나 외로웠을까.

올해 기념일에도 아이들이 조촐하게 축하를 해 주었다. 저녁 무렵, 나는 남편에게 조용히 말했다.

"기쁜 날이긴 한데… 오늘따라 노무현 대통령이 유난히 그립네."

남편은 고개를 끄덕였고, 우리는 밤새 그의 생전 영상들을 찾아보았다.

눈물도 콧물도 흘리며, 그 시절 우리가 믿고 의지했던 '사람'을 다시 떠올렸다. 사람을 사람답게 보고, 국민을 가족처럼 품으려 했던 그의 낮은 목소리와 진심 어린 눈빛이 유난히 가슴을 울렸다.

아이들에게도 말했다.

"그분의 얼을 잊지 말자. 다시는 오기 힘든 인재가 가셨다. 그가 지키려 했던 올곧은 가치들, 우리도 마음에 새기고 살아가자."

이제 5월 23일은 단순한 기념일을 넘어 우리 가족의 마음을 하나로 묶는 날이 되었다. 하나는 우리의 삶을 축복하는 날이고, 또 하나는 이 나라의 큰 슬픔을 기억하는 날이다. 이 두 마음을 함께 품고 살아간다는 것이 어쩌면 우리에게 주어진 소명 같기도 하다.

그가 떠난 지 여러 해가 흘렀지만, 사람을 향한 그의 따뜻한 시선과 낮은 자세는 여전히 우리 마음속에 남아 있다. 요즘처럼 혼란스럽고 각박한 세상일수록, 그런 마음이 더 절실히 그리워지는 것도 어쩌면 당연한 일일 것이다.

그가 꿈꾸던 세상처럼, 조금 더 따뜻하고 건강한 사회가 되어 가기를. 그리고 우리 아이들이 살아갈 내일은 서로를 배려하고 품을 줄 아는 사람들 속에서 자라나기를. 그렇게 매년, 우리는 5월 23일을 다시 살아간다. 고요하지만 깊은 마음으로, 두 가지 기념일을 가슴에 품으며.

여름이여, 올 테면 와라!

여유롭게 시간을 보내기 시작한 지 벌써 1년이 훌쩍 지나 버렸다. 너무 열심히 살다 보면 후유증이 남지 않을까 염려한 적도 있었지만, 그 걱정은 저 멀리 안드로메다로 날아가고, 나는 하루하루를 감사하며 행복하게 살아가고 있다. 물론 가끔은 일하던 기억이나 미처 끝내지 못한 일들 때문에 잠에서 깨는 일이 있지만, 더 이상 스트레스에 시달리지 않는다는 것만으로도 충분히 만족스럽다.

그런 나에게 올해 초부터 이상하게도 간절한 기도가 하나 생겼다. 지난 1년을 쉬며 사계절을 천천히 느껴 보니, 유독 여름만은 반갑지 않았다. 해마다 "올해가 제일 시원한 여름이었다"는 말을 들을 때면 고개가 갸우뚱해진다. 오히려 해가 갈수록 더위는 길어지고, 그 강도는 점점 심해지는 듯하다. 환경오염과 오존층 파괴 탓일까, 여름이 오면 괜스레 긴장부터 된다.

추울 땐 옷을 더 껴입으면 그만이지만, 더울 때는 달리 대책이 없다. 에어컨을 켜고 집 안에 갇혀 있자니 식구들도 없는 집에서 나 혼자만 전력을 쓰는 것 같아 죄책감이 든다. 답답함에 에어컨을 끄고 버텨 보다 도서관으로 피신하지만, 몇 시간 지나면 허리와 어깨가 뻐근해지는 것도 고역이다. 그래서인지, "올여름만큼은 제발 덥지 않게 해 주소서"라는 기도가 나도 모르게 입에서 흘러나왔다.

그러던 중, 어제 남편이 충남 서천으로 출장을 간다는 말을 꺼냈다. 마침 특별한 일이 없던 나는 주저 없이 동행하기로 했다. 남편도 흔쾌히 수락했고, 근처에 가 볼 만한 곳이 있다며 '서천 장항 송림 산림욕장'을 추천해 주었다. 짧은 업무만 보면 된다는 말에 망설일 이유가 없었다. 혼자 따로 움직일 필요도 없고, 남편과 오랜만에 함께 시간을 보낼 수 있는 기회이니 이보다 좋을 수 없었다.

남편의 짧은 업무를 마치자마자 우리는 곧장 장항 송림 산림욕장으로 향했다. 인터넷에서 미리 본 풍경이 눈앞에 펼쳐졌을 때, 나는 감탄을 금치 못했다. 수십 년을 자리를 지키고 있는 굵은 해송들이 우뚝우뚝 숲길을 지키고 있었고, 그 길을 걷는 것만으로도 힐링이 절로 되었다.

1.5km가량 해안을 따라 펼쳐진 해송 숲은 피톤치드가 가득했고, 숲을 따라 걷다 보면 스카이워크와 모래사장까지 연결되어 있었다. 토박이의 말에 따르면, 이 해송림은 1950년대 장항농업고등학교 학생들이 직접 심은 약 12,000그루의 소중한 유산이라고 한다. 그 아래로는 보랏빛 맥문동이 수놓아져 있어 경관 또한 아름답다. 평일이라 한적했지만, 주말이면 인파로 북적인다고 하니 괜히 나만 알고 싶은 욕심이 들 정도였다.

6월 말의 햇살은 점점 강해졌지만, 해안을 따라 부는 바람 덕분에 걷는 내내 시원했다. 이곳은 중부권 최대 규모의 해송림으로 생태적 가치도 뛰어나 국가산림문화자산이자 자연휴양림으로 지정되어 관리되고 있다. 곳곳에서 들리는 공사 소리는 아마 여름 손님을 맞이할 준비인 듯, 어딘지 정겹게 들렸다. 해송 너머로 펼쳐진 백사장은 철, 우라늄 등 미네랄이 풍부하여 모래찜질에도 좋다고 해, 오늘 같은 특별한 날을 기념해 맨발 걷기에 도전했다.

  서해안은 세계적으로 조차(潮差)가 큰 지역이라, 물이 빠진 갯벌을 걷다 보면 송송 뚫린 구멍 사이로 칠게, 농게, 갯지렁이, 조개들이 숨바꼭질하듯 모습을 감춘다. 우리가 방해자처럼 다가가면 놀란 듯 휙 숨어 버리는 모습이 신기해 한참을 지켜보았다. 유치원생으로 보이는 아이들이 장화를 신고 하나둘 게를 잡으며 깔깔대는 웃음소리도 어찌나 천진난만하던지, 덩달아 마음이 가벼워졌다.

  걸을수록 진흙탕에 발이 푹푹 빠지기도 했지만, '이건 자연이 주는 마사지야'라며 스스로를 위로하고 나니 오히려 기분이 좋아졌다. 몇 번이나 갯벌을 왔다 갔다 하다 보니 어느덧 해가 뉘엿뉘엿 지고 있었다. 남해나 동해와 달리 완만한 해변선과 갯벌, 그리고 그 위로 드리워진 붉은 노을. 책에서 읽기만 했던 풍경을 실제로 마주하니, 숨이 멎을 듯한 아름다움에 말문이 막혔다.

  아쉬움을 뒤로하고 우리는 다시 집으로 향했다. 잠깐의 출장 동행이었지만 이토록 아름다운 곳을 알게 해 준 남편에게 고마움을 전했고, 다음번에도 출장이 생기면 무조건 따라나서겠다고 장담했다. 러시아워를 피하려 부지런히 달리는 차 안에서도 송림 숲의 시원한 향이 여운처럼 따라오는 듯했다.

  이처럼 여름이 두렵다고 주저앉기보다, 더위를 피할 지혜와 용기를 가지고 아름다운 자연을 찾아 나서는 일이야말로 참된 여름나기가 아닐까. 여름이여, 올 테면 와라! 장항의 소나무 숲과 같은 곳에서 나는 너를 기꺼이 맞이할 준비가 되어 있다.

"우리 둘이 오래오래"

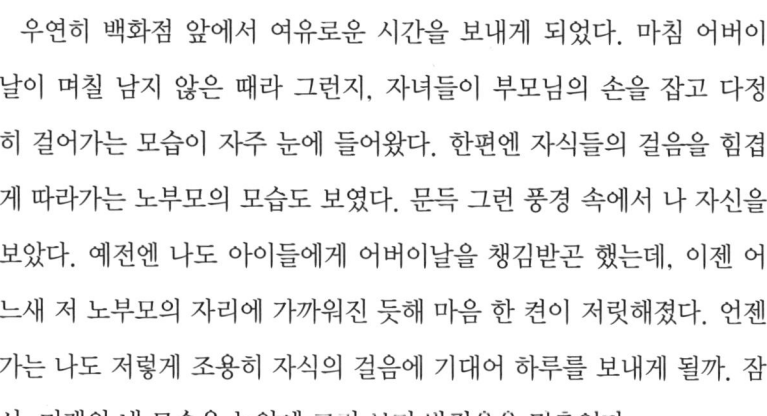

우연히 백화점 앞에서 여유로운 시간을 보내게 되었다. 마침 어버이날이 며칠 남지 않은 때라 그런지, 자녀들이 부모님의 손을 잡고 다정히 걸어가는 모습이 자주 눈에 들어왔다. 한편엔 자식들의 걸음을 힘겹게 따라가는 노부모의 모습도 보였다. 문득 그런 풍경 속에서 나 자신을 보았다. 예전엔 나도 아이들에게 어버이날을 챙김받곤 했는데, 이젠 어느새 저 노부모의 자리에 가까워진 듯해 마음 한 켠이 저릿해졌다. 언젠가는 나도 저렇게 조용히 자식의 걸음에 기대어 하루를 보내게 될까. 잠시, 미래의 내 모습을 눈앞에 그려 보며 발걸음을 멈추었다.

나 또한 자식들이 밥을 먹자고 연락을 해 온다. 날마다 먹는 밥이지만, 그 한마디에 괜히 마음이 살짝 설렌다. 함께 식사할 수 있다는 것만으로도 기쁜 일이니 말이다.

그런데 약속을 정하는 방식은 늘 아이들 중심이다. 내 몸 상태나 일정은 고려되기보다는, 그저 맞춰 주는 쪽이 되는 경우가 많다. "뭐 드시고 싶으세요?" 하고 물어는 오지만, 결국 예약된 곳은 아이들이 좋아하는 음식점이다.

그래도 어쩐지 서운한 마음보다 고마운 마음이 더 크다. 바쁜 와중에도 시간을 내어 얼굴 한 번 더 보려는 그 마음, 그것만으로도 충분하니까.

며칠 전 치과 치료를 받은 탓에 아직 음식이 좀 불편한 상황이었지만, 그런 이야기 일일이 꺼내기도 어려웠다. 괜히 흥을 깨는 사람이 되고 싶지 않았다. 자식들 나름대로는 효를 다하는 시간일 텐데, 거기에 찬물을 끼얹을 수는 없었다. 나도 기쁜 척, 즐거운 척, 아이들처럼 활짝 웃어 보여야 다음에도 이런 자리를 가질 수 있을 테니까. 나도 모르게, 연극을 하고 있는 기분이었다.

요즘은 누구나 바쁘게 살아간다. 아이들도 각자 생업에 치여 살고, 겨우 시간을 내어 부모를 챙기고자 애쓰는 걸 모르는 건 아니다. 그런 마음을 생각하면 고맙고 미안해서 마음이 한없이 기운다. 다만, 문득 드는 생각은… 과연 아이들은 알까? 가끔은 나 혼자 편안히 밥 한 끼 챙겨 먹고, 아무에게도 방해받지 않는 시간 속에 머무는 것이 진짜 행복이라는 걸. 요즘은 남편과 둘이 움직이고, 나들이 가고, 장도 보며 보내는 시간이 훨씬 편하고 익숙하다. 그래서 늙어서 부부밖에 없다는 말이 실감된다. 부부는 결국 서로의 마지막 친구, 끝까지 남아줄 단 한 사람이다. 부디 오래오래, 함께 살아야겠다는 마음이 간절해진다.

어버이날마다 들려오는 교회 목사님의 말씀 중에 늘 등장하는 이야기가 있다. 병상에 누운 늙은 아버지가 창밖의 새소리를 듣고 아들에게 묻는다. "저 새 이름이 뭐냐?" 아들은 몇 번은 대답하지만, 반복되는 질문에 결국 짜증을 내고 만다. "아버지, 도대체 몇 번을 물어보세요?" 그때 아버지는 조용히 대꾸한다. "네가 어렸을 때, 같은 질문을 서른 번이나 해도 나는 단 한 번도 얼굴을 찌푸리지 않았단다." 이 이야기는 결국, 부모와 자식 사이의 보이지 않는 거리를 말해 주는지도 모른다.

식사를 마치고는 우리는 볼일이 있다며 자식들과 헤어져 간만에 아울

렛을 찾았다. 우리 사는 도시에 아울렛이 없어 차를 타고 타 시까지 일부러 나서야 하지만, 그마저도 남편과의 작은 데이트이자 드라이브다. 출발 전에 세일 품목을 미리 살펴보고, 어떤 걸 살지 생각도 해 본다. 하지만 막상 도착하면 아이쇼핑만 해도 좋은 설렘이 있다. 길가에 피어 있는 이름 모를 꽃들도 오늘따라 유난히 반갑다.

아울렛에 들어서자마자 세일 코너부터 향한다. 줄지어 물건을 고르는 사람들 틈에 우리도 섞여 이것저것 살펴본다. 마음에 드는 옷이 있어도, 우선 태그에 붙은 가격부터 확인한다. 생각보다 비싸면 망설임 없이 내려놓고 좀 더 가성비 좋은 쪽으로 눈을 돌린다. 분명 통장에 여유가 있음에도 우리는 아직도 태그부터 본다. 그러다 남편과 동시에 같은 말을 한다. "언제쯤은 가격표 안 보고 고를 수 있으려나? 이제 그 헝그리 정신 좀 내려놔도 될 텐데." 그리고는 둘 다 웃는다.

운 좋게 원하는 신발을 1/3 가격에 구입했을 때의 짜릿함은 말로 다 못 한다. 남편에게도 하나 더 고르라고 권하고, 괜찮은 혁띠를 하나 사 준다. 그제야 목이 타는 걸 느끼고, 아이스크림을 하나씩 물고 나서는데… 발걸음이 어쩜 이리도 가벼운지. 그래서 '쇼핑 치료'라는 말이 있나 보다. 간만에 여유롭고 행복한 하루였다.

차를 타고 돌아오며, 남편에게 간식을 하나씩 입에 넣어 주다가 나도 모르게 이런 말을 했다.

"우리 둘이 오래오래 삽시다. 우리 사이에 누구도 비집고 들어올 수 없게, 아주 단단하게 행복하게 삽시다."

그 말이 끝나자마자 마음속이 찌르르 아려 왔다. 언젠가 둘 중 하나는 홀로 남게 될지도 모른다는 생각이 문득 스쳐 갔다. 그래서 더더욱, 오늘 하루가 소중했다. 아무렇지 않은 하루처럼 보이지만, 이런 날들이 쌓여 인생이 된다. 그래서 지금, 이 순간, 이 사람이 참 고맙다.

퍼즐처럼 맞춰 가는 노년의 하루

이달 말, 간병보험 제도가 바뀐다는 연락을 보험설계사로부터 받았다. 평소 같았으면 스팸 메시지처럼 넘겼을 소식이지만 이번엔 이상하게도 눈길이 머물렀다. 이미 알고 있었다. 보험사들이 간병비 지출에 대한 부담을 덜기 위해 보상금은 줄이고, 보험료는 높이는 방향으로 제도를 개편하려 한다는 사실을. 보험감독원의 발표를 통해 접한 소식이었다. 내 나이 예순. 새삼 보험에 눈 돌릴 나이는 아니지만, 기왕의 질병으로 인해 새로운 보험에 가입한다는 건 거의 불가능하다고 생각하고 있던 터라, 한 군데에서 가입이 가능하다는 확답을 받은 순간, 혹시나 하는 마음이 들었다.

며칠 전 뉴스에서 흥미로운 조사를 보았다. 가족이나 내가 아플 때, 과연 누가 간병을 해 줄 수 있을까 하는 앙케이트였다. 예전 같으면 당연히 자식이 간병을 맡는다고 답했겠지만, 이제는 상황이 다르다. 세상이 바뀌었고, 사람들의 생각도 달라졌다. 지금의 젊은 세대는 부모를 간병하는 것을 당연한 의무로 여기지 않는다. 어쩌면 그것이 더 정직한 삶일지도 모른다는 생각이 들었다. 우리 세대는 그렇게 배우고 살아왔지만, 이제는 그 의무를 강요할 수 없는 세상이다. 나 역시 2~3년 전 시부모님을 지근거리에서 간병하며 '자식 된 도리'라는 말의 무게를 실감했었다. 그때는 당연하다고 생각했지만, 돌이켜 보면 말 못 할 고단함이 녹아 있던 시간들이었다.

그래서일까. 요즘 문득문득 우리가 흔히 말하는 '낀 세대'라는 말이 사무치게 와닿는다. 위로는 부모를, 아래로는 자식을 돌봐야 하는 세대. 한쪽에 치우치면 안 되는 외줄타기를 하는 듯한 삶. 그러면서도 자식들에게는 짐이 되지 않기 위해 하나둘씩 대비책을 세우는 중이다. 보험도 그중 하나다. 남편과 나는 고민 끝에 간병보험에 가입했다. 한 달에 나가는 돈이 적지 않아 처음엔 망설였지만, 보험증서를 받아 든 날 묘한 안도감이 들었다. 마치 '그래도 조금은 준비해 뒀다'는 든든한 후방지원군이 생긴 것처럼 마음이 놓였다.

연금과 보험금으로 살아갈 나이가 된 우리는, 어느새 새로운 보험 하나를 가입하는 것도 큰 결심이 필요한 일이 되어 버렸다. 내 지갑에서 나가는 돈의 무게가 예전보다 몇 배는 무겁게 느껴진다. 그래서 자주 계산기를 두드려 보며 이쪽 구멍, 저쪽 구멍에서 돈이 나올 길을 헤아린다. 이런 마음을 누구보다 이해해 주는 사람은 다름 아닌 남편이다. 아직도 현업에서 일하고 있는 그 덕분에 우리는 보험 가입을 결심할 수 있었다.

요즘 남편과 나는 하루의 마무리를 산책으로 대신한다. 저녁을 먹고 나면 무조건 집을 나선다. 처음엔 건강을 위한 운동이었지만, 이젠 우리만의 대화 시간이 되었다. 이런저런 이야기를 나누다 보면 가끔 의견이 엇갈려 다툼도 생기지만, 그래도 그 시간만큼은 하루 중 가장 소중하다. 서로의 말에 귀 기울이고, 걸음을 맞춰 가는 시간. 그래서일까, 그 시간이 기다려지고 또 그립다.

한 책에서 읽은 기억이 난다. 나이가 들수록 남자는 높은 소리를 잘 듣지 못하고, 여자는 낮은 소리를 잘 듣지 못한다는 말. 단순히 청력의 변화가 아니라, 서로의 언어를 잘 듣지 못한다는 은유로 다가왔다. 남자는 감정의 언어를, 여자는 논리의 언어를 듣기 어려워진다는 뜻일까. 생각해 보면 부부란 참으로 다른 언어를 사용하는 존재다. 그럼에도 불구하고 우리는 서로를 이해하기 위해 오늘도 걷고, 대화하고, 때론 침묵 속에서 마음을 나눈다.

이렇게 퍼즐처럼 하루하루를 맞춰 간다. 내 조각이 조금 기울어져 있으면, 남편이 맞춰 주고, 남편의 조각이 삐뚤어졌으면 내가 돌려 끼운다. 완벽하지는 않아도 괜찮다. 서로의 틈을 메우며 살아가는 것이 부부 아닐까.

지금 우리가 사는 시대는 '유병장수'의 시대다. 오래 사는 것이 축복이기보다는 때론 두려움이 되는 현실. 하지만 그렇다고 마냥 외면하고만 있을 수는 없다. 달라진 환경을 탓하기보다, 그 안에서 나름의 해법을 찾아가는 것이 우리 세대가 해야 할 일일 것이다. 보험 하나를 들면서도, 산책 한 시간을 보내면서도, 나는 나와 내 가족의 노후를 준비하고 있다. 크고 화려한 대비는 아니지만, 이렇게 오늘 하루를 성실히 살아가는 것으로도 충분히 값지다고, 스스로를 다독인다.

우리의 노년이 외롭지 않기를, 그리고 여전히 걸을 수 있는 다리가 있고, 말을 건넬 수 있는 사람이 옆에 있기를. 바람처럼, 기도처럼 오늘도 나는 남편과 한 걸음씩 나아간다.

8부

바람도 나에게 말을 건다

裸木 : 옷을 벗은 나무의 고요함

사람들은 보통 꽃 피는 봄이나 화려한 여름, 그리고 예쁘게 물든 가을의 단풍을 보고 나무에 매료된다. 하지만 나는 다르다. 가을이 지나고 겨울이 오기 전, 나무는 무거운 옷을 벗어 던지고 한순간에도 바람을 맞으며 고요히 서 있는 모습을 보면 넋을 놓고 쳐다볼 때가 한두 번이 아니다.

나목의 가녀린 가지들은 바람에 흔들리며 고요한 겨울을 준비하는 듯하다. 그렇게 기다림의 시간 속에서 나무는 이제 더 이상 무성하지 않지만, 그 자리에 여전히 살아 있는 이야기를 품고 있는 듯하다. 겨울의 추위에 맞서 나뭇가지들은 장식 없이 고독하게 하늘을 향해 서 있다. 군더더기 없이 나를 전부 드러내놓아도 부끄럽지 않은 겨울나무가 참 좋다.

어렸을 때, 가마솥에 불을 지펴 밥을 지어 먹었던 기억이 있다. 빈 지게를 메고 집을 나서는 아버지를 따라 야산으로 들어갔다. 지금은 허가를 받고 가져갈 수 있지만, 그때만 해도 조금씩 주워 가는 게 일상이었다. 어린 마음에 아무것도 없고 유난히 춥고 스산한 산에서 벗겨진 가녀린 나무들을 보았다. 아버지 옆에서 우리는 갈퀴로 소나무에서 떨어진 솔방울과 마른 솔잎을 모아서 포대에 담았다. 아버지는 멀리 떨어져 강풍에 떨어진 나뭇가지들을 가지런하게 낫으로 잘라 지게에 담으며 콧노래를 부르며 집으로 돌아오곤 했다. 그렇게 허청에 쌓아 놓으면 부자가 된 듯, 그해 겨울은 든든하게 지낼 수 있었다. 그렇게 앙상하고 벌거벗은 나뭇가지를 우리 인간에 그대로 양보를 해 준 것이다.

 어린 시절, 그 어느 추운 겨울날에 주워 온 나뭇가지에 불을 지펴 저녁밥을 지을 준비를 하고 있었다. 예전에는 집집마다 우물이 하나씩 있었다. 우리 집도 우물과 그 옆에 고추를 갈고, 보리를 갈 수 있는 독이 자리하고 있었다. 그날도 보리를 그 독에서 작은 맷돌로 갈아야만 부드럽게 밥을 지을 수 있었다. 한참 갈아서 그릇에 담으려는 순간, 꽁꽁 얼어붙은 밑바닥 때문이었는지 나는 비틀거리며 넘어지고 말았다. 부엌에서 엄마가 부리나케 나왔다. 엄마의 첫마디는 이랬다. "아고! 보리쌀! 보리쌀 어떻게 되었어? 이걸 엎으면 어떻게 해? 밥을 당장 지어야 하는데!" 그렇게 물어보시던 엄마는, 딸이 넘어져 있는 것에는 눈길도 주지 않고, 그저 보리쌀이 더 귀한 듯한 모습에 마음 한구석이 서운하게 느껴졌다. 시간이 지나 그때 얘기를 꺼내면, 기억나지 않는다 하신다. 아마도 그때 가난과 싸우다 보니 내가 아픈 것은 뒷전이고 보리가 더 귀했던 그 시절이 더 선명하게 기억 속에 남아 있는 것이리라.

 그렇게 추운 겨울은 싫었지만, 다 벗겨진 나무에 하얀 눈이 쌓인 모습을 보면 내 마음이 깨끗해지는 듯했다. 눈과 비를 맞으며 견고해져 봄에 꽃을 피우는 나무를 보면, 그저 감탄할 뿐이었다. 가식으로 나를 감추지 않고 드러내 놓아도 부끄럽지 않은 그 든든한 나목처럼, 나도 이 세상을 헤쳐 나가고 싶다. 비록 아무것도 걸치지 않았다고 흉을 볼 수 있겠지만, 자연의 거친 아름다움과 그 속에서 느껴지는 인내와 희망을 강조할 수 있다는 것이 분명하다. 차가운 바람 속에서도 한 걸음씩 나아가는 나무는, 얼어붙은 땅속에서 묵묵히 뿌리를 내리고 있다.

겨울의 끝자락, 눈 속에 묻힌 작은 꽃봉오리가 서서히 고요히 피어나며 새로운 계절을 기다린다. 그 힘겨운 침묵 속에서 봄을 준비하고 있다. 겨울이 아무리 깊고 추워도, 마음속의 따스한 빛은 흔들리지 않고, 언 땅을 녹이며 조금씩 봄을 불러오니, 푸르고 예쁜 꽃들에게 그 나목은 어김없이 양보할 것이다.

아카시아, 그 쓸모없음의 아름다움

어느 봄날, 주방 창문을 열자 향이 먼저 들어왔다.
고기 굽는 냄새를 밀어내고, 아카시아 향이 먼저 들어왔다.
불쑥 다가온 흰 꽃 한 송이가 창가에 인사를 건넨다.
언제 피었는지도 모를 그 얼굴이 방긋 웃는 듯했다.
순간, 오래전 기억 하나가 그 향과 함께 되살아났다.
우리 아파트는 산으로 둘러싸여 있다.
베란다 너머로 계절이 흐른다.
봄이면 개나리가 노랗게 고개를 내밀고,
여름이면 능소화가 붉은 꽃을 피우며 담장을 타고,
가을이면 단풍나무가 바람결에 몸을 흔든다.
겨울엔 나목들 사이로 눈발이 내려와, 계절의 끝을 말없이 알려 준다.
그 많은 계절의 손님들 속에서도, 해마다 기다리게 되는 존재가 있다.
언제나 예고 없이 찾아와, 향기로 존재를 알리는 봄의 전령.
바로 아카시아다.

어린 시절, 시골집 담장 너머엔 아카시아나무가 많았다. 꽃이 피기 전부터 향기가 먼저 다가왔고, 우리는 부지런히 꽃잎을 땄다. 바구니에 담아 방 안에 두면, 은은한 향이 공간을 가득 채웠다. 그 향 속에서 봄을 오래도록 곱씹던 기억. 아카시아는 우리에겐 봄의 냄새였다.

하지만 아버지는 그 나무를 유독 싫어하셨다. "천하에 쓸모없는 나무"라며 꽃이 피기도 전에 낫으로 베어 내셨다. 뿌리가 깊고 옆 작물의 성장을 방해하며, 쓸모도 없는 나무라고. 나는 그 말이 도무지 납득되지 않았다. 꽃이 곱고 향이 짙으며, 꿀벌까지 모여드는 나무가 왜 쓸모없다는 걸까.

그땐 몰랐다. 땅이 귀하고, 작물 하나라도 더 키워야 했던 시절이었다. 아버지에게는 아카시아는 뺏는 존재였다. 그러나 나에겐 늘 '주는 존재'였다. 꽃도, 향도, 꿀도, 무엇보다 계절의 감각까지도, 그 모든 것이 아카시아가 우리에게 주던 선물이었다.

아카시아는 사실 외래종이다. 일제강점기, 척박한 땅을 메우기 위해 들여온 이름조차 낯선 나무. 그럼에도 사람들은 여전히 '아카시아'라 불렀다. 이방인의 이름은 그렇게 우리의 봄이 되었다. 본래 이름은 '아까시나무'지만, 본토에서 온 이방인 나무는 그렇게 낯선 땅의 언어 속에 자리를 잡았다.

오랫동안 사람들은 이 나무를 하찮게 여겼다. 목재로 쓰기도 애매하고, 너무 빨리 자라 다른 식생을 밀어낸다고 했다. 그래서인지 어릴 적부터 이 나무는 '가치 없는 것'의 대명사처럼 여겨졌다. 그러나 지금은 다르다. 아카시아 꿀은 고급 벌꿀로 인정받고, 뿌리 깊고 척박한 땅에서도 잘 자라는 특성 덕분에 토지 복원에도 쓰인다. 바람막이용 울타리, 화목용 재료로도 활용된다. 생태계를 위협하는 게 아니라, 오히려 되살리는 역할을 하고 있는 것이다.

'무용하다'는 말은 시대의 몫이다. 그러나 기억은 다르다.

한 송이의 향기만으로도, 쓸모는 다시 피어난다. 시대와 조건, 그리고 바라보는 관점에 따라 얼마든지 달라질 수 있다. 아버지가 베어 내던 그 나무는, 지금의 나에게는 필요한 존재, 그리고 아름다운 기억이다.

　어디선가 '아카시아는 여자의 향기, 밤꽃은 남자의 향기'라는 문장을 읽은 적 있다. 정말 그런지도 모르겠다. 아카시아가 풍기는 향은 은은하고 부드러워 한참을 곁에 두고 있어도 질리지 않지만, 밤꽃의 향은 짙고 진해서 단번에 그 존재를 각인시킨다. 마치 서로 다른 방식으로 존재를 알리는 것처럼, 두 향기 모두 자연이 만든 고유의 언어 같다. 꼭 남녀로 나누지 않더라도, 아카시아의 향기는 섬세하고 조용하다. 소리 없이 퍼지며, 공간을 채운다. 그리고 무엇보다 그 향은 기억을 흔든다. 봄날의 따뜻한 오후, 꽃잎을 따던 손끝, 방 안 가득 퍼지던 달큰한 공기. 그 모든 감각이 향기에 스며 있다.

　창밖의 아카시아를 바라보며 고개를 내밀어 보았다. 아직은 이른 봄, 향이 짙게 다가오지 않는다. 하지만 며칠 뒤엔, 이 창가를 그 향이 가득 채울 것이다. 꿀벌이 찾아들고, 잎이 짙어지고, 바람이 그 냄새를 실어 나른다. 그렇게 자신의 존재를 조용히, 그러나 분명히 알려온다. 그 방식이 좋다. 소리 높이지 않고, 자신만의 방식으로 세상에 닿는 것. 그것이야말로 조용하지만 강한 존재의 힘이 아닐까.

　버려졌던 것들이 다시 필요해지는 세상. 그것은 단순히 시간의 흐름 때문이 아닐지도 모른다. 오히려 우리가 그것을 다시 보게 되는 순간, 쓸모는 생긴다. 사람도, 식물도, 기억도 그렇다. 우리는 많은 것을 너무 빨리 버리고, 너무 쉽게 판단한다. 하지만 결국엔, 남아서 묵묵히 자리를 지키는 것들이 우리를 살린다.

　창을 열자, 흰 꽃 하나가 불쑥 고개를 내민다.

"또 피었네."

그 짧은 말 안에, 계절의 반복과 삶의 위로가 고요히 스며 있다.

잊혔던 존재들이 묵묵히 제자리를 지킬 때, 우리는 그 곁에서 진짜 아름다움을 배운다.

자연의 소리로 깨달은 평화와 힐링

얼마 전, 여름의 끝자락에서 색다른 경험을 했다. 내 친한 지인이 숲 해설사로 활동하는데, 갑자기 부안에서 열리는 문화 행사에 가자고 연락을 해 왔다. 나는 별다른 고민 없이 그 제안을 받아들였다. 무작정 떠나는 여행이라 설렘이 가득했지만, 무엇보다 그때가 여름의 더위가 막 지나고 선선한 바람이 불어오는 때라, 드라이브 겸 바람을 쐬러 나서기 좋은 기회처럼 느껴졌다.

그날의 행사에서 내가 처음 접한 것은 바로 "사운드스케이프"라는 개념이었다. 처음 듣는 말에 모두가 궁금해하며, 리더자의 설명을 집중해서 들었다. 사운드스케이프란 특정 장소나 환경에서 들을 수 있는 모든 소리의 집합을 의미한다는 것이다. 자연환경뿐만 아니라 사람들의 활동, 교통 소음, 동물의 소리 등 모든 소리가 포함된다는 설명이 이어졌다. 사운드스케이프가 장소의 분위기와 특성을 어떻게 나타낼 수 있는지, 또 음악이나 영화, 게임에서도 어떻게 중요한 역할을 하는지에 대한 설명도 이어졌다.

특히 나는 '국가정원'이라는 개념을 처음 알았다. 우리나라에는 순천만, 태화강, 그리고 그곳 부안의 국가정원이 있다는 사실을 알고, 그곳에 발을 디딘 순간, 바람 소리와 나부끼는 수풀 소리, 그리고 귀뚜라미의 울음소리가 마치 그곳의 이야기를 들려주는 듯 느껴졌다. 그 순간, 그 소리들에 온전히 빠져들었다. 세상의 다른 모든 것들이 잠시 멀리 떨어져 있는 듯한 평화로운 기분이었다.

우리는 각자 핸드마이크와 이어폰을 나누어 가지고, 정원을 두 시간가량 돌아다니며 자연의 소리를 귀 기울여 들었다. 새소리, 풀벌레 소리, 바람 소리까지, 내 평생 처음 듣는 그 소리들을 마이크로 녹음하면서 그 소리가 내게 전하는 의미를 느꼈다. 처음에는 그냥 지나쳤을 법한 소리들이 그렇게 가까이 다가오니, 그 소리들이 전하는 따뜻함과 정겨움을 피부로 느끼게 되었다. 귀뚜라미 소리, 개구리 뛰는 소리, 물 흐르는 소리… 이 모든 것이 그 순간 내 마음에 평화로운 안식을 선사했다.

생각해 보면, 평소 길을 걸을 때나 집 근처 숲에서 새소리나 바람 소리를 들을 때 나는 그것들을 시끄럽거나 방해되는 소음 정도로 여겼던 것 같다. 하지만 이 경험을 통해 나는 그 소리들이 단지 소음이 아니라, 자연의 생명력 그 자체라는 것을 깨닫게 되었다. 각기 다른 생명체들이 나름의 방식으로 존재하며, 그 소리를 통해 생태계를 이해할 수 있다는 사실을 알게 된 것이다. 그 소리들이 얼마나 소중한지, 그리고 내가 그 소리들을 어떻게 받아들여야 할지를 느끼면서, 내 마음의 무지함이 부끄러워졌다.

해 질 무렵, 우리는 함께 모여 누운 채로 밤의 소리에 귀를 기울였다. 마치 그 순간, 모든 것이 하나가 되는 듯한 느낌이었다. "야, 사랑해! 앞으로도 더욱 사랑하며 지내자!"라고 속삭였던 그 순간, 마이크가 작동하는 바람에 내 목소리가 크게 울려 퍼졌다. 그 작은 소리 하나에도 내가 어떤 감정을 느끼고, 그 감정을 공유하는 소리가 되어 다른 사람에게 전해진다는 사실이 얼마나 신기하고 기쁜지 모른다. 그 경험은 마치 어린 아이가 처음 세상을 배우듯 신기한 감각을 선사했다.

정말 놀라운 것은, 그날 경험을 통해 내가 지나치게 여겼던 자연의 소리들이 얼마나 중요한지, 그리고 그것들이 어떻게 나의 감정과 상태에 영향을 미칠 수 있는지를 깨닫게 되었다는 것이다. 사운드스케이프는 단순히 소리만을 의미하는 것이 아니다. 그것은 자연과 인간이 함께 살아가는 방식을, 우리의 삶이 어떻게 소리와 맞물려 흐르는지를 보여 주는 중요한 경험이었다.

이 경험을 통해 나는 자연의 소리가 얼마나 중요한지를 깨달았고, 그 소리들이 생태계의 중요한 일부분이라는 것을 이해하게 되었다. 환경 보호나 생태학자들이 자연의 사운드스케이프를 모니터링하는 이유도, 그 소리 속에서 환경 변화나 생물의 생태를 알 수 있기 때문이다. 자연에서 나는 소리들은 그 자체로 중요한 생명의 메시지를 담고 있다. 소리 하나하나가 그 자체로 큰 의미를 지니고 있다는 사실을 나는 더 이상 간과할 수 없게 되었다.

이 특별한 경험을 통해 나는 친구들에게 사운드스케이프 경험을 추천하고 싶다는 마음이 들었다. 사람들이 소리와 어떻게 상호작용하는지를 이해하고, 이를 통해 스트레스를 관리하거나 심리적 안정을 찾는 데 도움을 받을 수 있다는 점이 너무나 중요하다고 느꼈기 때문이다. 명상, 요가, 수면을 돕기 위한 자연의 소리나 '화이트 노이즈' 같은 소리들이 사람들에게 치유의 힘을 줄 수 있다는 것을 알게 된 것이다.

그리고 집에 돌아와 아이들에게 이 경험을 이야기하면서, 다음에는 우리 가족 모두가 함께 가서 이런 특별한 시간을 나누자고 했다. 아이들도 흥미롭게 들으며 "다음엔 우리도 함께 가자!"고 약속했다. 오늘 하루, 나는 자연의 소리와 함께한 특별한 경험을 통해 많은 것을 깨닫고, 더 나은 삶을 살기 위한 작은 마음가짐을 얻을 수 있었다.

풀잎의 속삭임과 봄의 선물

　매년 이맘때면, 겨울이 끝나고 봄이 올까 하는 의문이 드는 건 어쩔 수 없는 일인 것 같다. 그러나 언제나처럼, 겨울이 지나면 봄은 오는 법이다. "빼앗긴 들에도 봄이 온다"는 말처럼, 추운 겨울 속에서도 봄의 기운은 어김없이 다가온다. 봄은 자연에서 새 생명이 돋아나는 시기이듯, 어려운 상황 속에서도 새로운 시작과 변화가 일어날 것이라는 뜻이다.
　아파트 베란다 앞, 추위에 움츠러들었던 나무들이 조금씩 꽃망울을 터뜨리기 시작했다. 매화와 산수유가 앞다투어 봉오리를 내밀고, 그 모습에 마음이 바쁘게 움직인다. 두고 보기만 할 수 없어 가까이 다가가 이 아름다움을 감상한다. 아직은 죽은 듯 보이는 나무에서 꽃이 피어나는 모습을 보며, 조물주의 위대함을 다시금 느낀다. 봄꽃은 참 신기하다. 꽃이 먼저 피고, 그 뒤에 연녹색의 이파리가 나오니, 그 과정을 지켜보는 것만으로도 놀라움이 가득하다.
　우리 아파트가 산속에 자리 잡고 있어 새소리도 참 듣기 좋다. 도심의 소음과는 달리, 자연의 소리는 사람의 마음을 평온하게 한다. 그래서 아침에 일어나면 늦잠을 자는 게 쉽지 않다. 아파트 구석의 텃밭에서 일하는 아낙네들의 호미 소리도 들리며, 벌써 마늘을 심어 놓았다. 이름 모를 나물들이 싹을 틔우고 있는 모습도 눈에 띄어, 마음이 한없이 여유로워진다. 텃밭의 나물들은 나를 기다리기라도 한 듯, 매일 자라는 모습에 감탄한다. 그 모습에 자극을 받아 농사를 해 볼까 하는 생각도 잠시 해 본다.

우리 아파트는 참 정겨운 곳이다. 80이 넘은 한 할머니는 60이 된 나를 언제나 새댁이라며 농산물을 나누어 주신다. 그 작은 배려가 마음을 따뜻하게 한다.

매일 남편과 함께 천변을 걸으며 운동 삼아 두어 시간을 보낸다. 그 길을 지나칠 때마다 목적 없이 바쁘게 걸었던 것이 오늘은 너무나 새롭게 다가온다. 천천히 걷다 보니, 옆집의 어르신을 만났다. 그분은 웃으며 말했다. "하루도 빠짐없이 같이 걷는 걸 보면 참 부럽소. 우리 같은 나이 먹은 사람들은 꼭 같이 움직여야 하는데, 우리 집사람은 나올 생각이 없으니 원, 젊은 사람들이 참 보기 좋다!" 그 말에 웃음을 지으며, 나는 다시 천변의 풍경을 돌아본다.

천변을 따라 걷다 보면, 여기에 신경 써서 잘 가꾼 기관들의 노력에 감사한 마음이 든다. 겨울에는 나뭇가지에 흰 눈이 덮여 사탕처럼 보이고, 봄이 오면 다양한 꽃들이 반겨 준다. 그때마다 연두색 이파리가 나오는 모습을 보면, 봄의 신비로움에 빠져든다. 나는 개인적으로 이 시기가 가장 아름답다고 생각한다. 혹자는 겨울 동안 식물들이 잠자고 있다가 봄에 기지개를 켠다고 말한다. 그런 얘기가 맞는지 모르겠지만, 우리 인간의 기를 자연이 가져가기 때문에, 이 시기에 기운을 차리지 못하는 사람들이 많은 이유가 아닌가 하는 생각이 든다.

여름이 되면 나무는 더욱 푸르고, 매미 소리와 잠자리들이 길을 막지만, 그것 또한 잠깐일 뿐이다. 가을이면 나무들은 더욱 고혹적인 자태로 나를 황홀하게 만든다. 사계절이 뚜렷한 이 땅에서 자연의 변화를 느끼며 살아가는 것이 얼마나 행복한 일인지 모른다. 그런데 요즘은 여름과 겨울만 남게 된다는 이야기도 들려 아쉬운 마음이 크다.

오늘은 경기전으로 발걸음을 옮겼다. 공휴일도 아닌데, 한복을 곱게 차려입은 사람들이 친구나 연인과 함께 거리를 걷는 모습이 참 아름다웠다. 전동 성당은 예전보다 더 고풍스럽고, 경기전은 이성계가 살아 나올 듯 깔끔하고 정갈하다. 전주에 살면서도 어렸을 때 한 번 가 본 후로는 지나치기만 했던 경기전. 오늘은 그곳에 들어가 보기로 했다.

경기전은 1395년에 건립된 중요한 역사적 장소로, 정종의 어진을 모셨던 곳이다. 여러 번의 복원 과정을 거쳐 오늘날의 모습을 갖추게 되었다. 전주 한옥마을과 가까워 많은 관광객들이 찾는 명소이기도 하다. 경기전 주변의 고목 느티나무와 은행나무, 대나무 숲은 이곳을 더욱 고요하고 안정된 느낌을 준다.

다시 밖으로 나와 천변으로 발길을 돌린다. 천변 끝자락에 위치한 치명자산 입구로 향했다. 그곳에 성당이 자리 잡고 있고, 성지에는 마리아상과 양들이 평화롭게 어울리고 있다. 그곳에서 기도하는 사람들을 보면, 각자의 신앙을 떠나서 그 모습이 참 아름답다.

생각 없이 다녔던 길들, 아무 생각 없이 지나쳤던 풍경들이 오늘따라 새롭게 다가오는 이 순간이 참 감사하다. 얼마 후, 지금의 연두색이 초록으로 변하고, 뜨거운 여름을 지나면 가을에는 빨강, 노랑, 갈색으로 물들 것이다. 바쁜 일상 속에서 자주 잊고 지나쳤던 여유를 찾을 수 있다는 것, 그것이 바로 행복이 아닐까 싶다.

흙과 발이 마주하는 순간

이른 아침, 아직 새벽 공기가 채 가시지 않은 시간에 남편의 차를 얻어 타고 집을 나선다. 평소 같으면 바쁘고 피곤한 하루가 시작되는 시간인데, 나는 오늘도 황토산에서의 맨발 걷기를 기대하며 마음이 설렌다. 암 진단을 받고 명예퇴직한 이후, 몸과 마음을 추스르기 위한 방법으로 시작한 맨발 걷기는 어느덧 1년이 넘는 내 일상의 일부가 되었다.

처음 맨발로 흙길을 밟던 그 순간을 떠올리면 아직도 가슴이 두근거린다. 발바닥에 닿는 부드러운 황토의 감촉은 처음엔 낯설고 어색했지만, 시간이 흐르면서 그 따뜻함과 촉촉함이 내 몸과 마음을 차분하게 어루만지는 듯했다. 바람에 흔들리는 나뭇잎 소리, 발아래 스며드는 땅의 온기, 먼 곳에서 들려오는 새들의 노랫소리까지 모두가 나를 자연과 하나가 되게 하는 작은 선물이었다.

황토산은 개인 사유지임에도 불구하고 매일 아침 주인이 낙엽을 쓸고, 쓰레기를 줍는 모습이 참 인상적이다. 그분의 정성과 사랑이 깃든 이 산길을 걸을 때마다 마음 한구석이 따뜻해진다. 그 시간이 쌓여 가면서 자연스레 이곳을 찾는 이들과 얼굴을 익히고 인사를 나누며 서로의 안부를 챙기는 작은 공동체가 만들어졌다. 누구 하나 빼놓지 않고, 모두가 서로를 배려하며 '오늘은 왜 안 왔느냐'고 걱정하는 모습에서 나는 인간애의 진한 향기를 느낀다.

맨발 걷기가 내 몸에 가져다준 변화도 크다. 신체적으로는 물론, 정신적으로도 한층 건강해졌다는 느낌이다. 스트레스가 줄고 마음이 한결 평온해졌으며, 몸이 한결 가벼워졌다. 과학적으로도 자연과 접촉하는 맨발 걷기가 스트레스 호르몬인 코르티솔을 낮추고 면역력을 높인다는 연구 결과를 알고 있지만, 직접 경험하는 감동은 말로 다 표현하기 어렵다. 발바닥으로 전해지는 대지의 기운이 나를 치유해 주고 있다는 확신이 든다.

때로는 가끔 뱀도 만난다. 작은 뱀은 오히려 귀엽게 느껴져 지나가길 조용히 기다려 주지만, 큰 뱀을 보면 놀라 도망칠 때도 있다. 사람들 발길이 잦은 이곳에 뱀이 나타날 때면 한편으로는 '여기가 네 땅인데 우리가 방해한 건 아닐까' 하는 미안한 마음이 든다. 자연 속에서 그들도 소중한 생명임을 다시금 깨닫게 된다.

황토산에서 만나는 사람들과 나누는 따뜻한 정도 내게 큰 힘이 된다. 어떤 날은 고구마를 쪄 와서 나누고, 또 어떤 날은 손수 만든 떡을 건네며 서로에게 작은 기쁨을 선사한다. 나는 달걀 한 판을 삶아 와서 나누었는데, 그 소소한 나눔이 마음을 한층 풍요롭게 해 줬다. 더 나아가 산기슭의 자투리땅에 고추, 당근, 호박 등 채소를 심어 자연 친화적으로 키우며 암 환우들에게 나눠주는 일도 하고 있다. 화학 비료와 농약을 쓰지 않고 토양 속 미생물들과 함께 건강하게 자라는 채소를 보면, 자연이 얼마나 소중한지 새삼 깨닫는다.

그분들이 채소를 받아 가는 모습을 볼 때마다 마음 한 켠이 뭉클해진다. 건강을 기원하는 내 마음이 이 채소들을 통해 전해진다고 생각하면,

이보다 더 감사하고 보람찬 일이 없다. 자연과 사람 사이를 잇는 다리가 된 이 밭은 나에게도 큰 기쁨과 평화를 안겨 준다.

물론 이 길엔 어려움도 있다. 사유지인 만큼 편의시설이 거의 없다. 흙 묻은 발로 집에 돌아가기 어려워 고민했지만, 다행히 시에서 수도를 설치해 줘서 발을 씻을 수 있게 되었다. 그러나 여전히 비나 눈을 피할 곳과 화장실 마련은 큰 숙제로 남아 있다. 이 문제를 해결하고자 나는 서명 운동을 시작했고, 가족들까지 동참하여 건강을 위한 작은 노력이 모이고 있다. 인근 성당에서 화장실을 개방해 주는 선행이 있어 걷기 후에 꼭 들러 물 한 모금을 마실 수 있는 것이 얼마나 감사한지 모른다.

성당에 들어가 조용한 분위기 속에서 기도할 때면, 마음속 깊은 곳에서 평화가 솟아오른다. 어느 날, 늘 사용하던 화장실에 대한 감사의 표시로 신부님께 작은 봉투를 전했다. "이렇게까지 안 하셔도 된다"는 신부님의 말씀이 오히려 마음을 더욱 가볍게 해 주었다. 이런 작은 나눔과 배려가 우리의 삶을 더욱 풍성하게 만든다는 생각에 하루하루가 소중해진다.

맨발 걷기는 단순한 건강법을 넘어 내게 자연과의 교감, 인간 간의 따뜻한 유대, 그리고 나눔의 기쁨을 가르쳐 준 고마운 선물이다. 매일 황토산을 향하는 발걸음은 나에게 새로운 희망과 평안을 안겨 준다. 이 길 위에서 우리는 서로를 돌보고, 자연의 품에서 치유받으며, 작은 나눔이 얼마나 큰 힘이 되는지 몸소 느낀다. 공동체의 따뜻함과 자연의 치유력이 만나 나의 삶을 더욱 풍요롭게 만든다. 앞으로도 내 몸과 마음을 보살피며, 자연과 함께하는 이 길을 계속 걸어가고 싶다.

아끼는 마음, 자연을 생각하는 마음

어릴 적 시골에서 자란 나는 물 한 방울의 소중함을 몸소 체험하며 자랐다. 우리 집 우물에서 길어 올린 물은 식사 준비부터 빨래, 세수에 이르기까지 모든 일상에 한정된 귀한 자원이었기에 함부로 낭비할 수 없었다. 당시 수동 펌프를 돌려가며 물을 아끼던 습관은 자연스레 내 삶 깊은 곳에 자리 잡았다. 그 습관은 지금까지도 변함없이 이어져, 매일 물 한 방울을 헛되이 하지 않으려 애쓰는 이유가 되었다.

누군가는 내 이런 절약 습관을 지나치게 근검절약이라 여기기도 한다. 아이들은 "엄마, 우리 집이 친구 집과 달라요. 왜 물을 두 번 이상 쓰고, 소변도 여러 번 보고 나서야 물을 내리나요?" 하고 묻는다. 그럴 때마다 나는 살며시 웃으며 대답한다. 처음엔 다소 불편했지만, 나중에 이 작은 습관들이 얼마나 소중한지 깨닫게 될 거라고 말이다. 설거지를 할 때도 물을 한데 받아, 그것으로 변기를 내리는 나의 모습은 단순한 절약을 넘어 지구와 바다를 지키는 작은 실천의 시작임을 믿는다.

우리가 무심코 흘려보내는 물 한 방울이 결국은 바다로 흘러가고, 그 바다는 지금 쓰레기와 오염으로 고통받고 있다. 물고기들이 플라스틱을 먹이로 착각하고 상처 입는 뉴스들을 접할 때마다 마음이 무겁다. 그래서 나는 더 조심스럽게, 더 꼼꼼히 물을 아끼고자 한다. 나의 작은 실천이 모여 바다와 지구를 살리는 힘이 될 것임을 믿으며 말이다.

이런 생각을 하면 자연스레 그리스 신화 속 바다의 신 포세이돈이 떠오른다. 과거 사람들은 그를 통해 바다의 위대함과 경외를 배웠다. 지금은 포세이돈이 환경운동가나 정책가가 되어, 바다를 지키기 위한 현실적인 노력을 촉구한다고 상상한다. 또한 바다의 수호자 인어처럼, 우리가 자연에 보내는 신호에 귀 기울이고 환경을 지키려는 마음을 잃지 말아야 한다는 메시지가 마음 깊이 와닿는다.

이처럼 자연과 환경을 생각하는 마음은 결국 아끼는 삶과 맞닿아 있다. 나의 절약 정신은 어린 시절 가난했던 경험에서 비롯되었지만, 지금은 그 의미가 더 넓고 깊어졌다. 물과 전기, 쓰레기를 아끼고 줄이는 것은 단순한 근검절약을 넘어서 우리가 살고 있는 지구의 미래를 위한 사랑이자 책임이 되었다.

주말이면 새벽 일찍 일어나 재래시장에 가는 일이 내게는 작은 기쁨이다. 저마다의 삶과 정성으로 살아가는 시장 사람들을 보며, 나 또한 그 열정에 감동한다. 가격을 비교하고, 물건의 신선함을 꼼꼼히 살피는 내 모습 속에는 절약을 넘어 삶을 존중하는 마음이 담겨 있다. 어릴 적 엄마를 따라다니며 자연스럽게 익힌 눈썰미는 지금도 절약과 현명한 소비에 큰 힘이 된다.

우리 가족의 절약 습관은 아이들에게도 자연스럽게 전해졌다. 아이들이 네 살 때, 전기세를 아낀다는 이유로 현관 벨 대신 문을 두드리던 모습은 지금도 생생하다. 아이들의 작은 실천들이 자라서 큰 변화를 만드는 씨앗이 되리라 믿는다. 겉으로 보기엔 사소해 보일지 몰라도, 이런 습관들이 모여 물질적 풍요와 환경 보호 사이에서 미묘한 균형을 이루게 된다.

때로는 나의 절약정신을 이해하지 못하는 주변의 시선에 마음이 무거울 때도 있다. "좀 더 편하게 살아도 되지 않냐"는 말에 미소를 짓지만, 나는 그보다 더 큰 그림을 본다. 지금 우리가 조금씩 아끼고 절약하지 않는다면, 언젠가 지구는 물과 자원의 부족으로 심각한 위기에 처할 것이다. 작은 것부터 실천하는 우리 가족의 모습이 세상을 바꾸는 시작이라 믿으며, 절약과 환경 보호를 이어 간다.

우리가 살아가는 이 시대는 기후변화와 환경 파괴가 현실로 다가오는 시기다. 바다는 점점 오염되고, 우리의 작은 무관심이 큰 피해를 낳는다. 그렇기에 포세이돈과 인어가 전해 주는 신화 속 메시지를 마음에 새기고, 물 한 방울조차 아끼는 마음으로 자연을 대해야 한다. 그리하여 물 한 방울, 전기 한 점, 쓰레기 한 조각도 허투루 쓰지 않는 실천이 모여 건강한 지구를 지키는 길이 된다.

오늘도 나는 대야에 물을 받아 세수를 하고, 그 물로 변기를 내린다. 필요하지 않은 전등은 끄고, 쓰레기봉투도 꽉 눌러서 한 장이라도 더 담으려 애쓴다. 이 모든 것은 '알뜰함'이라는 이름 아래서, '사치'와의 미묘한 균형을 이루는 작은 노력들이다. 이러한 나의 실천이 가족에게, 나아가 우리 사회에 긍정적인 영향을 주길 바란다.

우리 아이들도 어느새 물을 아끼고 절약하는 것이 자연스러운 생활임을 깨닫고, 남의 시선에 흔들리지 않고 자기 삶을 꾸려가고 있다. 그 모습은 절약의 진정한 의미를 일깨워 준다. 물질적인 풍요가 아닌, 자연과 조화를 이루는 삶이야말로 진정한 부요임을 알게 해 준다.

바다를 지키는 것은 거대한 일 같지만, 사실은 매일매일 물 한 방울을 아끼는 우리 모두의 작은 노력에서부터 시작된다. 나와 당신, 그리고 우리 가족이 함께하는 이 실천들이 모여, 청정한 바다와 건강한 지구를 만드는 밑거름이 될 것이다. 그래서 나는 오늘도 한 걸음씩, 물과 자연을 아끼는 마음으로 나아간다. 그것이 곧 우리의 미래를 지키는 길임을 믿으며.

9부

지금, 여기에서 나를 껴안는 시간

폭싹 속았수다, 내 인생에게

온 나라가 한 드라마에 푹 빠져 열풍이 불어닥쳤다. 평소 드라마에 큰 관심 없던 나에게도, 친구는 급하게 연락을 해 왔다. 꼭 봐야 한다며, 어렸을 때부터 지켜본 나의 이야기 같을 거라며 몰아보기라도 하라는 당부와 함께….

그 드라마는 다름 아닌 넷플릭스에서 방영된 〈폭싹 속았수다〉였다. 친구는 눈물 없이는 볼 수 없는 이야기라며, 미리 휴지를 옆에 두고 보라고 친절한 안내까지 곁들였다. 봤냐는 확인 메시지까지 보내오는 통에, 안 볼 수가 없다.

딸아이가 회원 가입한 넷플릭스를 TV에 연결해, 이틀에 걸쳐 16부작을 몰아보았다. 친구 말이 틀리지 않았다. 휴지를 곁에 두지 않았다면 큰일 날 뻔했다. 눈물 흘리고, 코 풀고, 마음 졸이며 애순의 삶을 따라가다 보니, 어느새 내 삶이 겹쳐져 울지 않을 수 없었다. 남편이 "뭘 그렇게 열심히 봐?" 하며 방에 들어와 궁금해할 때면, 혼자 보고 싶다며 조용히 내보내고 다시 화면에 집중했다. 그렇게 이틀 동안 감정이 불타오르고, 마음이 무너지고, 다시 일어서는 감정의 롤러코스터를 탔다.

애순의 삶은 나의 어린 시절과 너무 닮아 있었다. 어릴 적 나 또한 그랬다. 모두가 힘들었던 시절이라고 생각했지만, 가만히 떠올려 보면 내 친구들은 그렇게까지 힘들지 않았던 것 같다. 나는 당연하다는 듯 가난한 집을 도와야 한다고 여겼고, 학교를 자주 결석하며 집안일과 농사일을 도왔다.

우린 농사 지을 땅조차 없었다. 자본이 없어 그저 몸으로 대신 일해야 했다. 열 살도 되지 않았을 무렵, 엄마를 따라 살얼음 깬 개울에서 다슬기를 잡아 시장에 내다 팔았다. 산 넘고 물 건너 냉이와 이름 모를 나물을 캐러 다니며, 어떤 것은 생으로, 어떤 것은 삶아서 팔았다. 그렇게 모은 돈이 조금씩 쌓이고, 우리는 땅을 한 평, 두 평 사게 되었다.

하루는 엄마와 동네 아주머니들이 멀리 나물을 캐러 간 적이 있었다. 해는 이미 졌고, 밤이 깊어졌지만 돌아오시지 않았다. 걱정이 되어 나와 다른 아이들은 둑 위에 올라섰다. 혹시 길을 잃진 않았을까 싶어, 우리는 한 명씩 돌아가며 큰 소리로 노래를 불렀다. 아니, 거의 고함처럼 노래를 외쳤다. 우리의 목소리가 들려 무섭지 않게, 길을 찾을 수 있도록. 그렇게 몇 시간을 노래 부르며 버티다 보니, 저 멀리서 엄마들이 나타났다. 우리를 보며 대견하다고, 노랫소리를 들으며 돌아올 수 있었다며 칭찬해 주셨다.

"퐁당 퐁당 돌을 던지자! 냇물아 퍼져라~" 하고 신나게 노래를 불렀다. 그 노랫소리는 내 마음의 흥겨움이었고, 또 엄마가 멀리서도 내 목소리를 듣고 길을 잘 찾아오시게 하기 위한 작은 신호이기도 했다. 그래서 일부러 더 밝고 빠르게, 또렷하게 불렀다. 노랫말 하나하나에 엄마를 향한 기다림과 반가움이 묻어 있었던 것이다.

장녀로서, 살림 밑천으로서의 삶은 치열했다. 애순이가 하루하루 죽지 못해 사는 듯한 나날 속에서도, 문학소녀가 되고 싶은 꿈을 품고 버틴 것처럼 나도 그랬다. 책을 좋아했지만 살 여유가 없어 친구 책을 빌려 읽었다. 그렇게 초등학교를 간신히 졸업하고, 중학교에 진학했지만, 꿈에 그리던 여유는 오지 않았다.

학교가 끝난 뒤엔 엄마와 함께 시장에서 채소를 팔았다. "이것 사세요! 저것도 사세요!" 부끄러움을 무릅쓰고 외치며 엄마를 도왔다. 빨리 팔고 함께 집에 가고 싶은 마음에서였다. 자연스레 공부할 시간은 점점 사라졌고, 누구를 탓할 수도 없는 채, 결국 남은 건 나 자신과의 싸움뿐이었다.

어느 날, 아빠와 엄마의 대화를 우연히, 어쩌면 일부러 엿듣게 되었다. 사주를 보고 오셨다는데, 내가 장녀로 집안을 일으킬 팔자라고 했다. 아들 못지않은 존재이니 열심히 부려먹으면 된다는 말에 은근히 부아가 치밀었지만, 기대고 의지할 곳이 없던 나는 오히려 그 말에 자부심을 품었다. 어쩌면 그래서 내 이름도 '원자', 으뜸 아들이라는 의미였을까.

스무 살이 조금 넘었을 무렵, 이제야 고생 내려놓고, 아버지는 요단강 너머로 떠나셨다. 그때부터 내 어깨에 놓인 책임은 더욱 무거워졌다. 온전치 못한 오빠와 아직 어린 동생들을 돌봐야 했고, 동시에 내 삶도 살아내야 했다. 하루는 너무 버거워 아버지 산소에 가서 묘 위에 몸을 던지고 울었다. 대성통곡 울고 나면 마음이 이상하게 후련해졌다. 애순이가 엄마를 삼켜버린 바다를 향해 달려가, 짐승처럼 포효하며 울부짖듯이 나 또한 누구에게도 말 못 할 고단함을 아버지 앞에서만 풀어낼 수 있었다.

드라마를 보다가 또다시 친정 생각에 마음이 무너졌다. 시간이 지나도 풀리지 않는 일들이 자꾸 떠오르고, 엄마와의 관계는 여전히 사랑과 원망이 뒤섞인 채 버겁기만 하다. 왜 그랬는지, 왜 그렇게밖에 할 수 없었는지 묻고 싶은데, 대답 없는 기억들만 가슴에 남는다. 부모는 자신이 못 해 준 것만 미안해하고, 자식은 그때 서운했던 감정만 끌어안고 살아간다는 말이… 요즘 따라 참 아프게 와닿는다.

다행히 관식이와 닮은 듯 닮지 않은, 그래도 가정적인 남편을 만나 가정을 이루고, 아이 셋과 오순도순 살아 냈다. 내 삶이 완전히 봄은 아니었지만, 때때로 따스한 햇살을 받으며 살아왔음에 감사한다. 그래서 오늘도, 그런 순간들이 있었다는 사실 하나만으로 감사한 마음이 든다.

드라마 속 "살면 살아진다"는 말이 왜 그렇게 슬프게 들리는지. 물론 젊어서 고생은 사서도 한다지만, 때로는 풍족한 삶을 이루기도 했지만, 그 고단함이 쌓여서인지 결국 병마가 찾아오고 말았다. 지금도 치료 중이지만, 나는 아직 내 인생의 종착역이 아닌, 또 다른 봄을 향해 달려가고 있다.

아이들에게 가끔 이야기한다. "혹시 내가 먼저 가거들랑, 내 묘비에 이렇게 써 주라. '그동안 사느라 애썼어요. 이제 편히 쉬세요.'" 그러면 아이들은 "엄마, 그런 말 하지 마!"라며 펄쩍 뛴다. 하지만 인생이란 내일을 장담할 수 없기에, 오늘을 더 열심히 살아가는 것이다.

이 말을 나 자신에게 꼭 전하고 싶다.

진짜 진짜 폭싹 속앗수다!

어쩌면 인생의 봄날은 바로 오늘일지도 모른다. 더 진하게, 더 깊이 살아 보자. 인생, 별거 있던가. 성실히, 묵묵히, 포기하지 않고 살아 냈다면… 그걸로 된 거 아닐까.

조용한 여름의 피난처, 나만의 작은 사치

해마다 여름이면 "역대급 더위"라는 뉴스가 들려온다. 올여름이 가장 시원하다는 말이 농담처럼 들릴 만큼, 더위는 해마다 기승을 부린다. 많은 나이가 아님에도 어느새 더위도, 추위도 다 싫은 나이가 되어 버렸다. 그래도 추위는 껴입으면 어떻게든 견딜 수 있지만, 더위는 그저 맥없이 당해야 할 때가 많아 유독 힘겹다. 여름과는 해마다 한판 씨름을 벌이며 살고 있는 듯하다.

혼자 집에 있는 시간이 많아졌지만, 그 시원한 에어컨도 쉽게 켜지 못한다. 헝그리 정신이 뿌리 깊게 배어 그런지, 나 혼자만을 위한 사치가 늘 부담스럽기 때문이다. 나 하나 시원해지자고 전기세를 감수하는 일이 왠지 모르게 죄책감을 안긴다. 그런 마음은 어쩌면 모든 엄마의 마음일지도 모른다. 그러나 상담심리를 받으며 한 말이 유독 마음에 깊이 남았다. "앞으로의 숙제는 나를 칭찬하고 사랑하는 일"이라고. 그 말은 묘하게도 마음속에 잔잔한 울림으로 번졌다.

그래, 그동안 그렇게 아끼고 절약하며 살아온 나인데, 이제는 나 자신에게도 따뜻하고 관대한 시간을 허락해 줘야 하지 않을까. 더위에 숨이 턱턱 막힐 때, 아주 높게 온도를 설정한 에어컨이라도 틀어 시원함을 느끼는 것, 그것조차도 내가 누릴 수 있는 작은 행복이라 여겨 보기로 했다. 전기세 몇천 원에 연연해하지 않고, 이 무더운 여름 속에서 잠깐의 숨통을 틔우는 일에 감사함을 가지려 한다.

하루 종일 집에만 있는 것도 답답하다. 읽어야 할 책도 많지만, 머릿속은 산만하고 몸은 처져만 간다. 그래서 아침 일찍이면 발걸음을 서둘러 집 근처 도서관으로 향한다. 문이 열리기가 무섭게 입장해 좋은 자리를 맡고 싶지만, 이미 많은 이들이 부지런하게 자리를 잡고 몰입하고 있다. 그중 유독 눈에 들어오는 한 장면, 나이 지긋한 노부부가 나란히 앉아 한 권의 책을 사이좋게 읽는 모습은 더위를 피하려 온 것일지라도 너무도 아름답고 평온한 풍경이다. 노년의 여유로움과 다정함이 고스란히 담겨 있는 모습에 나도 모르게 입꼬리가 올라간다.

그에 못지않게 나도 마음을 다잡고 어렵다는 문학서적에 도전한다. 글을 쓰기 시작하면서부터는 가볍게 읽고 넘길 책보다는 사유와 시야를 넓혀 줄 작품을 찾게 되었고, 그래서인지 더 어려운 문학책들이 자꾸 눈에 들어온다. 오래되어 누렇게 바랜 책은 도서관 직원이 골방에서 어렵사리 찾아와야 할 정도다. 곰팡이 냄새가 은근히 풍기는 책장을 넘기며, 글을 쓴다는 것이, 또 글을 읽는다는 것이 얼마나 고독한 일인지 새삼 깨닫는다.

오전 내내 책상에 앉아 있으니 허리도 뻐근하고 몸이 근질근질하다. 그래서 잠시 일어나 도서관 안을 걷는다. 아까의 노부부가 다시 눈에 들어오고, 그 옆에 앉아 열정적으로 노트북을 두드리는 젊은이들의 모습이 대비되어 다가온다. 그 눈빛 속에는 불안과 간절함이 교차해 있다. 내 아이도 저런 모습으로 살아가고 있겠지. 살아남기 위한 처절한 싸움 속에서 누구보다 간절한 마음으로 미래를 준비하는 청춘들에게 조용히, 그러나 깊이 있게 마음속으로 응원을 보낸다. 아자, 아자. 이 시기도 지나갈 테고, 분명 좋은 결과로 이어질 거라 믿는다.

　점심 시간이 되어 근처 식당에서 간단히 요기를 하고, 다시 제일 더운 시간대인 오후에는 쏜살같이 도서관으로 돌아온다. 에어컨의 시원함을 다시 맞이하며 문명의 이기(利器)에 대해 새삼 감탄한다. 사람이 살아가며 만들어 낸 기술들이 이렇게 더운 여름을 견디는 데 얼마나 큰 역할을 하고 있는지 생각해 본다. 그러나 동시에 실외기에서 내뿜는 뜨거운 바람이 이 지구에 얼마나 큰 부담이 되고 있을까, 잠시나마 그런 생각이 스친다.

　식후라 그런지 식곤증이 밀려오고, 책 앞에 앉아 있어도 눈꺼풀이 무겁게 내려온다. 깜짝 놀라 눈을 뜨고 자세를 고쳐 앉지만, 나만 그런 것이 아니다. 이곳저곳에서 슬쩍슬쩍 졸음에 몸을 맡기는 이들이 보인다. 그래도 이런 공간이 있어 숨을 돌릴 수 있다는 것만으로도 얼마나 다행인가. 바깥의 태양은 지독하게 뜨겁지만, 이곳 도서관은 평화롭고 시원하다. 누군가는 여전히 바쁘게 일하고, 나는 잠시 숨 고르며 하루를 보내고 있다. 이 소박한 시간이 오히려 감사하게 느껴진다.

　슬슬 지루해질 무렵, 휴대폰을 확인하다 남편에게서 온 메시지를 받는다. 퇴근길인데 같이 저녁을 먹자고. 이 더위에 집에서 밥을 하기도 벅찬데, 얼마나 고마운 제안인지. 얼른 도서관을 나서 그를 기다린다. 함께 차를 타고 식사를 마치고, 카페에서 차 한잔을 나누며 오늘 하루를 마무리한다. 우리 부부도 이렇게 또 하루를 여름과 싸우며 이겨 낸다.

　그래, 이 또한 지나가리라. 가을이 오면 또 추위를 걱정하겠지만, 지금 이 여름이야말로 당장 가장 힘든 시기다. 그 안에서 내가 할 수 있는 작은 여유와 사치, 그리고 감사의 마음으로 하루하루를 버텨나가야겠다. 그렇게 나도, 조금씩 더 나이 들어가고 있는 것이다.

내 이름 속에 담긴 이야기

다소 특별한 경험을 한 적이 있다. 다른 이들이 보기에는 별다를 것 없는 일일 수도 있지만, 나에게는 꽤나 놀라운 일이었다. 나는 책을 좋아하고, 뭔가를 적는 것에 늘 관심이 많았다. 그래서 '더 제대로 배우고 싶다'는 마음에 평생교육원 수필 문예 창작반에 등록하게 되었다. 처음엔 조금 두렵고 떨리는 마음으로 첫 수업을 들었는데, 예상치 못한 일이 벌어졌다. 수업을 들으러 간 날, 나는 분명 혼자였음에도 불구하고 내 이름이 두 번 불린 것이다.

앞에 계신 선생님이 내 이름을 부르며 고개를 갸우뚱거리셨다. "참 흔치 않은 이름이네요. 우리 반에 두 명이 같은 이름을 가졌다는 게 신기하네요." 나는 깜짝 놀랐다. 지금까지 학교나 직장에서 같은 이름을 가진 사람을 만난 적이 없었는데, 30명의 수업 중 두 명이 같은 이름을 가진 것이 정말 기이한 일이었기 때문이다. 결국 두 명의 이름을 구분하기 위해 '1번'과 '2번'으로 나누어서 부르셨다. 나는 '2번'이었는데 '1번'을 부를 그때마다 내 가슴이 덜컥하고 요동쳤다.

그 일이 10여 년 전, 종합병원 원무과 접수처에서 일할 때도 생각이 났다. 그때도 나의 이름은 내 앞에 걸린 명찰을 통해 쉽게 확인할 수 있었다. 어느 날, 한 70대쯤 되어 보이는 점잖은 할아버지가 내 앞에서 계산을 하셨다. 그분은 한참 동안 내 얼굴과 이름을 번갈아 바라보시더니 조용히 물으셨다. "혹시 이름의 한자가 어떻게 되세요?"

나는 바쁜 일정을 따라 대답을 급히 했다. "'으뜸 원'에 '아들 자'를 씁니다." 그러자 그 할아버지는 잠시 침묵을 지키시다 문득 이런 말을 하셨다. "이름값 하느라 고생이 많겠네요." 그 말에 나는 당황스러워하며 그 이유를 물었고, 할아버지는 이어서 물으셨다. "그 자판 두드리는 손가락, 그게 무슨 흉터인가요?"

순간 나는 깜짝 놀라 손을 내려다보았다. 그때 내 손가락엔 오래된 상처가 있었다. 그 상처는 50년이 넘은, 어린 시절의 기억에서 비롯된 것이었다. 당시, 큰딸로서 가정의 생계를 돕기 위해 일을 하던 시절이었다. 초등학교 저학년 때였던가. 집에서 주어진 포대와 낫을 들고 논두렁으로 가서 소 꼴을 베야 했다. 어린 내가 부주의하게 낫으로 왼쪽 검지를 베었고, 그 상처는 깊었으며, 뼈가 보일 정도로 심각했다.

어린 마음에 그 상처에서 피는 흐르고 아팠겠지만, 표시 나지 않게 마음으로 조용히 울었던 것으로 기억한다. 그리고 끝까지 소 꼴을 베어 집으로 돌아왔다. 어머니는 내 손을 보고 깜짝 놀라셨고, 당시엔 연고도 없어 천으로 손을 감싸 피를 멈추게 했다. 내가 꼴을 베었던 자리에 가서 보니 족히 5m가 넘게 핏자국이 풀 위에 낭자하게 남아 있는 모습을 보고 어머니는 가슴을 치고 울었단다. 그날은 내 손에 7cm가 넘는 깊은 상처를 남겼지만, 그 아픈 손가락을 쥐고 끝까지 일을 마쳤다. 지금이라면 바로 응급실에 갔겠지만, 그 당시엔 그렇게 방치되었고, 그 상처는 지금까지도 선연하다.

그 손가락을 보며 할아버지는 내 삶을 짐작했던 것 같다. 아마도 내 이름을 보고, 내 삶이 얼마나 고달프고 힘들었을지를 상상했던 것 같다. 그래서 그 말을 꺼낸 것일지도 모른다. 나는 웃으며 대답했다. "맞아요. 이름값 하느라 여러 가지로 힘든 일도 많았죠. 사실 이름을 바꾸고 싶다는 생각을 몇 번이나 했어요. '열 번 이상은 마음먹었다가도 결국 내려놓았어요.'"

그렇게 농담을 섞어 대답하자, 할아버지는 웃으며 한마디 하셨다. "그냥 살아요. 이제 이름 바꾸는 것도 만만치 않을 거고, 그저 이름값 하면서 임금의 아들처럼 살아가면 되죠." 그 말은 힘이 있었고, 그때 나는 문득 깨달았다. 아마 조선시대 임금의 자녀를 원자로 불렀기에 그 마음으로 살라는 뜻 같았다. 이름을 바꾼다고 해서 삶이 달라지는 것은 아니며, 내가 이 이름으로 살아가야 하는 이유가 있음을 느꼈다. 결국 내 이름으로 살아가며 그 이름에 담긴 의미를 새기며 살아가야 한다는 생각이 들었다.

그 할아버지와의 대화는 나에게 큰 위로와 함께 깨달음을 주었다. 같은 한자를 가진 사람이라도 각자의 삶은 다르다는 사실을 깨달았다. 그래서 이름이 내 삶을 결정짓는 것은 아니며, 내가 내 삶을 어떻게 살아가느냐가 중요한 것임을 다시 한번 느꼈다.

그 후에도 나는 여전히 내 이름에 대한 고민을 품고 살아간다. "촌스러운 이름을 바꾸고 싶다"는 마음은 여전히 나를 흔든다. 그러나 그 마음도 결국은 나의 삶을 책임지고 살아가는 원동력으로 바뀌었다.

한번은 원장 비서실에서 잠깐 근무하던 시기가 있었다. 어느 날 내가 자리에 없을 때, 친구에게서 전화가 걸려왔다. 옆자리 선배가 전화를 받았고, 그 친구는 나를 바꿔 달라고 전화를 걸었는데, 상황이 조금 어긋나 버렸다.

  그 친구는 나를 바꿔 달라고 부탁하려 했던 말이 선배에게는 원장님을 직접 바꿔 달라는 것으로 들린 듯했다. 그렇게 선배는 원장님께 전화를 돌려주었고, 나는 그 일로 한참 곤혹스러움을 겪었다. 이렇듯, 이름 때문에 겪은 에피소드가 참 많았다.

암이라는 친구와 나, 그리고 지금의 나

2013년 봄이 오기 전, 바람은 여전히 차가웠다. 운동 삼아 아파트 공터에서 줄넘기를 하던 중, 오른쪽 가슴에서 찌릿한 통증이 느껴졌다. 손끝에 쌀톨만 한 이물감이 잡혔지만, 대수롭지 않게 넘겼다. 일상에 치여 내 몸을 돌아볼 겨를이 없었던 나였다. 하지만 한 달 후, 동료의 권유로 병원을 찾았고, 초음파와 조직검사를 거친 뒤 의사는 단호히 말했다.

"유방암입니다. 수술 날짜를 잡아야 할 것 같아요"

진료실에서 동료와 함께 앉아 그 말을 듣던 순간, 눈앞이 캄캄해졌다. 하지만 나는 이상하게도 초연했다. '올 것이 왔구나.' 그렇게 정신없이 살아온 날들, 내 몸이 아무 이상이 없다는 것이 오히려 비정상이었는지도 모른다.

물론 '왜 하필 나인가?'라는 생각이 스쳤다. 병원에 다니며 환자를 돌보던 내가, 정작 내 아픔 앞에서는 무력했다. 하지만 감정에 휩쓸릴 시간도 없었다. 그저 현실을 받아들이고, 치료에 집중해야만 했다.

1년간 병가를 내고 긴 투병이 시작됐다. 수술, 항암, 방사선 치료가 이어지는 동안 내 몸은 점점 약해졌고, 머리카락은 한 움큼씩 빠져나갔다.

결국 미용실에서 삭발을 하고 거울을 마주했을 때, 비로소 내가 환자임을 실감했다. 누군가는 "머리통이 예쁘니 삭발로 다니셔도 되겠다"며 웃어 줬지만, 나는 속으로 울었다.

그러나 나는 포기하지 않았다. 나는 엄마였고, 아내였으며, 누군가의 동료였고, 교인이었기에. 수술 전날, 나는 아이들에게 말했다.

"엄마가 아파서 미안해. 큰딸, 둘째야, 이제는 막둥이를 잘 부탁할게."

딸들은 "엄마, 그런 말 하지 마! 우리도 아직 엄마가 필요해"라며 엉엉 울었고, 나는 그 울음 속에서 다시 살아야겠다는 의지를 다잡았다. 남편은 나를 꼭 안아 주며 말했다.

"이제 당신만 생각해. 평생 가족을 챙겨 왔잖아. 이제 당신을 챙길 차례야."

그 말이 내 마음속 가장 아픈 곳을 건드렸다. 나는 병과의 싸움 속에서 처음으로 '나'를 위한 시간을 가지게 되었다. 그전까지는 내 삶의 중심이 항상 '남'이었다. 가족, 직장, 교회, 친정… 나라는 사람은 늘 뒷전이었고, 내 몸은 이미 오래전부터 비명을 지르고 있었는지도 모른다.

병은 그렇게 나에게 '쉼표'를 안겨 주었다. 평생을 일과 책임에 얽매여 살아온 나에게 잠시 멈추어 '나 자신을 돌보라'는 메시지를 던진 것이다. 그 시간 동안 나는 기도했다. 누군가를 위해 중보기도만 하던 내가, 처음으로 나를 위해 기도하게 되었다. 밤마다 눈물로 베개를 적시며 하나님께 말했다. "제발, 한 번만 더 기회를 주세요."

그렇게 1년의 시간이 흐르고 나는 다시 복직했다. 여전히 일할 나이라 여겼고, 다시 예전처럼 모든 일을 도맡았다. 그러나 조직은 개인의 사정을 오래 기억해 주지 않았다. 나는 또다시 일에 파묻혔고, 나 자신을 잊고 있었다.

그리고 10년 후, 다시 오른쪽 가슴이 신호를 보냈다. 정기검진 전인데도 무언가 이상함을 느끼고 병원을 찾았고, 검사 결과는 또 한 번의 유방암. 이번에도 초기였지만, 나는 오히려 안도했다. "다행히 항암도, 방사선도 안 해도 된다"는 말에 감사했다. 그러나 이번 수술은 더 깊었고, 보형물을 넣는 과정도 더 어려웠다. 침대에서 움직이지 못하는 시간이 길어졌지만, 마음은 이전보다 덤덤했다.

의사 선생님이 내게 말했다.

"이제는 본인을 위해 사세요. 몸을 아껴야 합니다."

그 말에 나는 오랜 고민 끝에 명예퇴직을 신청했다. 아직 정년까지 몇 해가 남아 있었지만, 나는 더 이상 내 몸을 내팽개칠 수 없었다. 암이 내게 두 번째 경고를 보내온 지금, 나는 더는 무시할 수 없었다.

지금 나는 '시한부'가 아닌, '시간의 의미를 아는 삶'을 살고 있다. 약물 치료는 계속되고, 정기검진도 빼놓지 않지만, 나는 이 모든 것을 담담히 받아들이고 있다. 때로는 두렵고, 때로는 외롭지만, 그것이 내 삶을 멈추게 하지는 않는다.

주말이면 가족과 함께 식사를 하고, 작은 텃밭을 가꾸고, 동네를 산책한다. 예전에는 쓸모없다 여겼던 시간들이 이제는 소중한 일상으로 다가온다. 책을 읽고, 음악을 듣고, 언젠가 만나게 될 손주에게 들려줄 이야기를 마음속에 차곡차곡 쌓아 간다. 이것이 나의 새 삶이고, 내가 암과 함께 배우게 된 삶의 방식이다.

얼마 전, 예전 직장 동료가 전화를 걸어왔다. "우리 시누이가 유방암 이래요. 너무 힘들어하고 있어요. 선생님, 혹시 도와줄 수 있으세요?"

나는 주저 없이 병실로 향했다. 환자의 눈동자 속에는 두려움이 가득했고, 나는 그 마음을 너무도 잘 알았다. 그녀의 이야기를 듣고, 내가 겪었던 고통과 극복의 과정을 조용히 들려주었다. "밥은 꼭 챙겨 드셔야 해요. 체력이 있어야 이겨낼 수 있어요."

그녀는 조금씩 웃기 시작했고, 보호자는 내 말을 열심히 메모했다. 그 순간, 나는 깨달았다. 내가 겪은 이 고통이 누군가에게는 희망이 될 수 있다는 사실을.

암은 내 삶을 송두리째 흔들었지만, 그것이 나를 무너뜨리지는 못했다. 오히려 그 안에서 나는 진짜 '나'를 만나게 되었다. 상처는 있었지만, 그 상처를 통해 사랑을 배웠고, 삶의 우선순위를 다시 세우게 되었다. 지금 나는 암과 '친구처럼' 살아간다. 그것은 늘 내 곁에 있는 불청객이지만, 동시에 나에게 쉼과 반성을 안겨준 존재이기도 하다.

오늘도 나는 누군가를 위해 기도한다. 기도는 소원을 비는 것이 아니라, 마음속의 불안과 고통을 '비워 내는' 일임을 이제야 안다. 나의 경험이, 나의 이야기가, 어딘가에서 울고 있는 또 다른 누군가에게 작은 위로가 되기를 바라며. 병은 내 삶의 전부가 아니며, 나의 이야기는 이제부터가 시작이다. 나는 더 단단해졌고, 더 여유로워졌으며, 무엇보다 나 자신을 사랑할 줄 아는 사람이 되었다.

비 오는 날의 흐림

비가 내리기 시작한 건 평범한 오후였다. 창문을 통해 스치는 빗방울이 내 얼굴을 스쳤다.

그때, 처음이었다. 내 눈앞에 점들이 떠다니기 시작했다. 처음엔 비가 내리는 속에서 보이는 물방울처럼 느껴졌지만, 점들은 계속해서 내 시야를 가로막았다.

나는 그것들을 피하려 했다. 눈을 깜빡여도, 다시 눈을 뜨면 점들은 여전히 있었다. 점들은 움직였고, 길게 뻗어 있기도 했으며, 때로는 흐릿한 원처럼 보이기도 했다. 마치 내 시야 속에서, 비가 내리듯 점들이 떠다니는 것 같았다.

"또 시작이군." 나는 멈칫하며 창밖을 바라보았다. 한쪽엔 비가 내리고, 다른 한쪽엔 빛이 새어 나오고 있었다. 그 경계가 어디에 있는지 알 수 없었다. 비가 내리는 곳과 그 옆에서 새어 나오는 빛은 완벽히 일치하는 듯했다.

그 신호는 무엇일까? 의문이 내 머릿속을 채우며 걸음을 재촉했다. 그날 이후, 나는 그 점들을 비문증이라 불렀다. 그러나 그것은 단순한 눈의 이상 현상이 아니었다. 점들은 점점 더 내 마음속 깊은 곳으로 스며들었고, 나는 그것들을 떨쳐내려고 애썼지만, 더 이상 피할 수 없다는 것을 깨달았다.

"그들이 속삭인다."

그 점들이 무언가를 말하는 것처럼 느껴졌다. 때로는 찡그린 얼굴로, 때로는 웃고 있는 듯한 표정으로. 내가 그들을 의식할 때마다 그들의 모양이 변했다. 나는 그것들이 단순한 시각적 현상이 아니라 내 마음속 어떤 숨겨진 감정의 표현이라고 생각하기 시작했다. 혹시 내 내면의 갈등이나 두려움이 이 작은 점들로 나타난 것일까?

어느 날, 점들이 함께 모여 갑자기 하나의 커다란 그림을 그리기 시작했다. 그 그림은 내가 가장 두려워했던 것, 어둠 속에서 떠도는 내 그림자였다. 그 그림이 나를 향해 다가오며 속삭였다. "너는 이걸 피할 수 없다. 너의 내면은 너를 떠나지 않아."

점들은 나의 시야를 가득 채웠고, 점점 더 커지며 내 주변을 압도했다. 이 작은 비문증이 내 삶의 어두운 면을 끄집어내는 무언가라는 생각이 들었다. 그 그림자들은 나의 두려움과 후회, 갈등을 드러내는 듯했다. 나는 그들과 싸우고 싶었지만, 피할 수 없다는 것을 알았다.

"그게 비문증이라구요?"

의사는 무심하게 말했다. "그냥 나이가 들면서 생기는 자연스러운 현상일 수도 있어요. 크게 신경 쓸 필요는 없습니다." 그저 알고 있던 사실이 확인된 결과였다.

그런데 이상했다. 왜 그런지 모르겠지만, 그 작은 점들이 단순한 '증상'으로 치부될 수 없다는 느낌이 들었다. 점들이 떠다니며 나를 지켜보는 것 같았다. 눈을 깜빡여도, 돌아서도, 여전히 존재했다. 기존에 건강상의 문제를 가지고 있었기 때문에, 비문증은 나에게 더 큰 충격으로 다가왔다.

"비가 내리면, 모든 것이 흐려져."

어머니가 늘 하시던 말이 떠올랐다. 나는 그 말을 이해하지 못했다. 비는 단지 불편함으로만 느껴졌기 때문이다. 하지만 이제 비문증을 경험하면서 그 말이 내 안에서 되살아났다.

비가 내리면, 모든 것이 흐려진다. 시야가 흐릿해지고, 모든 것이 변형된다. 빗속에서 세상이 어떻게 변할지 모르듯이, 내 눈앞에 떠다니는 점들은 계속해서 나를 방해했다. 점들은 하나둘씩 내 의식 속으로 들어와, 마치 비의 물방울처럼 나의 감정을 적셨다.

점이 커지고 길어지면서 그것들이 무언가를 말하는 듯했다. 처음엔 단순히 흐릿하게 보였던 그것들이, 어느 순간 내 안의 불안과 두려움을 상징하는 것처럼 느껴졌다.

점들은 비가 내리는 동안 계속해서 나를 가로막았다. 나는 그것들을 피하려 했지만, 비처럼 모든 것이 흩어졌다. 나는 그것들을 받아들여야만 했다. 비가 내리는 날, 세상이 아무리 흐려져도 결국 그 속에서 살아가야 한다는 것처럼.

하루가 지나고, 또 하루가 지나면서 나는 그 점들을 받아들이기 시작했다. 더 이상 그 점들이 두렵지 않았다. 그것들이 단순히 눈의 이상 현상이 아니라, 내 감정의 흐름을 비추는 거울임을 깨달았다. 비가 내리면 세상이 흐려지듯, 나의 내면도 그런 흐름 속에서 일렁이고 있었다.

어느 비 오는 날, 나는 그 점들이 내 마음속의 미처 풀리지 않았던 감정들을 하나씩 드러내고 있음을 느꼈다. 그들이 떠다니는 동안, 내 마음속의 불안과 걱정도 흘러 내려갔다.

점들이 떠다니는 동안, 나는 그것들을 받아들이기로 결심했다. 마치

비가 멈추지 않고 계속 내린다면, 그 속에서 스며드는 모든 것들을 결국 받아들이고 나아갈 수밖에 없다는 것을 알게 되었다.

비가 그친 후, 세상은 새로운 빛을 발했다. 비문증은 단순히 시각적인 혼란을 넘어서, 내 마음속의 불안, 후회, 두려움, 희망을 마주하게 해 준 기회였다. 이제 그 점들이 나의 삶 속에서 떠다니는 것처럼, 나는 그들과 함께 살아가기로 했다.

또 비가 그치고 난 후, 세상은 여전히 흐림 속에 있지만, 그 흐림이 내게는 어떤 방식으로든 선명하게 다가왔다. 비가 내리며 내 시야를 가로막았던 점들은 이제 내가 받아들여야 할 삶의 일부분이 되었다. 그리고 그 흐림 속에서도 나는 점점 더 나아갈 수 있었다.

처음엔 눈 속에 내리는 비가 너무 미워서, 그것이 내 마음의 무거운 짐처럼 느껴졌다. 비가 내리는 모습을 보며 안타까운 마음이 밀려왔고, 그 모든 것이 곧 사라지기를 바랐다. 그러나 그 비는 내 몸에 꼭 붙어, 떠날 생각 없이 나와 함께 머물렀다. 결국 나는 비와 동행하기로 마음을 먹었다. 친구처럼, 비가 내리는 동안 그와 함께 시간을 보내기로 결심한 것이다. 비와 빛, 그리고 새로운 신호가 뒤섞인 이 공간에서 나는 앞으로 나아가야 했다.

어느새 한쪽에서만 느꼈던 불편함이 이제 이상이 없던 다른 쪽에서도 느껴졌다. 분명 또 다른 친구가 생긴 게 틀림없었다. 또 다른 비문증이 시작되었음을, 그 누구보다 확신하게 되었다.

오른쪽에서 날아온 신호들

누구나 원치 않는 질병과 마주하게 되는 순간이 있다. 나 또한 내 몸을 충분히 돌보지 못한 대가였는지, 유방암이라는 진단을 받고 오른쪽 가슴을 절제해야만 했다. 입원 첫날, 주치의가 해 준 말이 아직도 내 머릿속에 깊이 박혀 있다. "앞으로 절대 무거운 것 들면 안 돼요. 칫솔질도 왼손으로 하고, 칼질도 되도록 하지 마세요. 오른팔과 손을 아끼고 귀하게 여겨야 합니다. 마사지도 절대 받으시면 안 됩니다." 다정하면서도 단호했던 그 말은 수년이 지난 지금도 문득문득 내 귀에 맴돌지만, 어느새 잊고 내 마음대로 팔을 움직이다가 무리한 뒤에야 멈추곤 한다.

살림살이를 할 땐 남편이 곁에서 도와주어 훨씬 수월하지만, 늘 함께 있을 수는 없는 일이다. 급한 순간에는 스스로 나서야 하기에 가끔은 몸이 따라주지 않아 버거울 때도 있다. 아프다고 도와달라는 말조차 못 하는 나. 그런 엄살은 부릴 줄 모르고, 어릴 때부터 그냥 해 버리는 게 익숙한 성격이라 딸들이 "엄마, 우리 좀 불러요!" 하고 다그쳐도, 결국 내가 먼저 나서게 된다. '사람이 화장실 들어갈 때와 나올 때 다르다'는 말을 실감하며, 나는 오늘도 그런 나 자신을 인정하고 살아간다. 망각은 때론 버팀목이고, 어쩌면 그것이야말로 우리가 행복을 유지할 수 있는 지름길일지도 모른다.

수술 이후 항암과 방사선 치료를 마친 뒤, 재발 방지를 위해 호르몬 억제제를 복용하고 있었다. 그러나 마음 놓을 틈도 없이, 수술 부위 옆으로 또 다른 암세포가 발견되었다. 재발이 아니라 신생암이라는 설명에도 '두 번이나'라는 생각에 마음이 무너졌다. 또다시 수술대에 오르며 절망감이 몰려왔지만, 다행히 이번에는 항암치료 없이 약물 치료로 마무리할 수 있는 가벼운 암이었다. 나는 지금도 하루하루 약을 챙겨 먹으며 나와의 싸움을 이어 가고 있다.

호르몬 억제제는 억지로 몸의 균형을 끊어내는 약이다 보니 부작용이 만만치 않다. 어떤 이는 온몸이 가렵다 하고, 또 어떤 이는 불면증에 시달린다고 한다. 관절 통증 또한 흔하다는 이야기를 인터넷에서 읽은 적이 있다. 나 역시 오른쪽 팔에 찌릿찌릿한 감각을 느끼지만, 다행히 그 이상의 고통은 없어 늘 감사한 마음으로 견디고 있다.

정말 신기한 것은, 오른쪽에서만 신호가 온다는 사실이다. 수술 과정에서 종양과 함께 림프절 대부분을 절제했기에 겨드랑이 아래부터 감각이 묘하고, 다른 사람의 팔을 만지는 듯한 느낌이 들 때가 많다. 오른팔을 자유롭게 쓰지 못하고 혈액순환도 원활하지 않아 이상 신호가 자주 감지된다. 처음에는 어깨가 너무 아파 잠도 잘 수 없었고, 꾸준히 물리치료를 받아서야 조금씩 나아졌다. 두통도 이상하게 오른쪽에서만 찾아왔다. 그리고는 어느 날, 오른발 뒤꿈치가 유독 심하게 갈라졌다. 겨울이면 영양크림을 듬뿍 바르고 발을 감싸며 아픔을 견뎌야 했다.

그러던 어느 날, 기분 전환 삼아 나간 라인댄스에서 또 다른 신호가 왔다. 춤을 추던 중 내 눈앞에 자꾸 벌레가 날아다니는 듯한 착시가 생긴 것이다. 벌레를 잡으려 헛손질을 하는 내 모습을 본 언니가 웃으며

"그거 비문증이야!"라고 말했을 때, 처음 듣는 병명에 놀라 집에 오자마자 검색을 해 봤다. 노화나 면역력 저하로 생기는 질환이라는 설명과 함께, 별다른 치료법도 없다는 말에 허탈함이 밀려왔다.

컴퓨터 앞에서 한참 멍하니 앉아 있었다. 나는 감사한 마음으로 몸을 아끼고, 운동도 게을리하지 않았는데… 그런 노력과 반대로 하나씩 나타나는 증상들이 억울하고 아쉬웠다. 마음을 다잡고 받아들이자, 있는 그대로의 나를 안아 주자 다짐하지만, 쉽게 되지 않는다. 아이들이 비문증에 좋다는 파인애플을 잔뜩 사다 냉장고에 넣어 두고 매일 먹으라고 하지만, 너무 달아 당이 오를까 걱정이 앞선다. 대신 알약 형태의 건강기능식품을 먹기 시작했고, 그 덕분인지 벌레 모양의 그림자가 조금은 옅어진 듯해 다행스럽다.

이처럼 오른쪽은 나에게 수많은 신호를 보내 왔다. 아픔도, 경고도, 때론 희망도. 하지만 나는 더 이상 그 신호들에 무너지지 않으려 한다. 적당한 운동과 충분한 쉼을 통해 나를 돌보며, 오늘도 내 삶을 묵묵히 걸어간다. 유방암으로 오른쪽 가슴을 절제하고, 그로 인해 수많은 질병들이 '오른쪽'에서 시작되었지만, 나는 여전히 잘 견디고 있다. 조금 느리게, 하지만 끝까지 스스로를 놓지 않고 살아가고 있다.

나 자신을 위해, 그리고 나를 사랑하는 사람들을 위해, 그렇게 나는 다시 오늘을 살아간다.

정열적으로 살아 낸 나에게 주는 위로

　요즘엔 관공서에서도 다양한 복지와 상담 프로그램을 시행하고 있다. 얼마 전, 국민연금공단에서 무료 심리상담을 제공한다는 안내문을 우연히 접하게 되었다. 나는 국민연금이 처음 도입되던 시절부터 지금까지 한 번도 빠짐없이 성실하게 보험료를 납부해 왔다. 꼬박꼬박 35년 이상을 부어 댔고, 현재도 계속 납부 중이니, 스스로 생각해도 VIP 고객이라 해도 지나치지 않을 것이다.

　하지만 직장 생활 중 예기치 못한 질병으로 조기 퇴직을 선택해야 했고, 상담 안내 문자를 받은 지도 1년이 훌쩍 넘었다. 그동안은 '심리 상담은 시간이 남아도는 사람들이나 받는 것'이라는 선입견에 가볍게 넘겨 왔지만, 어느 날 문득 그 문구가 내 눈에 확 들어왔다. 그 순간, 아, 이런 것도 다 때가 있구나 싶었다. 몸은 퇴직 이후 한층 자유로워졌지만, 마음은 오히려 그 어느 때보다 혼란스러웠다. 나는 결국 전화를 걸어 상담을 신청했고, 집 근처의 상담 기관으로 안내를 받아 약간의 두려움과 설렘을 안고 조심스레 문을 두드렸다.

　1시간 정도의 대화 시간이라 하니, 그냥 가볍게 마음을 터놓는 자리려니 생각하며 들어갔다. 하지만 조용한 사무실에서 마주한 상담사의 따뜻하고 단정한 목소리는 이상하리만큼 편안했다. 내 또래의 언니 같기도,

오래전 친구 같기도 한 그 사람 앞에서 나는 마음속 이야기를 조심스럽게 풀어내기 시작했다.

상담은 비밀 보장을 원칙으로 한다는 설명부터 시작했다. 어떤 이야기든 법적으로 보호받으며 나눌 수 있다는 믿음이 생기니, 나도 모르게 마음이 열렸다. 질병으로 인해 직장을 내려놓을 수밖에 없었던 사정, 남들보다 더 성실하게, 열정적으로, 누구보다 앞장서서 살아온 지난 세월들, 그리고 그 과정에서 받은 인정과 동시에 경험한 상실감. 특히 직장에서 묵묵히 성과를 내며 노력해 왔음에도, 결과는 언제나 내가 기대한 방향과는 조금씩 어긋나 있었다. 때로는 열심히만 한다고 해서 그 자리에 설 수 있는 건 아니라는 사실이, 나를 조용히 아프게 했다. 그 이야기를 하며, 나는 참았던 눈물을 쏟았다.

그 눈물을 조용히 받아 준 상담사는 "정말 애쓰셨네요"라는 짧은 한마디로 나를 위로해 주었다. "이제까지는 다른 사람과 조직을 위해 살아왔다면, 이제는 나 자신을 위해 살아 볼 차례예요. 그동안 나를 혹사시켰으니, 이제는 나를 위로하고 아껴 주는 삶을 살아도 괜찮습니다." 그리고 상담사는 덧붙였다.

"선생님처럼 그렇게 열심히 살아 낸 분에게는, 저도 배울 점이 참 많아요."

그 말에 나는 마치 허리에 묶여 있던 무거운 짐을 내려놓는 듯한 기분을 느꼈다. 그 한마디는 단순한 칭찬이나 격려가 아니었다. 나의 지난 시간들이 결코 헛되지 않았다는, 묵직한 위로였다.

나는 깨달았다. 치유는 꼭 병원에 가서 약을 먹거나 주사를 맞는 것만이 아니었다. 내 아픔을 가감 없이 이야기할 수 있는 공간, 누군가가 내 말을 진심으로 들어 주는 자리가 있다는 것만으로도 이미 치유는 시작된 것이었다. 그동안은 억울함도, 분노도, 실망도 모두 나 혼자 삼켰다. '그때 내가 조금만 덜 열심히 살았더라면…' 하고 뒤늦게 후회하면서도 여전히 내 마음을 토닥이지 못하고 있었다. 하지만 지금, 나는 그 시절을 바보처럼 보냈다고 자책하지 않기로 마음먹었다. 그것은 바보 같았던 것이 아니라, 최선을 다한 삶의 흔적이었음을 이제는 안다.

상담은 10회로 구성되어 있다고 했다. 지금은 절반을 넘어섰다. 초반에는 주로 과거의 얘기를 했다. 아픈 이야기, 억울했던 순간, 다짐했던 것들. 이제는 앞으로 어떻게 살아갈지를 이야기하고 있다. 화가 났을 때 감정을 어떻게 조절할지, 누군가의 말에 상처를 받았을 때 어떻게 나를 보호할지를 배우고 있다. 예전엔 왜 그렇게 남의 몫까지 내가 짊어지려 했을까? 이제는 알겠다. 그런 어리석음을 이제는 내려놓아도 된다는 걸.

어느 날은 내가 "시간이 너무 짧아요"라고 했더니 상담사는 웃으며 "그럼 오늘은 조금 더 이야기해 봐요" 하며 시간을 더 내어 주었다. 그 따뜻한 배려에 또 한 번 마음이 풀어졌다. 상담이 끝나고 나오는 길, 나는 무겁던 마음이 한결 가벼워졌음을 느꼈다. 내일을 기다리는 마음, 다시 살아갈 힘이 내 안에서 솟아나고 있었다.

나는 이제 욕심내지 않고 살아도 괜찮다는 사실을 배웠다. 조금은 느리게, 조금은 나태하게 지내도 된다는 허락을 나 자신에게 내린다. 이제는 내가 나에게 말해 줄 차례다.

"**야, 너 정말 애썼어. 남들보다 먼저 퇴직했지만, 누구보다 치열하게 살았잖아. 앞으로는 남들 눈치 보지 말고 너 자신을 사랑하면서 살

아. 조금은 게을러도 괜찮아. 그것은 죄가 아니야. 이제는 행복하자, 더 늦기 전에."

천천히 걷는 법을 배운다는 것

예전에, 몇 해 전쯤 퇴직하신 직장 선배 한 분이 이런 말씀을 하신 적이 있다. 30여 년 넘게 열정적으로 직장 생활을 해 오셨던 분이라, 막상 퇴직을 하고 집에 머물러 있으니 아무것도 하지 않는다는 것이 오히려 죄책감을 불러일으킨다고 했다. 괜히 마음이 불안하고 몸이 근질근질해서, 결국은 밖으로 나가 소일거리를 찾아 헤매게 된다고 하셨다. 그 이야기를 들을 때만 해도 그저 남의 일처럼 들렸다. 하지만 시간이 흘러 나 역시도 퇴직이라는 새로운 시기를 맞이하고 보니, 그 말이 결코 남 얘기가 아니라는 것을 절감하게 된다.

사실 나도 어디 가만히 앉아만 있는 성격이 아니다. 무언가를 앞장서서 해내고, 몸이 늘 분주하게 움직여야 마음이 편안해지는 편이다. 하지만 몸에 생긴 병으로 인해 이제는 나의 의지만으로 움직임을 다스릴 수 없게 되면서, 부득이하게 휴식의 시간을 받아들이게 되었다. 그래도 가끔은 멍하니 있으면 스스로에게 "이렇게 있어도 되나?" 하고 묻곤 한다. 어쩌면 이 또한 오랜 시간 부지런히 달려온 삶의 습관이 남긴 흔적일 것이다.

그럼에도 한 가지 분명히 느끼는 것은, 이제는 예전처럼 쫓기듯 바쁘게 살기보다는, 나를 위한 시간을 더 많이 가지려는 마음이 자라났다는 점이다. 물론 여전히 새벽녘이면 눈이 번쩍 뜨인다. 수십 년간 한결같이 이른 시각에 일어나 아침을 준비하고 출근하던 몸의 리듬이 여전히 남아 있어서인지, 억지로라도 다시 눈을 감고 늦잠을 청해 보지만 그 또한 쉽지만은 않다. 퇴직 후 몇 달은 이렇게 하루하루를 낯설게 보내며 몸과 마음이 새로운 생활에 익숙해지기를 기다렸다.

그러다 어느 날, 주민자치센터와 평생교육원에서 다양한 강좌가 열린다는 이야기를 듣게 되었다. 그동안에는 늘 일터와 집만 오가며, 무언가를 배우는 일은 남의 일이라 여겨 왔는데, 막상 문을 열고 들어가 보니 내가 알던 것보다 훨씬 많은 배움의 기회들이 펼쳐져 있었다. 다행히 비용도 그리 부담스럽지 않아, 마음이 한결 가벼워졌다.

쉬는 시간이 길어지니 몸이 신호를 보내기 시작했다. '이제 그만 좀 움직여야 하지 않겠니?' 하는 속삭임 같은 것에 등을 떠밀려, 가볍게라도 새로운 도전을 해 보기로 결심했다. 언젠가는 소소하게라도 써먹을 기회가 오리라 생각하며, 먼저 커피 바리스타 자격증에 도전장을 내밀었다. 필기수업부터 시작해 실습까지 부지런히 선생님들 지도를 따라가다 보니, 어느새 자격증이 내 손에 쥐여져 있었다. 그것만으로도 제법 큰 성취감이 밀려왔다.

자격증을 받고 나니 한층 더 용기가 났다. 이번에는 우연히 웃음치료 강좌에 참여할 기회를 얻게 되었다. 처음에는 한 시간 남짓 억지로라도 배꼽이 빠지게 웃는 일이 어색하고 부끄러웠다. 그러나 강사님은 "우리 뇌는 진짜 웃음과 가짜 웃음을 구분하지 못합니다. 억지로라도 웃으면 행복해진답니다"라고 말씀하셨다. 그 말을 믿어 보기로 하고, 집에 돌아온 뒤 화장실 문을 꼭 닫고 1분 이상 큰 소리로 웃는 숙제를 이어 갔다. 어느새 이 연습이 몸에 배어 버려, 혼자 있는 공간에서도 자연스럽게 웃음이 터져 나오곤 했다. 물론 그런 나를 보며 가족들은 고개를 갸웃하기도 했다. 그래도 괜찮았다. 덕분에 웃음치료사 자격증도 또 하나 얻을 수 있었으니 말이다.

거기서 멈추지 않았다. 이번에는 여성문화센터에서 운영하는 동화구연 수업에 참여하게 되었다. 그저 책을 예쁘게 읽는 것일 줄 알았는데, 색종이로 동화 속 소품을 만들고, 물감으로 삽화처럼 꾸미는 활동까지 함께했다. 수업에 빠져들수록 동심으로 돌아간 듯한 기분이 들었다. 나이 많은 선배님들과 나란히 앉아 간식으로 싸 온 떡을 나누고, 도시락을 먹으며 담소를 나누는 시간이 참 따뜻하고 좋았다. 그렇게 또 하나의 자격증, 동화구연지도사 자격증도 얻게 되었다.

집에 돌아와 자격증들을 늘어놓으며 자랑하니, 아이들이 웃으며 "이제 우리 엄마도 자격증 부자가 다 되셨네!" 하고 놀라워했다. 그리고는 "무엇이든 열심히 하는 엄마를 응원하지만, 제발 몸이 힘들지 않게 조금만 천천히 하라"며 신신당부를 아끼지 않았다. 아이들이 그렇게 걱정하는 것은, 내가 무슨 일을 시작하면 늘 대충 하는 법이 없고, 불도저처럼 끝을 봐야 직성이 풀리는 성격이라는 것을 너무나 잘 알고 있기 때문이다.

사실 나는 아직 스스로를 노인이라 부르기엔 마음이 영 거북하다. 하지만 주민자치센터나 여성문화센터 같은 곳에 가 보면, 나이와 상관없이 배움에 설레는 이들이 참 많다는 것을 알게 된다. 평생교육원에서 만나는 강좌들은 단순한 취미를 넘어서 삶을 더 풍요롭게 해 주는 귀한 기회가 된다. 문예 창작반에 들어가 몇 달간 함께 공부하면서, 어릴 때부터 좋아하던 글쓰기를 이제야 본격적으로 다시 시작해 보겠다는 다짐도 하게 되었다. 그래서 신춘문예에도 용기를 내어 도전했고, 아직은 서투른 초짜 수필가지만 이 작은 성취가 내 삶에 큰 의미로 남았다.

어쩌면 퇴직이라는 것은 무언가의 끝이라기보다는, 오히려 내 삶의 또 다른 문이 열리는 순간일지도 모르겠다. 예전처럼 속도에 쫓기며 살아가진 않지만, 그렇다고 무력하게 방만하게만 있는 것은 내 성미에는 맞지 않았다. 조금씩, 내가 할 수 있는 만큼, 천천히 나아가면서 나에게 맞는 길을 찾아가는 것이야말로 퇴직 이후의 삶을 더욱 소중하게 만드는 방법이었다.

오늘도 나는 도서관으로 향한다. 장르를 가리지 않고 책을 꺼내어 읽으며, 스스로를 돌아보고, 언젠가 또 다른 글을 쓸 때 도움이 될 영감을 모은다. 그래서 사람은 죽을 때까지 배우며 성장해야 한다고 했던 것 같다. 어린아이처럼 누가 주는 것만 받아먹는 것이 아니라, 이제는 내가 스스로 새로운 배움의 길을 찾아 여유롭게 나아가는 것이다. 다만, 그 길이 내 몸과 마음에 무리가 되지 않는 선에서, 오롯이 내 속도에 맞추어.

그리고 오늘도 다짐해 본다. 삶이 허전하다고 느껴질 때면, 천천히 주위를 둘러보고, 내가 진정 즐겁게 할 수 있는 것들을 향해 다시 한 걸음 내디디리라. 그렇게 또 하나의 작은 기쁨과 성장으로 나의 하루를 채워 나갈 것이다.

에필로그

조용히 덮으며, 다시 삶을 마주합니다.

살아온 날들을 찬찬히 돌아보면, 스쳐 지나간 순간은 하나도 없었습니다. 남들이 보기엔 평범한 인생일지 몰라도, 제게는 그 모든 날이 눈물겹도록 소중한 이야기였습니다.

기쁘고 아프고 따뜻했던 기억들. 그 겹겹의 시간 속에서 저는 묻고 또 대답하며 내 안을 들여다보았습니다. 쑥스럽고 어색했지만, 그 과정은 오히려 위로가 되어 주었지요.

어떤 시간들을 지나 여기에 이르렀는지, 나는 어떤 마음으로 살아왔는지 솔직하게 남기고 싶었습니다. 곁을 지켜 준 남편과 내 삶의 거울 같은 아이들, 그들의 눈빛은 잊고 있던 나를 자꾸만 불러내 주었습니다.

어린 시절의 골목과 흙바닥, 아카시아 향기, 그리고 낯선 도시의 저녁 바람. 이 모든 조각들이 지금의 저를 빚어 준 고마운 시간들이었습니다. 그렇게 하나하나 꺼내 적어 본 삶의 기억들입니다.

처음엔 망설였습니다.

"이 이야기가 누군가에게 닿을 수 있을까?"

"그저 내 안에서만 의미 있는 건 아닐까?"

하지만 곁의 사람들은 말했습니다.

"산전수전 다 겪은 너만이 쓸 수 있는 이야기야. 누군가에게는 분명 위로가 될 거야."

그 말들이 저에게 용기를 주었습니다.

그래서 이렇게 한 권의 책으로, 제 삶을 조용히 꺼내어 봅니다.

이 글들이 누군가의 마음에 닿아 바쁜 하루 속 잠시 쉬어 갈 쉼표가 되기를, '괜찮다'고 말해 주는 따뜻한 손길이 되기를 바랍니다.

끝까지 이 책을 함께해 주신 모든 분께 진심으로 감사드립니다. 당신의 이야기도 누군가에게는 빛나는 조각이 될 것입니다.

우리의 삶은, 그 자체로 이미 충분히 아름답습니다.

2025년 여름

조용한 용기, 나는 늘 괜찮은 척했다

ⓒ 강원자, 2025

초판 1쇄 발행 2025년 9월 22일
    2쇄 발행 2025년 11월 3일

지은이	강원자
펴낸이	이기봉
편집	좋은땅 편집팀
펴낸곳	도서출판 좋은땅
주소	서울특별시 마포구 양화로12길 26 지월드빌딩 (서교동 395-7)
전화	02)374-8616~7
팩스	02)374-8614
이메일	gworldbook@naver.com
홈페이지	www.g-world.co.kr

ISBN   979-11-388-4779-7 (03810)

- 가격은 뒤표지에 있습니다.
- 이 책은 저작권법에 의하여 보호를 받는 저작물이므로 무단 전재와 복제를 금합니다.
- 파본은 구입하신 서점에서 교환해 드립니다.